绽放幕后精彩
——园长指导后勤工作能力的提升

苏　婧　丛书主编

朱继文　本书主编

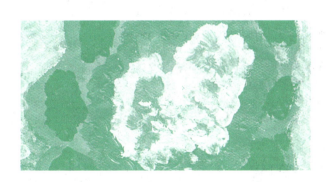

北京师范大学出版集团
BEIJING NORMAL UNIVERSITY PUBLISHING GROUP
北京师范大学出版社

图书在版编目（CIP）数据

绽放幕后精彩：园长指导后勤工作能力的提升/朱继文主
编. —北京：北京师范大学出版社，2017.4(2025.7 重印)
（幼儿园园长专业能力提升丛书/苏婧主编）
ISBN 978-7-303-22269-8

Ⅰ.①绽…　Ⅱ.①朱…　Ⅲ.①幼儿园—管理　Ⅳ.①G617

中国版本图书馆 CIP 数据核字（2017）第 068270 号

出版发行：北京师范大学出版社 https://www.bnupg.com
　　　　　北京市西城区新街口外大街 12-3 号
　　　　　邮政编码：100088
印　　刷：北京盛通数码印刷有限公司
经　　销：全国新华书店
开　　本：787 mm×1092 mm　1/16
印　　张：15
字　　数：265 千字
版　　次：2017 年 4 月第 1 版
印　　次：2025 年 7 月第 8 次印刷
定　　价：39.00 元

策划编辑：罗佩珍　　　　　　责任编辑：齐　琳
美术编辑：焦　丽　　　　　　装帧设计：锋尚设计
责任校对：陈　民　　　　　　责任印制：赵　龙
封面插图：易子雯(北京市丰台区第一幼儿园)
指导教师：陈　滢

本书编委会

主　编：朱继文

编　委：赵秀敏　王秀莉　刘志月　齐素英

　　　　霍新萌　易明延　刘桂珍　王文敬

　　　　张志存　张　博　崔　海　徐　平

　　　　杨　春　杨　君

　　这几年在和园长交流和接触的过程中，他们经常谈到的一个话题就是，现在当一个园长太不容易了，甚至怀疑自己是不是能力不行，胜任不了园长这个岗位。当然，这并不代表现在我们园长的能力下降了，有这种感觉恰恰说明他们已经在思考：新的社会和时代背景下，怎样才能当好一个园长？随着国家教育改革的不断深化，学前教育也越来越受到重视，迎来越来越多的发展良机，当然也面临着越来越多的挑战。一方面，在市场经济条件下，如何使自己的幼儿园办出特色、树立品牌，从而能够在竞争激烈、百花争放的大环境中站稳脚跟，长远发展，是所有园长必须考虑的现实课题；另一方面，在校长专业化的大背景下，园长专业化的呼声已初见端倪，公众对幼儿园园长的要求越来越高，怎样通过提升自身素养，进而提升幼儿园管理品质，推动幼儿园质量的全面提升，并最终促进幼儿的全面和谐发展，也是园长们不可回避的现实问题。所以，作为幼儿园的管理者、第一责任人，园长在幼儿园的改革和发展中，发挥着举足轻重的作用，不能觉得自己"业务"强就可以应对幼儿园发展过程中的所有问题，新的形势要求园长必须全面提升综合素养。

　　北京作为经济、文化、科技创新迅速发展的现代化都市，其幼教事业也发生着日新月异的变化。作为首都幼教改革的"火车头"，幼儿园园长们的专业水平决定着这列火车跑得有多快、跑的方向对不对。能不能在新的发展机遇中准确把握国家政策文件精神，做好幼儿园的整体规划？能不能在更为重视公共关系的社会背景下，协调各种关系，服务于幼儿园的对外宣传和品牌建设工作？能不能在家长整体素质提升、需求多样化的要求下，探索新的家长工作思路和方法？能不能结合幼儿园实际工作中遇到的困境，拓展资源渠道，运用科学思维研究出带有规律性的成果，提升幼儿园的整体科研水平？能不能在新教师成为保教工作主力的现实中寻求突破口，探索教师队伍建设的新模式，确保幼儿园保教质量的稳步甚至快速提升？能不能在国家日益重视幼儿身心健康发展的整体趋势下，切实做好幼儿卫生保健和安全管理工作……新的问题不断涌现，我们必须认真想一想：这些我们曾经思考过也取得了大量成果的工作，是否真正摸索到了规律？可以从中借鉴什么？如何在《幼儿园园长专业标准》的要求下真正发挥引领作用？这都是我们要继续深入研究的。

在这个机遇与挑战并存的时代，作为主管全园工作的领导者，园长肩负的责任、使命可谓任重道远。一个人成长为园长是不容易的，从初任园长到一名优秀园长短则需要三五年时间，长则需要六七年甚至更长时间。传统的师傅带徒弟式的传帮带方法仍不失为一种不错的方法，但在今天这样一个讲求成本和效率的时代，我们完全可以通过更加科学有效的方法，更快更好地促进园长的专业化成长，提升其领导力。因此，对幼儿园园长的领导行为、专业素养、专业能力进行研究，既是一个在幼教改革中必须面对的现实课题，具有重要的现实指导意义，也是一个事关幼教可持续发展的长远问题，具有深远的历史意义。

现代社会具有复杂性、多变性、随机性和竞争性，发展节奏快，新知识、新科学、新技术不断涌现。幼儿园并不与世隔绝，同样处于多变的社会之中，幼儿园的发展也要适应全面改革和社会发展的需要。所以，现代的幼儿园园长除了要拥有热爱幼教事业的情怀外，还需要有终身学习的意识，要在实际工作中通过不断学习、思考、再学习、再思考，掌握解决、处理各项园所事务的能力。

北京教育科学研究院早期教育研究所苏婧所长和她所带领的北京市学前教育兼职教研员队伍"园长管理组"成员，从 2013 年起致力于幼儿园园长专业素养、专业能力的研究。团队成员都是来自北京市各区县的教研员和名园长，在园长管理工作模式和专业发展等方面都很有心得，具有丰富的实践经验。这个团队在深入研究的基础上奉献给大家的这套《幼儿园园长专业能力提升丛书》，以扎实的理论知识结构为基础，以多年认真积累的实践研究为依据，总结提炼出 12 项园长胜任本职工作应具备的专业能力。书中对每一项专业能力的概念、基本原则、方法和途径等都进行了详细的论述，同时又通过大量的图示和鲜活的实例，让所述的内容变得生动活泼，便于理解和操作。对于幼儿园管理者来说，这 12 项专业能力既是要求，也是目标。他山之石，可以攻玉。虽然别人的经验并不能完全解决我们现实中遇到的问题，但是，借鉴别的园所好的经验，一定会有助于我们幼儿园园长的成长，帮助我们明确一个合格园长需要具备的基本能力和素质要求。同时，也会对我们科学系统地规划自己的园长职业生涯提供必要的指导，帮助我们成为全面而又专业的幼儿园管理者。此外，这套丛书也有助于我们澄清工作中一些认识不清的问题，提升我们的专业理论水平。

这套丛书是幼教工作者在幼儿园园长专业发展方面持续探索过程中的阶段性成果，它不仅给我们提供了借鉴，也为我们指引了方向。我相信，今后一定会有大量关于幼儿园园长专业发展的研究成果出现，这将对我们首都学前教育，甚至全国学前教育的发展产生积极的影响和促进作用。

北京市教育委员会学前教育处处长　张小红

2017 年 2 月

园长专业素养的研究框架、实施途径和策略

学前教育是终身教育的开端，是基础教育的基础，是国民教育体系的重要组成部分。办好学前教育，关系到亿万儿童的健康成长和千家万户的切身利益，关系到国家和民族的未来。

教育部颁发的第二个学前教育三年行动计划提出的重点任务是扩大总量、调整结构、健全机制、提升质量，而"提高幼儿园教职工的专业素质和实践能力，进一步规范办园行为，深入贯彻落实《3—6 岁儿童学习与发展指南》，促进幼儿身心健康和谐成长"是其中的重要内容。"提升学前教育质量，是当前和今后学前教育必须努力的方向，对质量的追求是学前教育工作者必须不断付出努力的工作。"幼儿园园长作为幼儿园的第一责任人，其素质直接关系到幼儿园的发展及幼儿教育的质量。学前教育的内涵发展急需具有专业水准的园长队伍的支撑和保障。但是，由于历史原因，我们的园长职业资格准入要求不高，多由一线幼儿教师升任或由上级行政部门直接派遣，加之近几年扩大办园规模涌现了不少新任园长，缺乏全面、系统的专业培训，致使很多园长的实际能力和素质与园长管理工作的要求还存在一定差距，这在一定程度上限制了园长的专业发展，也影响到了幼儿园的科学、优质发展。

专业能力是园长专业化发展在教育实践中的集中体现，是保障其完成职业要求和工作职责的必要条件。园长的专业能力不同于中小学校长，因为中小学是以学科教学为核心的能力结构，而幼儿园必须凸显幼儿园保教结合、以游戏为基本活动的特点，以及环境、生活对幼儿发展的重要价值和独特作用。因此，幼儿园园长的专业能力结构是全方位的、多方面的，具有综合性特点。从新颁布的《幼儿园园长专业标准》看，幼儿园园长被定义为履行幼儿园领导和管理工作的"专业"人员。园长的专业发展水平直接影响到幼儿园的发展方向，直接影响到幼儿园教师的专业发展，直接影响到一个幼儿园的教育教学质量，并最终影响到幼儿的发展。

基于园长职业的特殊性和重要性，我们将研究的视角聚焦于此，拟基于幼儿

园管理实践现场，梳理幼儿园园长的专业素养结构和能力要求，提供有针对性的培养策略与支持途径，从而助力于高质量、专业化和可持续发展的学前教育实践管理者队伍的建设。在分析国内外文献的基础上，我们参考教育部颁布的《义务教育学校校长专业标准》《幼儿园教师专业标准(试行)》和《幼儿园园长专业标准》，从横向和纵向两个角度来构建幼儿园园长专业素养结构(见表1)。从横向来看，我们认为幼儿园园长专业素养结构包括四个方面，分别为研究维度、研究领域、每个领域所包含的支撑要素以及针对支撑要素所细化出的基本指标。从纵向来看，我们认为园长的专业发展是一个动态的过程，不同的园长有着不同的专业发展历程，这是一个不断变化着的、开放的系统，受到多种因素综合作用的影响和制约。园长专业素养是指园长为实现其园所管理目标、承担其园长角色时，在专业精神、专业知识和专业能力三个维度所需具备的素质及要求。其中，专业精神和专业知识都是相对固定的，是经过系统的培训和学习就能够基本具备的，是一种偏静态的素养构成。而专业能力则是灵活和可变的，而且具有鲜明的个性特色，是专业精神、知识以及指导下的行为三者的结合，是真正决定园长素养高低的关键要素。因此，我们将研究重点定位在园长的"专业能力"上，并将其分为"本体性能力"和"延展性能力"两方面。其中，"本体性能力"是指园长在胜任其岗位职责时所应具备的基本能力，而"延展性能力"则是对园长在专业发展的道路上提出的目标和努力方向。我们梳理出园长的专业精神、专业知识以及各项专业能力所涉及的"领域""要素""基本指标"，并进一步针对"本体性能力"整理归纳出更为清晰的、操作性强的培养策略与途径。这样，不仅能将动态和静态两方面因素有机结合起来，而且也能更加深入地把握园长专业素养的本质。

表1　幼儿园园长专业素养结构

维度	领域	要素	基本指标
专业精神	专业理念	儿童观	对儿童发展整体性的理解与认识
			对儿童发展阶段性的理解与认识
			对儿童发展差异性的理解与认识
		教育观	对于教育本质的理解与认识
			对于教育目的的理解与认识
			对于教育方式、方法的把握
		职业观	对幼儿教育工作的态度与看法
			对于园长角色、职责的理解与认识
			对园长职业的规划

续表1

维度	领域	要素	基本指标
专业精神	专业品质	个性品质	具有主动、积极的品质
			具有诚信、公平、敢于担当的品质
			具有终身学习的意识
		职业道德	奉献精神
			爱岗敬业
			服务意识
专业知识	通识性知识	哲学基本知识	运用辩证唯物主义的观点看待问题
			系统性思维
		管理学基本知识	科学管理理论
			过程管理理论
			系统管理理论
			决策管理理论
		社会学基本知识	组织文化理论
			组织行为学理论
		法律法规基本知识	宪法相关知识
			民法相关知识
			经济法相关知识
			教育法相关知识
		财务基本知识	经费预算知识
			经费管理知识
		信息技术基础知识	有关教育技术发展趋势的知识
			教育技术的基本概念、基本理论知识
			教育技术与课程、教学开发相结合的知识

续表2

维度	领域	要素	基本指标
专业知识	专业性知识	教育学基本知识	课程、教学知识
			教育科研方法知识
		心理学基本知识	普通心理学知识
			发展心理学知识
		学前教育基本知识	学前儿童心理学知识
			学前教育学知识
			学前儿童卫生保健知识
			幼儿园课程知识
			幼儿教育科研方法知识
		幼儿园管理基本知识	幼儿园行政管理知识
			幼儿园保教管理知识
			幼儿园科研管理知识
			幼儿园总务管理知识
			家长工作知识
			教职工队伍建设知识
			文化建设知识
	实践性知识	园所文化建设知识	幼儿园文化特征的知识
			幼儿园文化创建的知识
		教育教学指导与评价相关知识	促进幼儿发展的知识
			促进教师专业发展的知识
		应激性知识	处理突发事件的知识
			危机管理知识
专业能力	本体性能力	政策把握与执行能力	掌握学前教育相关政策、法律法规
			了解学前教育发展趋势与改革动态
		园所规划、计划能力	了解、诊断幼儿园发展现状
			明确发展愿景、目标
			突出发展规划、计划重点
			保障发展规划实施

续表 3

维度	领域	要素	基本指标
专业能力	本体性能力	园所文化建设能力	建设园所精神文化
			建设园所物质文化
			建设园所制度文化
			建设园所行为文化
		保教工作指导能力	指导保教工作计划的制订
			指导保教工作的组织与实施
			对保教工作进行评价与反馈
		卫生保健工作指导能力	指导卫生保健工作计划的制订
			指导卫生保健工作的组织与实施
			对卫生保健工作进行评价与反馈
		课程领导能力	具有关于幼儿园课程及课程领导力的知识
			具有课程改革与实践的专业精神
			选择与规划幼儿园课程
			开发与建设幼儿园课程
			推动幼儿园课程实施
			组织和开展幼儿园课程评价
		教科研管理能力	发现、筛选研究问题，把握研究方向
			做好课题研究的过程管理
			总结、固化、推广教科研成果
		队伍建设能力	选拔、聘用教职工
			规划教职工队伍建设
			提升教职工队伍素质
			稳定教职工队伍
		指导家长工作能力	指导教师树立正确的家长工作观念，学习家长工作的基本方法
			关注教师与家长沟通能力的提升
			指导教师整合家长资源
		公共关系协调能力	与相关部门沟通、协调
			整合、利用资源
		安全管理能力	组织安全工作
			预见安全隐患并提前预防
			应对和妥善处理幼儿园突发事件
			指导开展幼儿园安全教育
			管理幼儿园信息安全

续表4

维度	领域	要素	基本指标
专业能力	本体性能力	后勤管理能力	指导后勤工作计划的制订
			指导后勤工作的组织与实施
			对后勤工作进行评价与反馈
	延展性能力	学习能力	信息的捕捉能力
			信息的筛选能力
			信息的加工、利用能力
		反思能力	自我监控能力
			自我评价能力
			自我调控能力
		创新能力	把握前沿能力
			批判思考能力

相对应提炼出的12项幼儿园园长应具备的本体性能力，我们又逐一细化出"基本指标"及"培养策略与途径"（见表2），在明确园长专业角色的基础上，进一步对园长的工作内容进行分析，同时为园长专业能力的自我提升提供抓手。

表2　幼儿园园长专业能力(本体性能力)的培养策略与途径

专业能力 (本体性能力)	基本指标	培养策略与途径
一、政策把握与执行能力	1. 掌握学前教育相关政策、法律法规	(1)熟悉幼儿园政策、法律法规的基本体系，包括： ·国家层面的法律法规； ·国家部委颁布的条例、法规； ·地方政府、教育行政部门颁布的地方性幼儿教育法规。 (2)依法治园，包括： ·开展幼儿园相关政策、法律法规的宣传教育； ·营造依法治园的环境； ·加强制度建设，对幼儿园依法管理。 (3)维护幼儿园的合法权益，承担法律责任。
	2. 了解学前教育发展趋势与改革动态	(1)成为办园思想的领导者。 ·躬身实践，学会在实践中深入思考教育问题，让管理生"根"； ·不断学习，善于与自己、同伴对话。 (2)具有敏锐的教育洞察力。 ·广泛涉猎，扩宽自身的教育视野； ·善于发现问题，积极开展行动研究。

续表1

专业能力 （本体性能力）	基本指标	培养策略与途径
二、园所规划 与计划能力	1. 了解、诊断幼儿园发展现状	把握幼儿园发展现状，分析幼儿园发展面临的问题和挑战，形成幼儿园发展思路。
	2. 明确发展愿景、目标	树立正确的办园思想，把握办园方向。 ·坚持贯彻落实党和国家的教育方针，有正确的办园指导思想，能够带领教职工认真学习有关幼教工作的行政法规和规章，并努力付诸实施； ·及时纠正重教轻保、重智轻德、保教分离等违背教育规律、偏离教育目标的倾向，牢牢把握正确的办园方向。
	3. 突出发展规划、计划重点	充分听取园务会议和教职工的意见，组织专家、家长、社区人士等多方力量参与制订幼儿园发展规划，正确决策，科学制订本园工作计划。
	4. 保障发展规划实施	(1)依据发展规划指导教职工制订并落实学年、学期工作计划，提供人、财、物等条件支持。 (2)对计划的实施过程加强检查督促，及时发现和处理问题。 (3)善于总结经验教训，将有成效的措施与做法逐步标准化、规范化，充分发挥集体的智慧和力量，完成工作计划，实现教育目标，提高管理水平。
三、园所文化建设能力	1. 建设园所精神文化	(1)重视幼儿园精神文化建设，关注精神文化潜移默化的教育功能，提升对幼儿园的专业理解与认知。 (2)宣传幼儿园文化建设的基本理论，利用多种渠道，开展丰富多彩的活动，营造专业、科学、和谐的氛围。 (3)加强教师专业知识与方法的学习，引导教师丰富人文、自然知识，提升个人综合素养。
	2. 建设园所物质文化	(1)将安全放在首位，确保场地、玩教具等的安全，积极排查和消除环境中可能存在的不安全因素。 (2)整体设计，合理规划，满足幼儿、教职工的不同需求，营造和谐、统一的环境。 (3)因地制宜，从园所实际出发，整合家长、社区等多方资源。 (4)注重发挥环境的育人功能，重视物质环境创设中幼儿的参与及环境与幼儿的互动。

专业能力 （本体性能力）	基本指标	培养策略与途径
三、园所文化建设能力	3. 建设园所制度文化	(1)召开党支部会、园务会、全体教职工大会等，帮助教职工明确制度建设的重要意义。 (2)发动全体教职工参与讨论，在统一认识的基础上制订合适的制度。 (3)建立健全各项规章制度。 (4)强化日常的过程考核，将考核结果与年终考核、调资、职评等挂钩。
	4. 建设园所行为文化	**幼儿园交往行动文化之——教师间交往** (1)和谐相处原则。要做到鼓励教师之间欣赏优点，包容缺点；真诚交流，建立信任关系。 (2)合作分享原则。要做到增加教师交流机会；慎用评比，不用一把尺子衡量。 **幼儿园交往行动文化之——师幼交往** (1)尊重幼儿原则。要做到接纳幼儿的年龄特点；鼓励幼儿大胆尝试；重视幼儿教师的情绪管理。 (2)关注幼儿个体差异原则。要做到接纳幼儿的不同个性特征；鼓励幼儿表达不同观点；敏锐发现幼儿的不同需求与变化。 **幼儿园交往行动文化之——家园交往** (1)平等相处原则。要做到鼓励换位思考，互相理解；满足不同家长的需求；谨慎谈论幼儿的不足。 (2)互动合作原则。要做到培养教师的积极态度；目标一致，合力合作；加强教师的沟通技能。 (3)深入交往原则。要做到增加交往的频率；丰富交往的形式。 **幼儿教师学习行为文化** (1)关注教师学习整体性原则。要做到提供充足有用的学习资源；园长与教师有效沟通，做到期待与理解一致；以多元化路径激发教师主动发展。 (2)尊重教师学习个体差异性原则。要做到倾听并了解教师的学习需要；提供差异化学习培训。 (3)重视教师反思能力原则。要做到鼓励参与式学习、探究式学习和反思训练；给予教师反思的时间。 (4)重视团队合作原则。要做到营造宽松的团队学习氛围；组织多元化的团体学习。 (5)支持教师自主学习原则。要做到给予教师可自由支配的时间；以教师为主导，改变单向的学习模式。

续表 3

专业能力 （本体性能力）	基本指标	培养策略与途径
四、保教工作指导能力	1. 指导保教工作计划的制订	(1)看计划，想实践。结合园长进班看实践获得的第一手材料、信息，审视保教计划的适宜性和可行性。 (2)听思路，细沟通。倾听业务管理者的想法和思路，通过研讨的方式共同制订工作计划。
	2. 指导保教工作的组织与实施	(1)随机和定时进班相结合。 (2)共同经历实践，研讨分析问题，寻找解决办法。 (3)注重个别沟通技巧，树立园长威信。
	3. 对保教工作进行评价与反馈	(1)通过自下而上和自上而下双向结合的方式研究、制定评价标准，开展教育教学工作评价、幼儿发展水平评价。 (2)确保评价过程的公开公正。 (3)对评价结果进行反思与反馈。 • 了解、分析和反思评价结果，予以奖励或查找问题原因，并改进、完善工作计划； • 针对问题与教师或班级进行个别反馈沟通,引导教师调整改进。
五、卫生保健工作管理能力	1. 指导卫生保健工作计划的制订	(1)加强领导，有序安排。 • 成立幼儿园卫生保健工作领导小组； • 制定园所卫生保健检查标准； • 依据标准定期对卫生保健工作进行检查； • 了解当前卫生保健情况，依据所发现的问题制订相应计划并有针对性地予以指导。 (2)明确任务，制订目标。 • 加强卫生保健人员的思想意识和学习，定期组织培训； • 针对上学期出现的问题以及可预知的问题，明确本学期的工作任务，根据任务制定本学期要完成的目标。 (3)突出重点，要求明确。 • 制订具体可行的措施，明确规定各项工作的内容及质量要求。
	2. 指导卫生保健工作的组织与实施	(1)明确卫生保健工作的任务与内容。 (2)加强卫生保健机构和设施建设。 • 配备专职保健人员，设保健室； • 重视卫生保健设施的配制，从行政上和经济上给予保障。 (3)完善卫生保健工作制度建设。 (4)加强卫生保健队伍业务能力建设。 (5)形成卫生保健工作程序。 (6)加强部门沟通与协作。 • 成立相应的协作组织(如膳食管理委员会、卫生检查小组、安全保卫小组等)，来完成各项卫生保健工作。 (7)建立家园联系，共促幼儿健康成长。

专业能力 (本体性能力)	基本指标	培养策略与途径
五、卫生保健工作管理能力	3. 对卫生保健工作进行评价与反馈	(1)完善检查与评价标准。 (2)多种评价方式相结合。 ·定期评价与不定期评价相结合; ·单项评价与综合评价相结合; ·阶段性评价与结果性评价相结合。 (3)建立科学的评价机制。 ·建立专门的考评小组; ·加强日常考评; ·完善考评程序。 (4)建立有效的反馈机制,及时反馈。 ·考核评价结果要及时公示; ·考核评价结果要正确反馈; ·考核评价结果要充分利用。
六、课程领导能力	1. 具备关于幼儿园课程及课程领导力的知识	(1)了解和反思课程领导和园长课程领导的概念、特征、构成要素、现实迫切性等。 (2)了解和反思幼儿园课程的概念、构成要素和我国幼儿园课程的历史发展等。 (3)结合实践进行反思和总结。
	2. 具备课程改革与实践的专业精神	(1)提升勇于课程改革和实践的自觉意识(专业自信、专业坚守、专业追求)。 (2)提升领导课程改革和实践的自主实践能力(研究幼儿、研究幼儿园课程、研究幼儿园文化)。 (3)促进自身在引领课程改革和实践的过程中不断自我超越(自我培训、专题培训)。 (4)不断反思,明晰课程的价值取向(把握关键要素,掌握方法策略)。
	3. 选择与规划幼儿园课程	(1)掌握课程选择与规划的原则,基于本园特点选择与规划课程。 (2)"博览"多家课程、多种课程表现形式。 (3)对比分析和深入分析,准确判断本园课程的现状和发展目标。 (4)在讨论和实践的过程中摸索、制订幼儿园课程规划,并着力实施规划。

续表5

专业能力 （本体性能力）	基本指标	培养策略与途径
六、课程领导能力	4. 开发与建设幼儿园课程	(1)深入认识和理解课程开发与建设的含义，尤其是理解园本课程的含义。 (2)认识和了解园本课程开发与建设的背景和条件。 (3)掌握园本课程开发与建设的原则、方法与策略。
	5. 推动幼儿园课程实施	(1)构建推动课程实施的领导体系。 (2)推动和保障课程实施的管理制度建设。 (3)遵循推动课程实施的原则(课程领导是核心，发挥教职工的主动性，系统推进，共同愿景)。 (4)在参与和指导课程实践中推动课程实施。
	6. 组织和开展幼儿园课程评价	(1)深刻认识幼儿园课程评价的重要意义。 (2)了解和掌握幼儿园课程评价的功能、对象与类型。 (3)遵循幼儿园课程评价的原则(功能多样性，评价主体多样性，诊断和改进性)。 (4)掌握幼儿园课程评价的组织方法与策略。
七、教科研管理能力	1. 发现、筛选研究问题，把握研究方向	(1)双向互动，聚焦关键问题。 ·园长从自身经验、入班观察记录、家长问卷、教师访谈和上级文件精神等出发，结合园所发展现状，初步确定可作为教科研专题的内容； ·教师聚焦本班幼儿发展、家长工作、教育教学、班级管理等方面存在的突出问题，通过教研组等向园长反映。 (2)借助外力，为我所用。 ·积极与园外科研机构、高校、研修部门及各级主管部门沟通，共同分析并明确幼儿园的教科研思路和基本方向，保证教科研思路的科学性和研究的可行性，提升教科研方向的引领性。 (3)客观分析，准确定位教科研方向。
	2. 做好课题研究的过程管理	(1)园长亲自参与研究，把握教科研过程。 (2)定期了解、检查各项教科研工作的开展情况，做好阶段总结。 (3)合理配置资源，人尽其才，物尽其用。
	3. 总结、固化、推广教科研成果	(1)定期对教科研成果进行总结和梳理，进行阶段性总结。 (2)通过专业期刊发表教科研成果，扩大影响效果和范围。 (3)通过观摩展示的方式，分享和交流经验，进而提高教师的教科研能力。

续表 6

专业能力 （本体性能力）	基本指标	培养策略与途径
八、队伍建 设能力	1. 选拔、聘用 教职工	(1)明确实施原则： ·理念层面：以德为先； ·专业层面：结构合理； ·方法层面：秉持原则； ·全局层面：可持续发展。 (2)选拔与聘用教师的实施途径与方法： ·要关注教师所实习的幼儿园的评价； ·要关注教师对面试问题的回答； ·需要借助一定的工具，有针对性地了解教师； ·保持开放的心态； ·与高校合作培养、选拔； ·要关注园所的可持续发展和人的可持续发展； ·要关注教师成长的关键期； ·要关注教师队伍中的特殊群体。
	2. 规划教职工 队伍建设	(1)明确实施原则：先进性、前瞻性、计划性、独特性。 (2)教师队伍规划的实施途径与方法： ·进行教师队伍现状分析； ·明确教师队伍规划的理念与目标； ·明确教师队伍规划的具体思路与措施：自上而下型； 自下而上型。
	3. 提升教职工 队伍素质	(1)明确实施原则：师德为先、以人为本、质量为先。 (2)提升教师队伍质量的实施途径与方法： ·重视师德建设，提高教师道德素质； ·完善培训机制，有效支持教师专业发展； ·完善教师管理机制，调动教师工作积极性； ·促进教师专业化发展，提升教师队伍质量。
	4. 稳定教职工 队伍	(1)明确实施原则：自主原则、幸福原则、服务原则、发 展原则。 (2)稳定教师队伍的实施途径与方法： ·环境育人，文化聚人； ·双激励，满足教师需要； ·成就自我，享受幸福； ·心有所属，体验归属感。

续表 7

专业能力 （本体性能力）	基本指标	培养策略与途径
九、指导家长工作能力	1. 指导教师树立正确的家长工作观念，学习家长工作的基本方法	(1)引导教师树立家园共育的意识，明确家园合作的重要性。 (2)引导教师树立正确的家长观，明晰家长的角色定位，对不同类型家长进行分析，采取有针对性的工作方法。 (3)建立有效的家长工作制度和流程，比如，形成家园联系的"三会"模板： · 新教师家长工作的难题分享会； · 经验型教师家长工作的创意会； · 骨干教师家长工作的微课展示会。 (4)引导教师逐步掌握家园形成合力四部曲： · "拽"出来的前奏； · "顺"出来的精彩； · "引"出来的高潮； · "牵"出来的完美。 (5)指导教师学习、掌握家长工作的基本方法： · 讲课式指导和活动式指导相结合，以活动式指导为主，增强家长的主动性、参与性； · 选择家庭中教子有方的家长组成骨干队伍，促进指导活动的互补性； · 随机指导、个别指导和集体指导有机结合，提高指导活动的针对性。
	2. 关注教师与家长沟通能力的提升	(1)提升教师的沟通意识，通过案例分析、问题解答等引导其学习家园沟通的艺术，丰富其家园沟通的策略与方法。 (2)搭建现代化的家园沟通平台（如 APP、微信公众号），增强家园沟通的便捷性、实效性、情感性。 (3)开展多种形式的家园沟通： · 随机面谈，彰显师者的智慧； · 集体沟通，亮出专业的水准； · 电话沟通，提纲挈领先梳理； · 书面沟通，传递浓浓的关爱； · 网络沟通，拉近心与心的距离； · 短信沟通，换位思考的理解； · 环境沟通，潜移默化的表达； · 家访沟通，倾听家庭的故事。

续表8

专业能力 （本体性能力）	基本指标	培养策略与途径
九、指导家长工作能力	3. 指导教师整合家长资源	(1)明确利用家长资源的原则： ·机会均等原则； ·双主体原则； ·幼儿为本原则； ·家园双促进原则。 (2)发挥家长的主观能动性，以多样化的形式、灵活多变的方法引领家长参与到教育中： ·家长委员会——人尽其才，资源互补； ·家长志愿者——凝心聚力，牵手前行。
十、公共关系协调能力	1. 与相关部门沟通、协调	(1)谦虚谨慎，好学多问。 ·要不断学习，掌握较为广博的知识，吸收各方面的信息。 (2)主动应对，用足政策。 ·注重采取多种形式与公众交往，并在交往中促进了解，沟通感情，促进发展； ·要主动、积极地宣传国家相关的法律法规和本园的办园理念、成果，争取各级领导、相关部门的重视和支持。 (3)长期规划，适度宣传。 ·建立幼儿园对外合作与交流机制，开放办园，形成幼儿园与家庭、社会(社区)及其他园所间的良性互动； ·加强幼儿园与社会(社区)的联系，利用文化、交通、消防等部门的社会教育资源，丰富幼儿园的教育活动； ·引导家长委员会及社会有关人士参与幼儿园教育、管理工作，吸纳合理建议。
	2. 整合、利用资源	(1)在观念上，树立任何资源都是可用的现代管理理念。 (2)在眼界上，要具有开阔的视野和独到的眼光。
十一、安全管理能力	1. 组织安全工作	全面了解幼儿园安全管理的基本形式和主要问题，对幼儿园安全工作的重要性有全面、深刻的认识。
	2. 预见安全隐患并提前预防	(1)建立科学、规范的安全管理体系。 (2)把安全教育融入一日生活，定期组织开展多种形式的安全教育和事故预防演练。

专业能力 (本体性能力)	基本指标	培养策略与途径
十一、安全管理能力	3. 应对和妥善处理幼儿园突发事件	制订幼儿园安全应急预案，如公共卫生事件预案、社会安全事件预案、自然灾害安全预案、应急演练预案。
	4. 指导开展幼儿园安全教育	(1)面向不同人群开展幼儿园安全教育： • 对教师的安全教育； • 对幼儿的安全教育； • 对家长的安全教育。 (2)开展多种形式的幼儿园安全教育： • 文字资料的宣传教育； • 事故案例的宣传教育； • 亲身体验的宣传教育； • 走出去培训与请进来培训结合的宣传教育； • 日常生活中的安全教育。
	5. 管理幼儿园信息安全	配备专职人员管理网络，并对本单位的网络使用情况进行监督、检查。
十二、指导后勤工作能力	1. 指导后勤工作计划的制订	基于已有成绩，预测未来发展，制订切实可行而又鼓舞人心的必达目标，做到"长计划，短安排"。 • 集思广益汇问题； • 七嘴八舌说计划； • 管中窥豹订计划； • 逐层递进做计划。
	2. 指导后勤工作的组织与实施	(1)利用心理效应，营造适度、规范的激励环境。 • 瓦拉赫效应：资源优化配置； • 共生效应：前勤后勤齐心做； • 蝴蝶效应：精益求精共努力； • 鲶鱼效应：不拘一格降人才； • 南风效应：心平气和破难题； • 扁鹊兄弟治病：未雨绸缪有规划。 (2)认识"四个理解点"，强化"创新型"人才的培养。 • 理解前瞻性的教育观点； • 理解园所文化理念； • 理解幼儿的年龄特点； • 理解教师的思维特点。

续表 10

专业能力（本体性能力）	基本指标	培养策略与途径
十二、指导后勤工作能力	3. 对后勤工作进行评价与反馈	(1)深入一线，发现问题，现场指导，及时纠错。 • 奖惩机制人性化； • 奖惩机制公开化； • 奖惩机制可操作化。 (2)开展不同类型的过程评价，如幼儿评价、教师评价、园所评价、自我评价、社会资源评价。 (3)搭建平台，进行多样化学习。

园长的专业发展，是对幼儿园园长职业的重新定位，对园长胜任岗位职责应具备的专业精神、专业知识和专业能力提出了更高的要求。通过与北京市一百多位优秀幼儿园园长的共同研究与探讨，分析影响园长专业发展的综合性因素，挖掘影响其专业发展的多种因素，探讨促进园长专业发展的策略，我们最终搭建出园长专业素养的结构框架，并在此框架的基础上编写成本套《幼儿园园长专业能力提升丛书》。丛书以领导力理论和心理学相关研究为新的理论支撑，目的是帮助广大园长从优秀园长专业发展历程中借鉴经验，明确专业发展意识，从而有目的地确定努力方向，从根本上促进园长个人专业发展，进而推进园长职业群体的专业化进程，实现园长专业化；同时为园长专业发展的研究提供事实和理论依据，也为学前教育管理研究奉献绵薄之力。

本套丛书包括 11 本分册，涵盖 12 项幼儿园园长应具备的专业能力(其中，政策把握、规划制订两项能力合为一册)。书中不仅系统梳理了每项专业能力的组成要素、培养策略与途径，而且贯穿设计了案例分析、办园经验分享、拓展阅读资料等多样化的板块，力求使这些专业能力真正做到"看得见，摸得着"，使处于不同发展阶段、不同类型幼儿园的园长更清晰地了解自己所从事岗位的专业要求、内涵以及实施路径，最终达到促进园所保教质量提高，促进幼儿全面、健康、快乐发展的目的。

参与本套丛书编写的作者都是北京市学前教育兼职教研员队伍"园长管理组"的成员。丛书是这个团队全体成员在四年的研究和探讨中，系统梳理工作经验、感悟和思考，提炼而成的有教育理念支撑、有研究过程思辨、有实践经验提升的教育成果。可以说，每一项专业能力都能体现和运用于园长与幼儿、与教师、与家长、与行政部门相处的过程中，每一本书都蕴藏着教育的智慧，都能带给人新的思考。更进一步说，本套丛书是"园长管理组"全体成员对我们所热爱的幼教事业的真诚回报。感谢参与编写的幼儿园园长、教研员以及提供案例支持的幼儿园。主编苏婧负责了整体策划及全书统稿工作。

由衷地感谢北京师范大学出版社罗佩珍编辑，在时间紧、任务重的情况下，正是由于她努力工作，认真负责，本套丛书才得以顺利问世。

期待着《幼儿园园长专业能力提升丛书》能为幼儿园管理者们提供有益的参考，也衷心希望幼教同仁提出宝贵意见。

苏婧

2017 年 2 月

伴随时代的日新月异，教育改革对幼儿园提出了新的要求，一流的园所要有一流的后勤，而一流的后勤需要配备素质一流的后勤员工队伍，一流的后勤员工队伍需要一流的管理。如何提高后勤工作人员的服务意识、服务能力和整体素质，有效激励他们不断进取，积极主动地工作，使他们更好地、全心全意地为一线教育教学、教师的工作、幼儿的学习生活服务，最终实现幼儿园和谐发展的目标，是目前园所管理者思考的重要问题之一。大家熟知，幼儿园后勤工作的特点是岗位分散、涵盖面广、服务对象广、工作内容广、责任重大，涉及膳食管理、财产物品管理、基本设施建设与维修、水暖电气管理、安全管理等诸多方面的内容。后勤工作是幼儿园工作的重要组成部分，也是管理者不容忽视的重要环节。

多年来在研究后勤工作的历程中，作为园所管理者，编者的感受颇多：后勤工作是一门值得深入研究的管理学课题和实践性专题，不仅需要以管理学的理论作为框架支撑，还需要以心理学的效应作为方法支架，更需要以社会学的人文关怀作为润滑剂。总之，后勤工作是值得每一位管理者深入思考和研究的领域。

本书共分为六章，讲述了园长在后勤管理过程中，如何做到在尊重每一位工作人员个性特质的基础上使其享受本岗工作所带来的"三乐"，并在一份纷繁琐碎的工作中同时做好服务者、教育者、研究者，从而实现园所管理"精、准、细"和个人发展"乐学、乐研、乐享"相得益彰。

第一章从四个方面阐述了"后勤管理之魂——以人为本"的理念。首先，论述了园长管理后勤的最重要思路，即对后勤工作人员实行"以人为本"的管理模式，让后勤工作不再只是简单的修修、补补、买买、搬搬，而是在服务前勤过程中以教育者的身份要求自己，以服务者的身份放低自己，以研究者的身份激励自己。其次，阐述了后勤组织架构，尤其具有创意的做法是将保健从后勤组织中剥离出来，强调教育、后勤、保育是平行的关系，在管理的过程中，各部门相互服务，同时相互制约，共同达成园所管理的目标。再次，讲述了园长选择后勤工作人员的标准。最后，也是本章的点睛之笔，提到了园长如何培养后勤工作人员的核心价值观，其中后勤管理过程中有关核心价值观培养的一些具体策略，也是让整个后勤团队拧成一股绳的方法论。

第二章阐述了"后勤蓝图之魂——清、准、细"的理念。相信大家对精细化管理的理念并不陌生，但是在制订后勤工作计划时，如何落实"精、准、细"呢？本章从计划制订的前奏、原则、不同维度的思考、规律、流程等多方面给予了精细、精准、精心的提示。

第三章、第四章和第五章是本书后勤管理具体的方式方法，从管理的心理效应开始，娓娓道来，不仅具体落实到"物"的管理方式，还提出了管理的目标——"三乐工作"。"三乐工作"指的是后勤工作态度为乐学，工作方法为乐研，工作境界为乐享。在深入浅出的描述中，可以领悟到编者把后勤管理当成一项研究的快乐心情；同时在翔实的案例中，可以找到有效的管理之道。

第六章针对后勤工作的评价与反馈进行了详细的诠释。客观、全面、针对性强的评价是改进管理工作的必经之路，同时也是对后勤工作人员高度负责的一种体现。实现后勤人力资源的最优化是所有幼儿园追求卓越的必备条件。高度量化的评价标准和动态化的反馈是后勤工作的双轮，能够保证工作行驶在路上。

本书的特点和创新之处有以下三个方面。

第一，案例生动，启发性强。每一章节中都有管理者独特的教育观点和管理思路，每一个观点之后都提供了大量的生活实践案例。这些案例是从不同视角来表达的，有园长书写的案例，有后勤工作人员书写的案例，有前勤教师书写的关于后勤工作人员的案例。一个个时常发生的案例，从新的角度启发读者：对后勤工作的思考和思索，绝不能仅停留在表面上。

第二，文风轻松自然，化大道于无形之中。对于深奥难解的管理理念、管理方法，以故事的形式、图表的形式进行解读。站在管理者和被管理者的角度来看待问题，既表达了管理者对后勤工作的期待，也传达了被管理者自我价值目标的实现，使其在工作中达到自我认同和自我享受，同时让读者读起来心情舒畅。

第三，标新立异做管理。后勤工作有其固定化的模式，但是认真思考就会发现别有一番风景，这也是编者在书写时所要传达的观点。本书在阐述医务室、前勤、后勤关系，论述后勤管理的心理效应，讲解后勤作为研究者的特点等方面都有不同于常规的管理与见解。

在了解本书基本内容和特点之后，请读者慢慢享受编者带来的如沐春风般的文字，期待您能在书中看到属于自己的一番美景，重新站在"精细管理与乐享工作"的角度看待后勤管理工作。

编者

2017 年 1 月

目 录

第一章　后勤管理之魂
——以人为本

　　幼儿园后勤是为园所发展、教育教学、幼儿、家长和全体教职工服务并保障其工作正常运转的基础性部门，后勤的管理工作是幼儿园管理的重要组成部分。后勤管理之魂是"以人为本"，就是以人的发展为园所发展的前提，具体包括后勤工作人员的发展，以及后勤工作人员服务对象教师、幼儿的发展，进而影响和带动家长、社区人员等发展。正如一棵高耸入云的红杉树，"人"字坚挺笔直，带动周围事物冲向云霄。

　　在幼儿园后勤管理过程中，"以人为本"为灵魂，具体阐述为：以个人为后勤管理的基本单元，鼓励其与前勤、幼儿、家长、社区互动，形成辐射于周围人的良好氛围；以个人的发展愿望为涓涓细流，注入园所发展蓝图的大河之中，鼓励个人勇当先锋。因此，要尊重人、信任人、理解人、关怀人、激励人，后勤管理只有做到用其所长，如其所愿，才能达到最高境界。

第一节　园长后勤管理的理念——三者合一

　　随着学前教育的快速发展，社会对优质教育日益青睐，各级各类公立园扩招，各个层次的民办幼儿园、私立园应运而生，传统后勤管理形式已远不能满足园所的正常运行需求。许多幼儿园针对后勤工作采取了购买服务、承包服务等措施，把后勤工作——食堂、采买、维修等都交给其他所谓的专职机构进行管理，自认为这样可以省下精力做教育，殊不知，幼儿园的后勤团队首要是为幼儿服务，不懂幼儿，多么专业的后勤团队，对幼儿的发展来讲都毫无意义，也不可能成为优秀的幼儿园后勤团队。园长在后勤管理中首先要树立后勤管理的正确理念，让后勤工作人员明确自己的角色，摆正自己的位置，把握正确的方向，以便做好幼儿园发展的保障工作。

一、教育者——后勤工作人员的第一身份

后勤工作人员的第一身份应该是什么？实践证明，幼儿园后勤管理的真谛是育人，是潜移默化过程中蕴含着的无声的教育，是着眼于幼儿未来、培养高素质人才的教育。根据幼儿园办园思想，后勤服务工作首先要体现环境育人、文化育人的理念，这是幼儿园后勤工作区别于其他工作的重要内容之一。后勤工作人员身处园所育人环境之中，即便不是教师，同样担负着言传身教的责任。后勤服务工作就是没有讲台的课堂，要不断指导后勤工作人员树立育人理念。

(一)环境育人

现代教育心理学认为，在人的性格的形成过程中，环境因素影响很大。幼儿的主要活动范围是幼儿园，园所的环境质量与幼儿的成长息息相关，并持久地对幼儿产生直接影响。从实用到艺术，从绿化、美化、净化到知识化，可以说是"无言之教"，对幼儿具有强烈的暗示性、渗透性和潜移默化的作用。一个灯笼悬挂的位置、一盆花摆放的方式、池塘里金鱼的种类，这些都是幼儿认知的途径。幼儿在耳濡目染中形成审美能力，在与环境的互动中建构生活经验。

案　例　买花的学问

春天是万物生长的季节，新学期开始，每个班级都忙碌着美化室内外环境。

"该布置自然角了，买点儿植物吧！"于是各班教师写了植物需求清单，将其交给后勤主任。拿过12个班的植物需求清单，这位刚刚从小学调过来的后勤主任立刻皱起了眉头，每个班的数量和种类都不一样，就连花盆都有不同要求，他感到莫名其妙，这不是在难为人嘛！不就是在自然角摆点儿植物，不用那么麻烦。他请教了花卉师，自己做主从花房里选了几种提名率最高的花卉，按每班每种花两盆的量买了回来。没想到买回来的花搬到各班，班中教师不高兴了。

"张老师，我们班要的不是这几盆啊！这几种花上学期孩子们都养过了，得换几种。"

"我还强调了买瓷盆，您忘了给我们买吧？"

"我们班要买的竹子有三种，您就给我们买了一种，这怎么对比观察呀？"

听了各班教师的不满，后勤主任也有点儿不好意思了。同类不同种植物的对比观察、同种植物不同生长环境的对比观察、新品种的尝试种植……这些教

育目标新后勤主任想都没想过。原来，买花还有这么多的学问啊！细细想来还真是，幼儿园里的环境是与幼儿对话的，每个班的幼儿不同，花花草草岂能相同呢？

于是后勤主任和各班教师交流了买花的细节，领会了新精神，当然也学到了许多教育的理念。然后他又来到了花草市场，虽然东看西找用了不少时间，但这次买回去的花得到了各班教师的肯定。

教室的自然角到位了，几个分园也该进行绿化了。后勤主任开始分析和思考，每个园的大小不同，园所所处的地理位置也不相同，有的园在高楼群之间，很少能见到阳光；有的园守在马路边，三面临街很是显眼；有的园处于小区的交叉口处，春季这里的风沙要比其他园大；还有的园面积比较小，因为是老小区、老园所，院子里除了操场就没有其他设计空间了。从花草的生长特点来看，既然每个园所位置环境不同，栽种的花草也应有所不同；从每个园所的发展特点来看，因对幼儿的教育重点不同，栽种的花草数量和种类也应有所区别。在做食育课程的分园里可以多种一些能开花、结果的食用性植物，让幼儿来感受植物生长以及其转变成食品的过程；在少见阳光的分园里应该选择一些喜阴、耐潮的植物，以便让幼儿观察记录植物生长的过程；在面积不大的分园里要精挑细选花草，考虑花盆大小、搭配组合等因素，让花花草草真正成为美化园所的环境，成为幼儿艺术欣赏的环境，成为幼儿乐于观察的环境。这样分析后，后勤主任写了各园绿植的采买清单，为每个分园添置了属于自己的植物园。

从案例中我们看到，后勤主任不仅为各园教师服务，帮助他们完成设想意愿，还参与其中出谋划策，当然分析、思考的出发点就是后勤保障的育人功能。环境不仅对幼儿起着潜移默化的熏陶作用，更是促使幼儿萌发创新思维、实施素质教育的手段之一。《幼儿园教育指导纲要（试行）》（以下简称《纲要》）也明确指出："幼儿园应为幼儿提供健康、丰富的生活和活动环境，满足他们多方面发展的需要。"为此，幼儿园应在积极完善设施设备的同时，努力营造优美的育人环境，使师生的身心得到愉悦，使他们获得美的情感体验。后勤工作人员要精心布置幼儿园的每一处环境，用心设计规划幼儿园的每一个空间和角落，使其富有教育意义。幼儿园里的一草一木、虫虫鸟鸟都不应该随随便便添加和摆放，每一处环境都应有独特的意义与价值。

在为幼儿创设良好物质环境的基础上，幼儿园的后勤工作人员同时也要为幼儿构建健康、平等、和谐的环境，爱护、赏识、尊重每一个幼儿，平等、宽容地对待每一个幼儿，站在幼儿的立场上，积极鼓励幼儿，努力使幼儿自信、活泼、健康、快乐。在创设育人环境的同时，还应关注环境的安全性，从保证幼儿生命安全出发，认真做好安全工作，对于幼儿园的走廊、盥洗室等地方更要不遗余力。

因此，后勤工作人员要强化环境育人的意识，细心研究和了解幼儿园的每一处环境，让它们发挥物尽其用、环境育人的功能。另外，后勤工作人员在工作中不能盲目跟风、盲目行动，要在理解园所教育理念的基础上多一些思考、多一些分析、多一些批判，"制作"出真正为教育服务、为幼儿发展服务的环境。

（二）文化育人

后勤工作人员不仅与教师直接接触，还与幼儿频繁接触，所以后勤工作人员的一言一行会对幼儿产生潜移默化的影响，他们无形中扮演着"隐性教育者"的角色。在日常学习与生活中，幼儿会用"教师"这一称呼来印证后勤工作人员所充当的教育者的角色，家长也会很自然地将幼儿园的每一位工作人员看成教师。后勤工作人员的思想作风和工作态度对幼儿有着重要的影响，能起到春风化雨、润物无声的教育作用。突出育人功能，是后勤管理的主旋律；变管理为教育、变被动服务为主动育人，是现代人文环境中后勤工作所面临的一个崭新的课题。

案　例　幼儿园里的一道靓丽风景线

一块抹布、一把笤帚、一个墩布成了卫生员手里的永恒，多年来从没有改变。在某幼儿园经常出现这样的现象：由于墩布在清洗后没有甩干，所以地面水滴连成了片，人们不小心走过，要么出现一串串脚印，要么不小心滑倒，要么就是本来擦干净的楼道变成了泥泞路，再看看卫生员无奈地摇摇头，大家感觉心里不是滋味。灰头土脸、破衣旧衫，再加上手里的工具，要想从卫生员脸上、心里找出一种做卫生工作的自豪感还真是难上加难。如何让卫生员有职业幸福感呢？如何让卫生员自信地爱上自己的岗位呢？

幼儿园的管理文化本应该是：人人都要做最好的自己，每个人都是幼儿园的名片。那么针对卫生员岗位，最好的自己是什么样子？卫生员的名片应该怎样书写呢？我想应该是：每个人都自信地认同自己的工作，从心底里爱上自己的工作，用优质服务换来同事的赞美并将其来当作一件自豪的事情。那么，后勤主任怎样让卫生员有归属感、使命感和自豪感，把自己岗位的名片绘画精彩呢？其实这也是后勤主任如何通过细微管理实现幼儿园发展目标的具体体现。幼儿园确立的总目标和方向，如何在后勤部门的管理范围中得到落实呢？这既是后勤主任应该思考的问题，也是把幼儿园目标具体化的实践。当然和谐团队的建立是基础，受到周围人喜爱的环境是保障，外在的形象是亮点。那么卫生员外在的形象都有什么呢？过去一块抹布、一把笤帚、一个墩布这老三样的"三个一"是不是需要改进呢？怎么改进呢？一步步追问和指导，使后勤主任认识到后勤是幼儿园的重要组成部分，幼儿园每项目标的实现都需要后勤做好充分的服务和保障，特别是在人员的管理上，不能轻易地认为后勤事情复杂，后勤工作人员学历低等，因为这样狭隘的认识会影响后勤团队的系统管理、培养以及价值判断。合同制教师多，就可以放松要求吗？合同制教师流动性大，就不是我们中的一员了吗？我们不应该给予他们培训的机会、成长的机会吗？相反，这样合同制、流动性大的后勤团队更需要培养和培训，更需要我们给予机会，让他们成长，使他们走到哪里都能为幼儿提供科学的服务。其实，只要在幼儿园一天就是幼儿园的教师，教师的基本素质应体现在幼儿园的各个岗位上。每个人都是幼儿园的财富，幼儿园离不开任何一个人的努力和付出。后勤主任只有抱着这样接纳的胸怀和态度，站在管理者就是服务者的位置，拥抱每一个自己所管理的团队成员，用欣赏和发展的眼光看待他们，才能实现幼儿园的发展目标。

卫生员的事情引起了该幼儿园后勤主任的思考和研究，卫生员的形象是幼儿园的窗口，是幼儿园发展内涵的体现。把幼儿园的文化建设扩展到幼儿园的角角落落，把触角延伸到每个人，这不就是我们精细化管理无声的告知和最好的说明嘛！

现在的卫生员已经推上了清洁车，更换了旧工具，还穿上了工作装，见人面带微笑，幼儿园窗明几净亮堂堂。卫生员成了幼儿园里的一道靓丽风景线。

每一名后勤工作人员都是一道靓丽的风景线，此靓丽不仅仅体现在外在形象上，还体现在管理者对后勤工作人员一视同仁的思想上。园所管理者只有发自内心地把每个人当成一道靓丽的风景线来塑造、打造，才能真正收获和享受身为管理者的乐趣。

案 例 把教育的触角延伸到每个角落——听到家长议论后的思考

又是一年招生季，来门口询问招生事宜的家长络绎不绝。按照常理，公立园比较受欢迎，果然，一所口碑好的幼儿园在招生这几天非常热闹，家长蜂拥而至。家长在排队等待的时候一起聊着天。

"你说这么多孩子报名，幼儿园凭什么条件录取呢？"

"听说要求挺高的。"

"是啊，听邻居说去年针对家长的面试、约谈就好几次，说是得找素质高的家长。"

"这样挺好的，咱们来这儿，不也是因为园里环境好、教师能力强嘛！"

"家长素质高，孩子就是不一样。"

"没错，还别说，这所幼儿园的教职工素质都挺高的。上次我过来问招生情况的时候，碰巧一个保洁老师在甬道里打扫。我过去打听，人家立刻就把手里活儿停下来，虽然我问的事情她都不知道，但她一直都乐呵呵的。"

"是啊，有的幼儿园可不是这样，一听说是问孩子入园情况，每个人都爱答不理的。"

"你再看看幼儿园的卫生，没有死角，干净，咱们光着脚都行。说实在的，幼儿园比我家都干净多了。"

……

从家长的谈论中我们能够了解到家长选择一所幼儿园不仅关注、评论吃的、喝的、教育教学，还关注、评论幼儿园里的每个人、每件事。在此案例中，家长在咨询招生情况时，看到的、谈论到的正是一名普通保洁老师的事情。幼儿园的后勤工作人员多半是临时工作人员，他们往往会忽视与幼儿园文化相一致的自身形象教育，然而这对于幼儿园来讲也是很重要的教育资源，要想把教育的触角延伸到每个人，就要注重团队里每个人的跟进。在外界看来并没有正式工、临时工之分，家长会把出现在幼儿园的人都当作教师，所以后勤工作人员形象的塑造需要重视起来。对孩子来说，他们的学习是没有选择性的，与他们接触的任何人都会成为构建学习经验的资源。

案 例 保安爷爷的问候

今年九月新学期的开始，小班的孩子们经历了初入园分离焦虑后，很快就适应了幼儿园生活，来园时家长们也会有意识引导孩子们主动问好。孩子们每天入园时见到的第一个人就是保安师傅。早上早操的音乐还未响起，保安师傅们就全副武装，在幼儿园门口站立好了。这几年由于保安师傅的年龄普遍偏大，孩子们见到他们时更喜欢称呼他们"爷爷"，听到孩子们亲切的称呼，保安师傅也乐乐呵呵的。

这天，一位妈妈领着孩子来园，跟孩子说："快叫爷爷好！"妈妈热情地引导孩子，可是孩子还是不出声，只是眼睛盯着保安爷爷。

"宝贝你好，早上好！"保安爷爷主动向孩子问好。

孩子听到后就小声说："早上好！"

"宝宝和爷爷都很有礼貌。"妈妈领着孩子高兴地进园了。

在这个案例中，外在看是妈妈在对孩子进行来园礼貌教育时巧妙地借助了保安爷爷，但对于孩子来说，保安爷爷的一个有礼貌的问候，正是他养成礼貌习惯的开始。保安爷爷平时的彬彬有礼成了家长的共同认识，因为他们相信幼儿园中的每一位工作者都是教育者。在幼儿园的后勤管理中，也应该注重激发每一位工作人员"行为育人"的意识，使他们明确自己的重要性，他们对幼儿态度、习惯、良好品德的养成等都起着潜移默化的作用。只有自己的意识发生转变，行为才会发生改变，而只有幼儿园里每一个工作人员的行为发生改变，才能真正意义上给幼儿提供成长的良好环境。

当然，在后勤管理中不能仅仅强调每一位后勤工作人员意识的转变，育人行为的常态发生更为重要。后勤管理人员在工作中应注意自己的言行举止，给员工创设尊重、平等、温暖的工作环境。例如，日常检查工作时，要与教师一起坐下来促膝谈心，用真诚帮助的语气来反映工作中的问题；行走见面时，要用"早上好""您好"主动地问候教师；空闲时间里，要发自内心地对教师、家长表示关心。其实，真诚、亲切交流就是一副管理问题的良药，这些日常生活中的点滴行为，能够营造幼儿园人性化的和谐人际氛围。

节假日里为每一岗位量身定制的温馨祝福，福利待遇的按时到位，工作生活条件的适时改善，都可以创造人性化的彼此信任的关系。这样从上而下真诚的关心是人文环境创设的基础，更是发挥后勤工作人员教育者功能的前提。

二、服务者——后勤工作人员的第二标签

不论是在幼儿、家长面前，还是在教职工面前，后勤工作人员既是教育者，也是服务者。后勤工作人员应立足本职，改变观念意识，变"幼儿园要我服务"为"我要为幼儿园服务"，树立"以幼儿为中心"的服务意识。抓好以人为本的管理，是全面提高后勤保障部门的服务水平，促进后勤与教育同步发展的工作关键。

(一)明确服务对象

如何做好服务？首先应该明确幼儿园后勤的服务对象是谁。毋庸置疑，幼儿园中的每个人——幼儿、家长、教师都是后勤的服务对象。除此以外，幼儿园在现代化管理中还应该担起服务社会的责任。

1. 服务幼儿——有爱心

"以幼儿为本"是幼儿园开展一切工作的原则，所以在后勤服务中首先应该明确的服务对象就是幼儿。实际上，幼儿园里每一位工作人员每天都在做着为幼儿服务的事情。从幼儿来园那一刻开始，保安师傅负责幼儿的安全，保健医保障幼儿的健康，教师带领幼儿一起锻炼身体，保育老师给幼儿分餐……这些行为都是为幼儿服务。同样是服务，但服务的质量却不尽相同，这也就会给幼儿和家长留下不同的印象。

如何更好地为幼儿服务呢？在服务里面要体现一个"爱"字。幼儿园是充满爱的地方，是爱的教育场所，幼儿园中的每一个人都要爱心满满，包括后勤工作人员。用爱心服务幼儿，需要后勤工作人员"蹲下来"，用幼儿的视角来感受世界，真正读懂幼儿内心的需求，把幼儿园中的每一个幼儿都看作自家的宝贝，呵护幼儿的成长，保护幼儿的心灵。带着爱心去工作，带着爱心去服务，效果就会与众不同。也就是说：没有爱，服务就不存在。

案 例　旋转木马永远不下雪

"下雪了，下雪了！"

"我最喜欢下雪了。"

"咱们堆雪人吧！"

"你们堆雪人吧，我要去玩旋转木马！"

"你怎么变傻了，地上都这么多雪了木马上肯定都是雪，还玩什么玩！"

"那我得去看看白木马什么样了！"

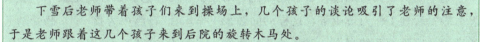

下雪后老师带着孩子们来到操场上，几个孩子的谈论吸引了老师的注意，于是老师跟着这几个孩子来到后院的旋转木马处。

"你看，旋转木马上根本就没有雪，还说我傻呢，是你傻吧！"

"不对呀，为什么这儿没有雪呢？"

这时，老师引导着孩子们去观察、思考，对孩子们说："看看还有哪里没有雪？"孩子们开始环顾小院。"看，小滑梯上没有雪。""小荡桥上也没有雪。""真奇怪，怎么有地方有雪，有地方没有雪？"

"老师，这儿真的不下雪吗？"

"你们仔细看一看，有没有下雪的痕迹？"孩子们觉得有道理，都离玩具很近，仔细地观察。"老师，我发现了，小滑梯这儿还真的有点儿小雪粒！""小木马的缝里也有雪。"

"这儿肯定下雪了！"

"那雪去了哪儿呢？"

"我觉得有一个人肯定知道。"老师刚一开口，孩子们就迫不及待地问："谁呀，谁呀？"老师说："你们去问问高老师吧！"

高老师是幼儿园的保洁员，每天都会打扫幼儿园的公共环境卫生。孩子们剁剁小脚上的雪，飞快地跑地去找高老师了。

"高老师，您知道为什么旋转木马上没有雪吗？""还有小滑梯和荡桥上也没有雪！"

高老师对孩子们笑笑说："可能是雪爷爷怕你们玩时摔倒，所以这些地方就不下雪了。"一个孩子说："真的吗？以后那里也不下雪吗？"高老师说："我想你们要是想到那里玩儿，那里就一定不下雪。"

孩子们天真的眼神中有相信，也有疑惑。旋转木马永远不下雪的秘密只有高老师最清楚。高老师对工作积极、负责，每天都会早早来到幼儿园，把园里的户外玩具打扫得干干净净。冬天早上天气凉，刚用湿布擦过玩具，玩具表面就会冻一层薄薄的冰，为了避免孩子们玩玩具时打滑，每次她都会准备一块干布，用湿布擦后马上再用干布擦干净。其实，这雪天玩具上的雪也是高老师给变没的。高老师发现孩子们特别喜欢玩旋转木马等这几个小玩具，心想如果玩具上堆了厚厚的雪，孩子们就少了选择的余地，所以雪停后她早早地就把玩具上的雪都扫到了桶里，又用干布把雪粒都擦干净了。

这个案例很真切地诠释了后勤如何为幼儿服务的理念。如果我是孩子，我会怎么做？后勤工作人员应带着这样的问题来工作，让"自己成为孩子"，感受幼儿的喜爱，感受幼儿的兴奋，感受幼儿的悲伤。一定要具备"爱心"服务意识，但是又不能盲目，不管是后勤管理人员，还是后勤工作人员，都要逐渐增强教育意识，时常与保教管理人员交流，把一些有意义的活动留给孩子们，让后勤的服务与教育同时伴随着孩子们成长。

2. 服务家长——用真心

家长不仅是幼儿教育的重要资源，还是幼儿园教育的重要合作伙伴。只有家长有效地参与幼儿教育，才能使幼儿真正健康成长。而在家长参与幼儿教育活动过程中，后勤工作人员应该行使对家长的服务功能。针对家长的服务如何来做？这里面要体现一个"真"字。真心体现在聆听家长的意见，关注家长的需求，站在家长的角度考虑问题，心甘情愿地为家长解决他们心中的疑虑，让家长感受到一种家的归属感。是否用真心为家长服务，是否能想家长所想，体现的是后勤工作人员的专业水平。

案 例 一席之地

> 民族分园在一个小区里，园门外是一个不太宽的胡同，本来地方就狭窄，小路旁边还停放了一排汽车。为了孩子们的安全，幼儿园开始实行园门外手递手接园制度，因此每天接园时，园门口的地方就显得极为拥挤。幼儿园想了很多办法，如错开时间接孩子，家长志愿者帮忙接孩子，创设地面标识接孩子等。这些办法都是为了保证接孩子环节规范、安全。
>
> "您才来呀？你们班都接完了。"
>
> "都接完了？其实我不愿意早来，这儿地方太小，早来了还碍其他班的事儿，只是为了孩子不得不早来。今天路上稍微有点儿堵，这不就晚了嘛，看来明天我还得早来会儿。"
>
> "真是，这儿太窄了，如果不停着几辆车还能宽敞点儿。"
>
> 说话的是两个奶奶，看来狭窄的场地给家长带来了许多不便，尤其老人，他们家里没事，都愿意早点儿出来到园门口等着，可是场地确实有限，门口还被车占着位置。这里能不能不停车呢？
>
> 于是后勤管理者找到了居委会，居委会工作人员说小区车位也不是特别紧张，晚上他们值班时还发现一些地方有停车的空位。经过居委会的同意，后勤

工作人员开始动工，去掉了门口的停车标识。为了让早来的老人有地方等待，后勤工作人员还购买了长椅，并进行了合理摆放。原来停车的位置变成了家长们等待的休息区，老年人可以坐在长椅上休息，这样既保证了接园的秩序，又照顾了老年人的身体状况，家长的问题解决了，家园其乐融融。

案例中园所做的改变源自对家长心声的倾听与理解。在幼儿园外经常会听到家长一些发自内心的"抱怨"，面对这些抱怨，后勤工作人员应以什么样的心态来应对？是责怪家长，还是反思自己呢？其实后勤工作人员应多站在家长的角度去思考一些问题，帮助家长解决一些顾虑，把家长当作幼儿教育的合作伙伴，抱着一颗真心去服务家长，最终和家长携手共育幼儿。

3. 服务教师——讲同心

在幼儿园中，幼儿和教师是重要的人员构成。教师是素质教育的主要实施者，是教育过程中的主体，教师的教育水平从一定程度上决定着幼儿的发展。教师在幼儿园中的归属感和职业幸福感也会影响教师的教育心态和教育水平。怎样提升教师的归属感和职业幸福感呢？一般大家都会从教育研究的角度来谈论这个问题，但既然是在论述后勤的服务功能，那么也要思考一下后勤工作人员对提升教师归属感和职业幸福感的作用。

试想一下，每天教师走进幼儿园大门，听到保安师傅真诚的问候，看到保洁员刚刚打扫过的干净整洁的环境，吃到食堂工作人员精心制作的营养热乎的早点……心情会怎样？从与每一个人的接触中感受到的温暖和亲切就是快乐工作的开始。后勤工作人员为教师服务时要体现一个同心，即同理心，站在幼儿园发展的高度，站在教师快乐工作的角度，用"大家好才是真的好"的意识来服务每一位教师。加班时送去一碗莲子银耳汤，初秋送去一袋去火茶，下雨天撑起一把伞……这些都能让教师心里暖乎乎的，他们工作的热情自然就会变得更高。

案　例　温暖舒适的妈咪屋

"这个小屋真温馨！"

"这不是我家宝宝的百天照吗？"

"这个小沙发特别舒服！"

"我喜欢这儿，都不想走了。"

"明天天儿好，可以让我婆婆带孩子来这里待会儿吗？"

产后教师在这个小屋里兴奋地聊着。这个小屋就是后勤工作人员给产后教师的一个惊喜，她们都叫它"妈咪屋"。在这里，产后教师可以和宝宝进行肌肤的接触，可以舒舒服服地给宝宝吸奶，可以和姐妹们聊一聊怀孕时的酸甜苦辣。这里有香香的妈妈的味道，有浓浓的亲子温情。妈咪屋的创意是从何而来呢？这要从一个多月前说起。

近几年幼儿园的年轻教师越来越多，她们工作两三年后便开始陆续结婚生子。对于刚生完宝宝的妈妈来说，怀着对宝宝的思念上班真的是一种煎熬。上下午和班中的孩子们在一起说说笑笑、玩玩乐乐，时间过得还挺快，可是中午，短暂的时光里就充满了想念，除了想念自己的宝宝，还有一件大事要做——给宝宝吸奶！在哪儿给宝宝吸奶呢？当然需要避开午睡的孩子，可是到活动室又觉得空间太大，不安全，于是很多妈妈都选择躲到厕所吸奶。

一天中午，负责维修的李老师到小二班修厕所，还没有进去就听说一位年轻的妈妈正在厕所里吸奶呢。虽然李老师是一位年长的男同志，但是他已做了父亲，了解父母的不易，所以听到年轻的妈妈在厕所吸奶，非常心疼。于是他找到了后勤主任，提出为这些年轻的妈妈找一个能吸奶的地方的建议，后勤主任听后非常高兴地采纳了。

幼儿园里的年轻教师逐渐增多，从去年开始她们都在陆续办喜事，也相继成为人母，给宝宝吸奶确实是一个问题。综合考虑，后勤工作人员就为年轻的女教师创设了这样一间温暖舒适的妈咪屋。

从妈咪屋的案例中我们感受到了一种家人的情感。后勤李老师知道年轻妈妈在厕所吸奶时为什么会心疼？他为什么会有这样的关心他人的意识，并主动向领导提出幼儿园的问题和自己的建议？为什么后勤主任乐于采纳李老师的建议？这些问题表明，幼儿园是一个和谐、平等、温暖的大家庭，在这里每个人都是兄弟姐妹，每个人都可以关心幼儿园的发展，不是只有园长或者管理者才有管理幼儿园的资格，实际上在幼儿园的发展中人人都是管理者。让每个人想着她、念着她、感悟她、享受她，这样的幼儿园一定是一所人人喜爱的幼儿园，当然也可以说这样的幼儿园才能堪称好园、名园，因为大家都有共同的目标追求——为了幼儿的发展。

幼儿园中的所有人都是命运共同体，都在携手构建命运共同体的道路上砥砺前行，共同体是每个教师美好的目标，也是需要一代又一代教师同心协力、共同奋进才能实现的目标。最主要的是天上不会掉馅饼，大家要撸起袖子加油干，要有共同的目标、共同的追求、共同的发展方向，后勤工作人员在为教师服务时也应该有一份"同心"，以教师的心为心。

4. 服务社会——有暖心

新时代的幼儿园应该具有服务社会的功能。在教育教学方面，幼儿园要牵手社区做好亲子教育、早期教育工作；在后勤服务方面，幼儿园要牵手社会，做好幼儿园的教育辐射、惠民利民工作。

幼儿园为社会服务时要体现一个"暖"字，要通过所做的事情温暖幼儿园周边的人，通过与社会的互动，让关注幼儿园发展的人感受到真情与温情。后勤工作人员既是幼儿园中的一员，也是社会中的一员，因此，要尽自己所能，给社会带来更多的方便，这样才能体现出后勤的社会功能。

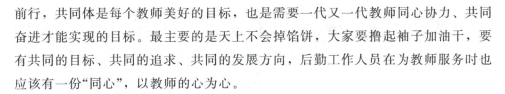 案 例 社区美女志愿者

教师在不断提升自身服务能力、服务水平的同时，也要为园所赢得良好的外部发展环境。如何切实做好社区的服务工作？社区志愿活动的开展，让我这个普通的老师有了更深刻的认识。

由于我们草桥园的活动场地有限，所以有时候我们的活动会在社区花园进行，而每每这时，都会有许多家长带着孩子来观看。

一次，我们在社区花园进行体操比赛，又有很多家长带着孩子来观看。活动结束时，几个家长围到我身边，问："你们是哪个幼儿园的？怎么把孩子们教育得这么好？""你们从哪里学习的这样的体操啊？我们能不能买到光盘在家里与孩子一起做啊？我们孩子可喜欢了，一直跟着一块儿做呢。"针对这一连串的问题，我笑着说："别着急，您的孩子还小呢，这体操都是我们老师自己创编的，等您的孩子上了幼儿园，每天都能跟着老师们一块做体操。"家长听后说："嗯，只能等着上幼儿园了。"

回去后，我跟其他班的老师说了这件事，没想到大家也遇到了同样的事情。听到我们的谈话，后勤齐老师说："那咱们组织一次社区亲子活动怎么样？"大家听后，沉思了一会儿说："这个主意好，这样既能将咱们的精彩活动带到社区，又能让社区家长了解咱们老师，还能满足社区居民的需求。"

于是，几天后我们组织了一场社区亲子运动会，没想到参加活动的家庭有三十多个，加油助威声此起彼伏，无论是孩子、家长，还是我们，都感到非常兴奋。

有位阿姨说："姑娘，这是你们组织的活动呀？有没有组织我们老人的活动啊？"我说："这是我们了解到小区的孩子们喜欢跟老师们一起做体操后组织的活动。您希望我们组织什么活动呀？"阿姨说："跳广场舞就行。上次看你们带家长跳得挺好的。这边没人组织，想跳都得去别的小区。"我说："那我们商量商量，如果我们组织，您来吗？"阿姨说："来啊，肯定有不少人来参加呢，这里离我们近，主要还有美女老师陪伴啊。"

回去的路上，我把和阿姨的对话跟老师们说了，老师们都兴奋地说："可以呀，这是好事，既可以锻炼身体，又可以与社区的人沟通感情，咱们跟齐老师说说吧"。齐老师听后，高兴地说："当然好了，只要你们愿意，我大力支持。"

于是，社区舞蹈队成立了。居民们都称我们为社区美女志愿者呢！我们也欣然接受了这样美好的称呼。活动两周后，当问到阿姨们有什么感受时，有的阿姨说："通过健身，我现在睡眠特别好。"有的阿姨说："这个体操真的太好了，动作简单、好学，容易做到位。"有的阿姨说："天天跳这个，浑身都有劲儿了。"有的阿姨说："我是真高兴，一听到音乐，心情就特别好。"阿姨们朴实的话语让我体会到了这个活动的价值，懂得了何为脚踏实地为人民服务，更感受到了为人民服务的快乐与幸福。

园长总对我们说："要做好服务幼儿、服务家长、服务社会的工作。"服务幼儿、服务家长是我们的日常工作，并不难理解，而服务社会，过去还真没有思考过。通过组织的这些社区服务活动，我们明白了要想服务好社会，就要心系社会，深入社区，并付诸行动。

这是一个一名一线教师成为社区志愿者的案例。这个案例记录了幼儿园服务社会的起因、过程和参与者的感受。正如案例中教师的内心独白，服务幼儿、服务家长是日常工作，并不难理解，而服务社会，却是她们极少参与的，通过组织社区服务活动，她们才真正明白了要想服务好社会，就要心系社会，深入社区，并付诸行动。

后勤服务社会的形式是多种多样的，要因地制宜。美食文化节、社区文化节、亲子服务队等活动都可以成为服务的载体。既要请进来，让社会上的人感受幼儿园的文化环境，了解学前教育理念；也要走出去，让社会上的人获得幼儿园的帮助，感受到幼儿园团队的爱心与温暖。

（二）细化服务标准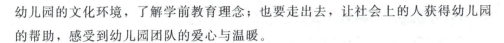

确定了服务对象，下面来讨论服务标准。什么样的服务能够得到被服务者的肯定和赞赏呢？某一级一类幼儿园对教职工和家长做了一个调查。

调查问题：①您对本园的后勤工作满意吗？为什么？②您最喜欢什么样的后勤工作人员呢？

调查结果：调查 70 人（其中教职工 30 人、家长 40 人），满意度为 86%。

关于喜欢的原因，家长回答的关键词有热情、素质高、像一家人、朴实；教职工回答的关键词有周到、工作不拖沓、热情、贴心、解决困难及时等。从大家的回答中能够得到一个结果：家长对后勤工作人员的态度的关注度最高。而态度就是指后勤工作人员的服务态度。

因此，无论在哪个岗位，无论工作量大小、服务时间长短，后勤工作人员都要努力做到全员、全程、全方位的热情周到，优质高效地进行服务，讲求服务的及时性，追求服务的实效性，让幼儿、家长、教师、社会真正感受到爱心、真心、同心和暖心，不断提高大家的信任度与满意度。结合大家的意愿可以给后勤工作人员提出以下标准：

文明服务：接触每一个人时都能使用文明用语，坐立行走时都能做到文明有礼、温文尔雅。

亲情服务：换位思考，以服务亲人的真心来服务他人，给人以温暖，给人以亲情。

诚信服务：做好自己的本职工作，能做的必须做，答应的必须做，不拖沓，不推诿。

创新服务：多观察，多思考，创造性地解决困难，化难为简。

人的态度来自思想认识，思想认识有多高，行为就有多远。因为在后勤工作人员中临时职工占 80% 以上，所以做好后勤工作人员的思想工作非常重要。园长可以通过榜样示范、多元化学习来做好他们的思想工作，定期组织他们学习、座谈，引导他们分析工作情况，不断改进工作方法，鼓励他们多听教师、家长的反馈意见，强调经常巡视班级，观察幼儿的实际情况，提高服务质量，增强责任感和成就感。园长和教师也要理解后勤工作人员的艰辛，让他们生活在一个良好的精神环境之中，进而增强其服务育人的意识。

三、研究者——后勤工作人员的第三标志

后勤工作人员是研究者？以前，一些幼教工作者甚至园长都没有这样的意识，后勤工作人员做好服务保障工作就行了，研究是教师的事情。这些年，从幼儿园后勤工作中的一个个"弯路故事"来看，后勤工作人员一定要参与教育教学，参与研究。因为只有研究了幼儿、课程，才知道如何去为幼儿服务，才会有优质的服务，才会为幼儿园的发展服务。服务是需要能力的。

（一）研究幼儿游戏——会听

游戏是幼儿学习的基本方式，在游戏中，幼儿通过与材料、环境、同伴的互动来获得发展。后勤工作人员既然是为幼儿服务，就该研究幼儿，研究幼儿游戏。做幼儿游戏的"倾听者"，乐于去听，有意识地去听，听幼儿的真实想法，听幼儿之间的交流，思考、分析幼儿的所想所需，是研究幼儿游戏的过程。

案　例　大滑梯变样了

以前自由活动时，大滑梯总是孩子们的首选对象，而近两年选择滑梯的孩子越来越少了。是玩具多了孩子们选择的空间大了吗？我们开始倾听孩子们的声音："这要是能像体能运动场里的滑梯多好啊！""我上次在游乐场还玩了高空滑道呢，特别刺激！""还应该安点儿索道，那个好玩。"听到孩子们这样聊天，我们在行政会上讨论：要不要把它换掉？如果换掉它，对孩子们来说价值有多少？如果在旧滑梯上改造，可以怎么改？我们认为滑梯既然是孩子们的，就该由孩子们来决定。于是我们开展了滑梯设计活动。孩子们都非常积极地参与了此次活动。"如果有个让我们跑上去的坡儿就好玩了！""如果这里有一个小荡桥就有意思了！""要是有一个能把我运到沙池上的长长的通道该多好！"孩子们的想法真是太让我高兴了，我们一定要帮他们实现心中的愿望。于是滑梯改造开始了。

改造后的滑梯是不是真正能符合孩子们的发展需求呢？我们组织后勤维修人员一起参与了"大滑梯改造"的现场研究活动。大家把教研搬到户外，站在这个大型玩具上，跟环境进行互动研究。

孩子们说："哇！这么高的坡大家能爬上去吗？我来试一试。"几个男孩子试了试，都是到中间就滑了下来。孩子们想了想说："要是有根绳子能拉着我就好了，那样我一定能爬到最高处。"于是斜坡上多了一根绳子。"我还想跟他比赛呢，要是有两根绳子就更有意思了，我又不能跟他拽一根绳儿。"于是斜坡上有了两根绳子。两个孩子拉着绳子爬上去了。孩子们成功后拍手击掌的过程，

着实让后勤工作人员体会到了感动和欣喜。我们都感到了，让幼儿成为研究的主人，尊重幼儿的意愿，会给我们带来无限的喜悦，其实这就是研究的价值。

通过与孩子们一起进行现场教研，后勤工作人员也感慨："孩子们真是了不起，要是领导直接把改造滑梯的任务交给我们，不让我们参与教师的活动，不让我们听到孩子们的真实声音，这个大滑梯就不可能像现在这样让孩子们觉得这么好玩。看来以后我们得多问问孩子们，他们的想法太多了，要向孩子们学习啊！"

这是一位园长所写的案例，此案例反映了幼儿和后勤工作人员共同参与教研所带来的意想不到的结果。因为是孩子们的玩具，改造时需要听取孩子们的意愿，教研的过程不仅体现了对幼儿的尊重，而且向我们呈现了一种新的后勤工作的思路。想一想，在幼儿园中，后勤工作人员做的多少事情是在为幼儿服务？结果都令人满意吗？不满意的原因是什么？其实原因就是后勤工作人员忽略了幼儿发展的特点，做事以自己所想为出发点，结果出现了闹剧。只有把幼儿的需要放在前面，把对幼儿的游戏的研究放在前面，多一些思考，真正的儿童乐园才会实现。

(二)研究幼儿园课程——会想

教师是教育教学的主要承担者，在幼儿发展中起着主导作用，研究幼儿课程是他们的责任，而后勤工作人员需要研究幼儿园课程吗？答案是肯定的。前面我们说过，后勤工作人员的第一身份就是教育者，研究课程的目的是保持与幼儿园一致的教育教学理念，更好地为幼儿服务。

研究、参与幼儿园课程要求后勤工作人员会想。想什么？想幼儿的年龄特点，想幼儿的发展水平，想幼儿每一时刻的内心独白，想幼儿园课程的理念，想幼儿园课程与幼儿发展的关系，想自己本职工作与幼儿发展的关系。只有想的方向对了，想的思路清晰了，为幼儿所做的服务才能适时、适度、适宜。

案 例　小动物主食乐园

9月，幼儿园迎来了新小班可爱的孩子们。幼儿园的工作者都知道，这个月的前两周是充满哭声的，由于分离焦虑，孩子们都变成了泪人，大喊、痛哭、扔东西……看着伤心的孩子们，老师们心里难受极了。上午与下午做做游戏，玩玩儿玩具，孩子们的注意力还能转移一些，可是到了吃饭、睡觉这样的环节，教室里就出现了一片哭声。

"我不吃，我要找妈妈。"

"不吃这个，不爱吃这个。"

"我不要吃饭，我要回家。"

……

进餐环节出现问题的原因有多种：有的孩子在家里吃饭时经常有大人喂；有的孩子在家里时吃的饭菜的品种太少，挑食；更多的孩子是想妈妈，思念家人。

食堂老师在进餐环节转班时，看到小班孩子们伤心流涕的场面，心里也很不是滋味。他们开始琢磨，孩子一有好玩的就会好一点儿，幼儿园一直在搞食育课程，食品操作能提高孩子们的很多能力，那对于小班初期进餐时，我们能不能通过食物来减轻孩子们的焦虑，让孩子们快乐进餐呢？食堂老师把这个想法告诉给了保教主任，主任觉得这个想法正是一个值得研究的好问题，于是大家一起从孩子们的年龄特点出发，回顾幼儿园中已经进行的食育课程经验，最后想出了一个不错的办法。

因为小班幼儿处于具体形象性思维阶段，他们喜欢可爱的形象，各种不同的小动物是非常受他们欢迎的，所以食堂老师利用孩子们的这个年龄特点，为小班孩子们制作了各种不同的小动物主食：背着小果子的小刺猬、胖嘟嘟的小猪、黄色的小鸭子、紫色的小章鱼、红白相间的小金鱼……这些生动的小动物形象的食物一端上餐桌，食堂老师就开始给孩子们讲述有趣的故事。

"动物乐园的小动物们来和大家做朋友了，你们看都有哪些小动物？"

孩子们一听有小动物，都停止了哭泣。

"你想和哪个小动物做朋友呢？"

"小刺猬。"

"小金鱼。"

几个分离焦虑反应轻一点儿的小朋友一说，其他小朋友也跟着说出了自己喜欢的动物。

"把自己喜欢的小动物放到小盘子里吧，小动物的肚里还有甜甜的豆沙馅呢，你可以咬一口，尝一尝。"

……

这样每天进餐时孩子们都会和"小动物"交朋友，有的孩子甚至不舍得吃下它们。食堂老师还准备了小动物豆沙包，让他们把小动物主食带回家。进餐时孩子们产生分离焦虑情绪的问题解决了，他们爱上了花样主食的故事和与众不同的味道。

在这个案例中，食堂老师主动了解了幼儿园的食育课程。所谓"食育"，就是良好饮食习惯和礼仪的培养教育，是给予幼儿与食物、食品相关的知识的教育，并将这种饮食教育，延伸到艺术想象力和人文培养上。食堂老师在工作中养成了研究幼儿、研究课程的思维习惯，在遇到问题时能够积极想办法，而不是忽略、放弃问题或冷漠地处理问题。

我们常说要干一行爱一行，干一行研究一行。幼儿园中的每一位老师都是在为幼儿的成长服务，那么在工作中就需要了解幼儿的心理，了解幼儿的需要，了解幼儿园课程的理念，这样才能够将自己的本职工作与园所发展实际结合起来，切实为幼儿发展服务。

案 例 树上掉下来的好东西

初冬寒风一阵接着一阵，保安师傅打扫院子的次数也增多了，从树上掉下来的树叶、小树枝真是不少。保安师傅先把它们扫成一堆一堆的，但并没有直接搓到垃圾筒里，而是拿来了一些袋子。这个袋子里装点儿树枝，那个袋子里装点儿树叶，分了好几个口袋。这一过程被园长看见了，园长问道："您这是……"

"一会儿把这个给班里老师。"

"真好！这是哪个班要的呀？"由于在幼儿园里老师们经常用废旧物制作孩子们需要的材料，所以听说是班里老师要的园长就不感到奇怪了。

"不是哪个班要的，是我觉得它们应该有用！"保安师傅说完，园长笑了，说："您怎么知道哪个班需要什么呢？"

"这几天总是看见大一班的孩子们来园时带着各种树枝、树杈子，我问过孩子们，孩子们说这是他们的研究成果，我想这树枝大一班可能需要吧。我再问问中二班是不是需要这些树叶，昨天户外活动时丁老师就带他们班孩子捡树叶来着。要是他们不用，我就放到美工坊，保不齐哪个班会用上。"

看了上面这个案例你是不是从心里对保安师傅有了新的认识呢？园长对这样

的保安师傅是不是也会跷起大拇指呢？保安师傅说这只是在完成自己的本职工作，其实，他在工作中多了一双会观察、会发现的眼睛，把幼儿的行为看在眼里，在思考中了解幼儿，了解幼儿园的教育教学，具有时刻为教育服务、为幼儿发展服务的意识，让自己的行为参与到幼儿园教育中。

（三）研究幼儿个性发展——会玩

《3—6岁儿童学习与发展指南》（以下简称《指南》）中指出，要关注幼儿身心全面和谐发展，尊重幼儿发展的个体差异。后勤工作人员为幼儿服务时也需遵循这样的教育原则。教师只有和幼儿玩到一起才能观察、了解幼儿的心理和所需，后勤工作人员同样也需要和幼儿玩到一起，在玩中发现每个幼儿的个体发展，发现幼儿的个性需求，这样才能保证后勤服务既面向全体又关注个体。

案　例　新玩具也需要加工

> 今年小班新增了两个班，孩子多了，户外玩具一下子就不够了。几个班的老师商量半天，列出了几种需要购买的玩具：高跷、轮胎、皮球、吸力球。两天后，后勤美老师把班中老师需要的玩具买了回来。真不少，虽然只有四类，但每一类都有好几种。大大小小的皮球，轻重不同的吸力球，宽宽窄窄的轮胎，就高跷的样子还比较一致。卸车时两个家长看见了，热心地帮忙往下拿东西。
>
> "您也够不容易的，给孩子们买玩具得跑好几个地方吧？"
>
> "是呀，给孩子买东西跟哄孩子一样得有耐心。"
>
> "刚看这一车花花绿绿的，以为多少种呢，其实就这几种，但每种又都不一样。您这是把每个玩具店给包圆了吧？"
>
> "还真是，光小皮球就好几样，您这是根据孩子的需要特意买的吧？"
>
> 美老师向家长竖了一根大拇指说："够棒的，您能当老师了！"
>
> "特意买这么多种，可够费劲的。"
>
> 聊着聊着就把玩具卸完了。
>
> "这高跷就一种，是不是没拿下来啊？"家长手里拿着最后几个高跷看看地上的东西问。
>
> "没有了，就这一种，"美老师说，"这个就得我们自己再加工一下了！"
>
> "新买的还加工啊？"家长有些疑惑。"呵呵，等我们加工完你们就知道了。"美老师有点儿自豪地解释着。
>
> 家长半知半解地走了，美老师把其他玩具送回玩具房后，把那100个高跷

带到了木工坊。

叮叮当当，没多久，新高跷出炉了！先来看绳子，原来一个长度的白绳子现在换成了长长短短、粗粗细细、五颜六色的绳子；再来看高跷的踩面，高跷的踩面上垫了高矮、宽窄不同的木头。

户外活动时羡老师把这些高跷拿给孩子们，孩子们都在选择：

"我要那个黄绳子的，那个好看。"

"老师，我想试试那个木头的。"

"你看，这个绳子比你的长吧，我都能把它拽到这儿。"

……

孩子们探究着自己选择的玩具，并与其他玩具做着比较，开心极了。学习在这里悄无声息地进行着。

案例中的羡老师是在幼儿园工作 20 多年的老教师，一直负责后勤采买工作。以前在买玩具时羡老师也是不想太多，班中老师让买什么他就买什么，后来园里组织了几次后勤工作人员参与教研的研讨活动，羡老师等一些后勤工作人员在思维方式上有了新的转变。后勤虽然是为前勤服务，但是仅仅简简单单"听话"只能算完成工作，只有用心去思考、去研究，才算是把工作做好了。

不管是后勤管理者，还是后勤工作人员，都应具备"立足服务、参与研究"的意识，在不断完善部门业务的同时适当参加教研学习，了解幼儿园的教育教学现状，耐心听取教育组对后勤组的各种声音，细致部署，及时调整。只有这样，后勤组、教育组这两个相对独立部门的工作联系才会更加紧密。

第二节　幼儿园后勤管理的组织架构

幼儿园后勤管理是保证一线教育教学的后勤支持系统的综合管理，其特点是工种多、摊子大、范围广。在后勤管理中，必须有一支懂专业，会管理，有事业心、责任心和充满爱心的后勤队伍；在后勤工作中，也必须有一个长期的、可持续发展的规划和行之有效的工作管理体系。如果没有清晰的组织架构和明确的岗位职责，科学管理就无从谈起。因此，科学的、清晰的组织架构是幼儿园后勤保障处于良好运行状态的基本保证。

一、后勤管理的组织架构

在幼儿园的后勤架构中，一般会有两种架构方式（见图 1-1、图 1-2）。

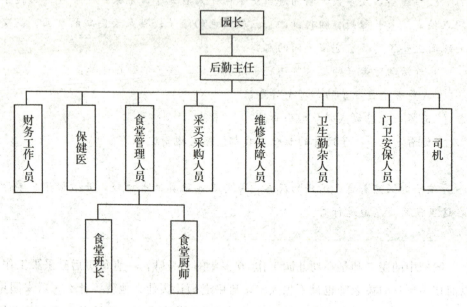

图 1-1　后勤组织架构 1

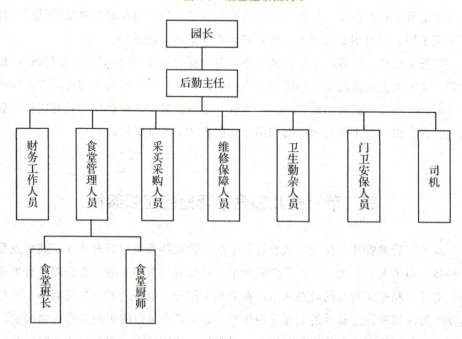

图 1-2　后勤组织架构 2

图 1-1 与图 1-2 的区别在于保健医的从属问题。很多幼儿园都是使用图 1-1 中的后勤组织架构，即卫生保健从属于后勤管理，后勤主任管保健医。这两种不同的架构方式会在工作中带来怎样的影响呢？我们先看以下两个案例。

案　例　杏仁换核桃

下周的食谱制作出来了，周五负责采买采购的刘老师拿到食谱后去市场进行采购，转了一上午都没有买到大杏仁。杏仁是食谱里周三加餐杏仁豆浆中的材料之一，没有杏仁怎么办呢？刘老师给后勤主任王老师打电话，王老师说直接换成核桃吧，于是刘老师买了几斤核桃回幼儿园了。

周三早上，食堂老师按照带量食谱中的量进行材料配比时发现没有杏仁，于是去找王老师，王老师说放几个核桃就行了。可是放几个呢？正在交流的时候保健医霍老师打水路过食堂听到了他们的谈话。

"没有买到杏仁是吗？"霍老师问。

"对，换了核桃。"王老师答道。

"正好问问您，放几个核桃呀？"食堂老师问霍老师。

"为什么不早说呢？！"霍老师的语气中明显带着责备的口气。

"换几个核桃不就行了。"王老师不以为然地说。

霍老师一听便怒了，说："您是真不知道，还是假不知道啊？咱们的食谱都是严格带量的，能随随便便换几个核桃吗？您没做过食谱，您是不知道，蛋白质、脂肪、糖类都有一定的比例，核桃和杏仁营养物质的含量一样才怪呢！再说了，食谱周一一早就贴出去了，家长和孩子都知道是喝杏仁豆浆，您这样做也是不尊重家长和孩子呀！"

霍老师的一番话说得句句在理，王老师听了哑口无言。确实在幼儿园饮食制作方面应该有一定的科学性，而后勤工作人员包括王老师在这方面的认知都是欠缺的，他们只想到了营养到位，却没有考虑过其中配比的严谨性。

霍老师回到办公室一边计算着核桃的配比重量，一边和另一位保健医唠叨："哼，什么都不懂还整天瞎指挥，这样的事都好几次了，别以为他是咱们的领导我就不能说。您说我说的是不是这个理儿？"

"行了，计算出来赶紧告诉食堂老师就得了。谁让她是咱们的领导呢！"另一位保健医的劝解话语里也带出了对后勤领导的不满。

案 例 该不该"坐"在那儿

幼儿园体质测试结束了，两个保健医忙着往电脑里录入数据，一边录入还一边分析。"还别说，今年小班体质测试结果好像普遍都比去年好。"

"是吗，哪项最明显？"

"我这儿刚统计了 3 个班的，跑步和双脚连续跳都不错，优秀率都到了 88%，去年哪有这么高。"

"那倒是，这学期小班孩子的入园生活发生很大改变，九月份、十月份小班孩子每天只有半日是在幼儿园，但是仅仅半日的集体生活并没有影响到孩子们运动能力的发展。"

"虽然半日，可孩子们出勤率提高了，结果还不错。"

"你这么说我突然想到了一件事，咱们做个大的综合表分析一下吧。"

"是把幼儿出勤和体质测试结果进行相关分析吗？"

"嗯，你觉得呢？是不是还可以把孩子们的体检结果也放在里面呢？"

"这个想法不错！这样数据分析就更全面了，指导性也更强了。"

两人正说得起劲儿呢，后勤主任张老师进来了。

"你俩又聊什么呢？"

平时这个张老师就老爱指挥保健医，只要见她俩坐在办公室就不高兴，不是指使她们去转班，就是让她们去库房盘点物品，总之就是不能看见她们坐在那儿。保健医心里也很清楚，因为张老师是她们的领导，年岁又比她们大不少，所以她们一直也没有反驳过什么。可是她们心里更清楚，保健医除了要处理日常的检查工作，还有很多文案工作必须去做，比如各种数据的录入、日常出勤分析、体质测试分析、健康教育活动记录等。因为这些才是幼儿园进行适宜的健康教育的依据，也是保教工作的基础。可是张老师似乎并没有认识到这些。

"张老师，我俩正统计幼儿体质测试结果呢，您看今年小班成绩真不错。"

"是吗？那就好！一个人忙吧，小李你去看看班里卫生，小刘一会儿录完找我，咱俩去看看库房还缺什么。"

"知道了。"

张老师吩咐完就出去了，两个保健医刚刚谈论的热情一点儿都没有了。

"这活儿还让不让人干了！"

"是呀，咱们到底是干啥的，好像成了打杂的，专业的事情都得让路。"两个人对工作的不满直接影响了工作的态度，牢骚的话也开始多了起来。

以上两个案例反映的都是后勤主任在管理保健医的过程中出现的问题，问题积少成多，最后使得保健医的工作热情和效率受到影响。后勤主任直接管理保健医出现问题的原因是什么呢？

第一，各自的工作重点不同。后勤做的是保障工作，因此后勤主任重在安排各种"显性的任务"，如采买、器材的安全排查、卫生清理等，但对于幼儿园教育的一些隐性工作的重要性认识较少，如根据食堂带量食谱进行科学配比，准确分析幼儿体验结果，等等。所以在工作中后勤主任就经常给保健医安排一些他认为重要、必要的事情。而保健医的工作模块也分为好几类，除了后勤主任日常吩咐的检查卫生、盘点库房、制作食谱外，还有大量其他工作。《幼儿园工作规程》（以下简称《规程》）中提到："幼儿园卫生保健人员对全园幼儿身体健康负责，其主要职责如下：（一）协助园长组织实施有关卫生保健方面的法规、规章和制度，并监督执行；（二）负责指导调配幼儿膳食，检查食品、饮水和环境卫生；（三）负责晨检、午检和健康观察，做好幼儿营养、生长发育的监测和评价；定期组织幼儿健康体检，做好幼儿健康档案管理；（四）密切与当地卫生保健机构的联系，协助做好疾病防控和计划免疫工作；（五）向幼儿园教职工和家长进行卫生保健宣传和指导，做好疾病防控和计划免疫工作；（六）妥善管理医疗器械、消毒用具和药品。"这些工作很多都需要"坐"在那里去研究，并且这些工作确实对教育教学有很强的指导性，对家长工作的作用也毋庸置疑。

第二，保健工作专业性强，后勤主任在指导中会有许多困难。在《该不该"坐"在那儿》这个案例中我们看到，当保健医兴高采烈地向后勤主任汇报体质测试结果时，后勤主任并没有很兴奋，原因有可能是她对体质测试这些数据表格并不了解。保健工作极强的专业性，让本不是科班出身的后勤主任难于指导、羞于指导。一般幼儿园的后勤主任都较为年长，对后勤中的协调、外联等工作较为熟悉，而关于保健工作每年都可能出台新的保健制度和标准，各种新的数据软件也是逐年递增，所以学习起来也是比较有难度的。

在幼儿园的工作中，教育、后勤、保育应该是平行的关系。保育是基本，教育是核心，后勤是保障。一些幼儿园有了这样的认识后，开始调整后勤组织架构，将保健从后勤组织中剥离出来，单独设置卫生保健副园长（见图1-3）。这一设置从一定意义来说是对幼儿保育工作的重视，贯彻了保教结合、保教并重的精神。

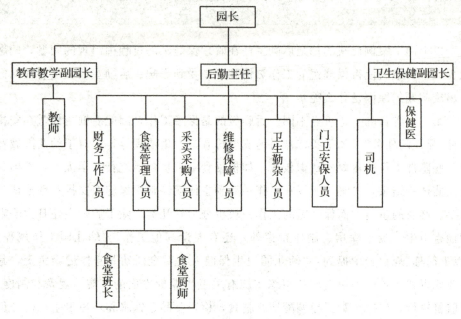

图 1-3　后勤组织架构

在这样的组织架构中每一部门清楚自己的岗位名称、岗位要求和岗位设置，三足鼎立，他们都直接对园长负责。部门间进行协调沟通，进行具体问题的交流与研讨。当然，从这个组织架构中我们也发现，教育、后勤、保育虽然是平行关系，但从各自主管领导的级别来看还是有区别的：教育——教育教学副园长、保育——卫生保健副园长、后勤——后勤主任。教育与保育都是副园长的级别，而后勤主任的级别低于他们。为什么是这样的级别关系呢？经过对一些一级一类幼儿园园长的采访了解到以下两个原因。

第一，突出保育与教育的重要性。《规程》第一章"总则"第三条中指出："幼儿园的任务是：贯彻国家的教育方针，按照保育与教育相结合的原则，遵循幼儿身心发展特点和规律，实施德、智、体、美等方面全面发展的教育，促进幼儿身心和谐发展。"《规程》提到保育与教育相结合，明确了幼儿园与其他学龄段教育的不同，强调了保中有教、教中有保的特点。

第二，强调保教管理人员对幼儿园教育把握的重要性。保育、教育、后勤都是在为幼儿的发展服务，而服务的前提则是对幼儿年龄特点的准确把握。《指南》中提出，要遵循幼儿的发展规律和学习特点，关注幼儿身心全面和谐发展，尊重幼儿发展的个体差异。这些原则都是在促进幼儿发展的实施过程中需要把握的，因保教管理人员日常与幼儿接触较多，在平时对幼儿的观察中对幼儿特点的把握更加准确。而后勤管理人员日常对于后勤的人、财、物、事接触多，对孩子的了解不够，因此在实施一些决定和做出工作安排时需要服从保教管理人员的理念，以确保把握正确的教育方向。只是要明确的是，虽然级别不同，但工作的重要性是相同的，各部门经常需要协调、沟通与调配。部门领导应淡化级别意识，提高沟通、协调意识，做到幼儿园各部门间配合工作无死角，更好地促进幼儿全面发展。

二、后勤工作人员的岗位职责

明确后勤工作人员岗位职责是后勤工作人员各尽其职的前提。园长需对全园各个部门和岗位进行分析和分类，找到各部门之间的交叉点，在此基础上采取相应的措施，明确各自的职责。可以利用岗位职责手册，对后勤部门所有人员的岗位名称、岗位定义、直接上级、工作内容与要求以及权利与责任进行严格而实际的限定，以保证既能对员工的工作内容起到指导性作用，又能对员工的工作质量起到监督性作用。

案　例　消毒风波

幼儿园食堂新来了两位厨师，因为他们刚来，对后勤工作不太了解，所以后勤主任安排食堂班长负责带一带这两位新人。食堂班长很认真，从案板的区分、库房的分类到和面技巧，对每一项工作都进行了认真的讲解，可是讲到卫生消毒这一部分时，却出现了点儿不愉快的事情。

"这个熟食台这样消毒……"食堂班长说着比例，两个新来的厨师刚开始还听得挺认真，但消毒方法一多，就有点儿懵了。待到操作时，就将消毒配比浓度全忘了。在消毒熟食台时，随意倒了点84消毒液就开始擦。食堂班长在旁边提醒："您这个可不对啊！一会儿保健医过来检查，你这一项过不了关。"其中一个新来的厨师说："我们岁数大点儿，真记不住，到时候您再提醒我们呗。"食堂班长认真地说："赶紧记下来吧，食品的消毒安全最重要。"

下午，保健医来对食堂新来的厨师进行考核，刚一说"消毒"，新来的厨师就不乐意了。

"这消毒也太复杂了，我可记不住，再说也没有这个必要呀，原来我在饭店做过，也没有这么复杂。"

"刚一开始是记不住，过几天就熟练了，消毒对幼儿园来说可是一项重要的考核内容呢。"保健医鼓励她。

"再说了，咱们园这个消毒配比是自己规定的对吗？我都没听说过水果也得消毒的。"

保健医听她这么一说就不太高兴了，幼儿园是严格执行消毒标准的，怎么能说消毒配比不对呢。保健医再次强调："你们再熟悉一下消毒配比吧，下班前我再过来检查。"

保健医走后，两个新来的厨师对食堂班长说："怎么着，这消毒关过不了，还不能干了是吧？一会儿我就找后勤主任去，能不能干是不是也得后勤主任说了算啊？"

食堂班长觉得气氛有点儿不对劲，赶紧劝解："这是保健医的职责。这没什么难的，记下来就行了！"

"反正是不想听保健医的……"两个新来的厨师还在愤愤地嘀咕。

此案例记录的是由消毒配比引发的小矛盾。为什么新来的厨师对保健医的管理不服气、不配合？从根本上分析是因为他们不清楚后勤岗位的要求。因后勤岗位多、事情杂，有很多事情需要和前勤配合，配合中就会出现交叉管理。正如案例中的消毒问题，保健医是负责全园卫生保健工作的，当然要检查食堂的消毒是否合格，而消毒的要求是十分专业的。新来的厨师不仅没有按照消毒要求来进行工作，还用谁管谁的逻辑来强词夺理。

为了避免以上相关矛盾的发生，园长应强化后勤岗位中每一人员的岗位要求，使大家清楚每一项工作对应的直接上级和指示要求，各负其责，分工合作，更好地完成幼儿园的各项工作。后勤工作人员的岗位要求详见表1-1：

表1-1　后勤工作人员的岗位要求

岗位	人数（根据幼儿园规模而定）	姓名	岗位职责（简）	直接领导	配合部门及配合工作
后勤主任		××	负责后勤管理部门一切管理工作，包括人员管理、财务管理、资源管理，并要与教学主管、保健主管沟通协调工作。	园长	教育教学副园长、卫生保健副园长；教育方向、采买等。

续表

岗位	人数（根据幼儿园规模而定）	姓名	岗位职责（简）	直接领导	配合部门及配合工作
财务工作人员		××	负责幼儿园财务账目管理。	后勤主任	幼儿饭费、幼儿托费、教育教学部门财务支出、后勤维修部门财务支出。
食堂管理人员		××	负责食堂管理工作。	后勤主任	保健医；制作带量食谱、卫生消毒等。
食堂班长		××	负责食堂炊事员管理工作。	食堂管理人员	保健医；制作带量食谱、卫生消毒等。
食堂厨师		××	协助班中教师工作，负责幼儿、教师的餐饮制作、留样，食堂卫生打扫等工作。	食堂班长	保健医；制作带量食谱、卫生消毒等。
采买采购人员		××	负责采买食堂各种食物以及后勤维修人员所需材料。	后勤主任	各部门；物品采买。
维修保障人员		××	负责幼儿园一切设施、环境的安全维护与修缮。	后勤主任	教育教学部门、后勤各部门；安全维护与修缮。
门卫安保人员		××	负责幼儿园大门的看管（进出人员登记）、清晨环境卫生、园所安全巡查、各种资料的接收与传递。	后勤主任	各部门；园所安全巡查、接收并递交各种资料。
司机		××	负责幼儿园出车任务及车辆保养。	后勤主任	幼儿园各部门；车辆使用。

第三节　园长选择后勤工作人员的标准

《规程》指出，幼儿园园长负责幼儿园的全面工作。为保证园所后勤的工作质量，园长要参与并指导后勤主任根据各岗位工作人员的工作内容，确立相关人员录用标准，做好后勤各岗位工作人员的选择录用工作。

可能有些管理者会问：一定要确立标准吗？根据需要随时采用不同的标准可以吗？

众所周知，拿破仑最引以为傲的不是他的赫赫战功，而是他主导制定的《法国民法典》；秦始皇的伟大成就也不在于修筑了万里长城，而在于统一了中国的度量衡。可以说，源远流长的标准化为人类文明的发展提供了重要的技术保障。当今世界，标准化水平已成为各国各地区核心竞争力的基本要素。

同理，一个幼儿园要想在竞争中立于不败之地，就必须储备核心竞争力。幼儿园后勤作为幼儿园组织构架中的重要层级，其内部的各个部门、岗位必须有明确的标准，这样才能保证后勤工作高质高效地开展。

◯ 一、食堂管理人员——创意无限

伙食工作在幼儿园后勤系统中处于"重中之重"。食堂管理人员肩负着幼儿营养与健康的重大责任，需要具有强烈的责任心。因此，了解食堂管理人员应该履行的职责非常重要。园长可依据幼儿园食堂管理人员应履行的职责选择录用食堂管理人员。

随着教育改革的不断深入，教育者的教育观念不断发生变化。作为教育者，食堂管理人员也应与时俱进，不断改变自己的管理理念，有创造性地开展工作。食堂管理人员的创新意识直接影响着其他食堂工作人员的创新意识。

食堂工作人员的主要服务对象是幼儿和教师。幼儿的生理特点决定了他们的饮食质地应细、软、碎、烂，幼儿应避免刺激性强和油腻的食物。在烹调食物时，食堂工作人员还应让食物具有较好的色、香、味、形，并经常更换烹调方法，以刺激幼儿的食欲。幼儿的年龄特点决定了他们喜欢颜色鲜艳、造型美观的食物。因此，食堂工作人员需要根据幼儿的年龄特点和生理特点，对食材进行分析与改造，对烹饪方法进行创新。例如，将幼儿不易接受的食物与幼儿喜欢的食物结合起来，将颜色暗淡的食物与颜色亮丽的食物结合起来，将口感一般的食物的馅料与造型结合起来，等等。在保证营养搭配的基础上创新烹饪方式，刺激幼儿的食欲。

食堂工作人员的另一服务对象是教师，幼儿园则以女性为主。在制作食谱时，可突破常规，根据女性的生理特点和需要，多选择对女性身体健康有帮助的食物。

园长在选择录用食堂管理人员时，可在其满足基本要求的基础上，结合幼儿园的日常工作，考察其是否具备创新能力。

🔍 案 例 食堂里的魔术师

创意来源于生活，幼儿园食堂制作点心的工作也是如此，只要有心，创意无极限。一次食堂班长傅老师在参加亲戚婚礼的时候，一道甜点让他眼前一亮，其美丽的外形和淡淡的水果香味一下子吸引了他。他想如果能够在幼儿园给孩子们做这道甜点，孩子们一定会很喜欢。于是，傅老师虚心向饭店的甜点师请教这道甜点的做法。原来这道甜点叫"豆沙香蕉"，是由香蕉、豆沙、面粉、鸡蛋液、面包末做成的。

周一上班后傅老师马上带领食堂老师开始实验。他们首先将香蕉剥皮，先竖切成两半，放入豆沙，再将两半合起来，横切成小段，紧接着将香蕉段逐一粘一层面粉，再裹一层鸡蛋液，粘一层面包末，最后将香蕉段放入油锅中以小火炸至表面金黄。做完后趁热乎乎马上让班里的孩子们试吃，孩子们看到这新鲜的食物都很好奇，张开大嘴巴，一个个跟小馋猫似的拿起来就吃。孩子们边吃边议论着："太好吃了，我能再吃一个吗？"盘子里的豆沙香蕉很快就被一扫而光。这时，有一个孩子说："如果换成蓝莓酱就更好吃了。"食堂老师觉得这也是一个非常不错的点子，孩子们的需求就是他们制作食物的出发点。

于是，食堂老师结合"豆沙香蕉"的制作方法，又给孩子们创意制作了"豆沙山药""蓝莓香蕉""巧克力香蕉""巧克力山药"，使其色彩更加鲜艳，营养也更加丰富，同时满足了孩子们的营养需求。有的家长还在微信群里咨询食堂老师幼儿园的甜点叫什么，怎么做的，提到孩子回家后一直想让妈妈也做给他吃，说特别好吃，以前从来没有吃过。

真是小小点心，大大创意！只要有心，每个岗位上的人员都能做得很精彩！食堂工作人员的工作状态、工作热情直接影响着幼儿伙食质量的改善与提高。园长要及时发现并肯定食堂工作人员的创新方法，并以此激发食堂工作人员的创新意识。

园长在选择录用幼儿园食堂管理人员时，可把工作的创新能力作为一项考核标准，采取自荐与推荐相结合的方式进行。

幼儿园食堂管理人员的选择录用标准可参考表1-2：

表1-2　幼儿园食堂管理人员选择录用标准

序号	基本条件	相关内容
1	具有食堂工作人员从业资质。	符合从业人员的身体健康要求，有体检证明《健康体检合格证》和《卫生培训合格证》。
2	熟悉食堂管理制度。	能列举出几项基本的食堂管理制度。

序号	基本条件	相关内容
3	熟悉食堂管理人员的工作内容。	①做好当天的工作安排和分工。 ②每天做好食品验收，拒收存在质量问题的食品及原料。 ③保证食堂食品采购、储存、加工供应过程符合规定，操作规范，消除安全隐患。 ④每周与食品卫生管理员（保健教师）议定营养菜谱，测定需求量和价格成本，平衡每月盈亏。 ⑤与仓库保管员一起每月进行一次清仓盘点，做到账目清楚，账物相符。 ⑥负责食堂内防火、防盗安全工作。 ⑦一旦发生食品卫生安全事故，立即向园长汇报，并在领导小组的统一指挥下，积极执行应急预案。
4	具有较强的服务意识。	①有倾听和正确处理师生及家长意见和要求的能力。 ②能带领食堂工作人员创新花样，不断提高食堂服务质量。

二、财务工作人员——严谨严肃

幼儿园财务管理工作是一项专业性、政策性、群众性很强的经济管理工作，做好财务工作，财务工作人员的素质至关重要。财务管理队伍包括财务管理干部和财务工作人员，他们的政治思想、品质作风、业务水平是做好财务工作的关键。

园长要认识到强化财务管理是加强幼儿园管理的中心工作，必须遵循教育方针和勤俭办园的方针，按照教育教学活动和经济活动的客观规律，科学地管理和客观地使用各项教育经费，努力提高资金的使用实效，为提高教育教学质量和发展教育事业服务。

财务工作人员是幼儿园财务安全管理工作的第一责任人，应严格执行幼儿园的财务工作人员岗位职责，全面负责幼儿园的财务管理工作，将财物安全工作列入幼儿园的重要工作日程。针对幼儿园工作中存在的财务安全问题，要积极地提出有效的措施和建议，及时准确地将上级领导安排的意图反馈给园长，起到上传下达的作用，避免因沟通脱节引发财务安全问题。同时要注重通过多种形式向教职员工培训固定资产的安全使用、管理和教育等方面的知识，以保证幼儿园安全资产、安全管理的同步性。

幼儿园的财务工作人员相较于一般财务工作人员的区别在于工作内容更"细"。例如，幼儿每月的托费结算不是整齐划一的，财务工作人员需要根据每个幼儿具体的出勤天数来结算；幼儿园各块儿采买物品的结算方式不是统一的，有的需要走财政，有的需要走现金，有的需要走支票，有的需要走公务卡，有的需要即时结算，有的需要按月结算，有的需要按工程结点结算，等等。这些工作容不得半点儿马虎，必须精确到每一分钱。同时，幼儿园的财务人员还需要面对家长，随时解答家长关于费用的相关问题。

幼儿园财务人员工作的特殊性决定了在选择录用财务工作人员时，严谨严肃的工作态度是考量的第一标准。为了保证财务工作人员的专业素质，园长要做到对财务工作人员的考核常态化，督促财务工作人员履行好岗位职责。

案 例 "莫名其妙"的托费

"家长您好，您家宝贝的托费余额不足了，这次划款没有成功。请您抽空把现金交到财务室。谢谢！"小七妈妈今天收到了一条这样的短信，看过短信之后，小七妈妈急忙赶到幼儿园交上了这个月的托费。她心想："我明明在几天前将这月算好的托费存到银行了，为什么还是没有划款成功呢？"小七妈妈回家又仔细地核对了一下上个月的考勤，算来算去还是觉得托费扣多了。

第二天送完小七，小七妈妈拿着自己记录的考勤表来到财务室，昨天收费的那名财务老师恰好也在。小七妈妈把自己的困惑和财务老师说明后，财务老师请小七妈妈坐下等会儿，从数十张的考勤表中找到了小七班当月的考勤表，并和小七妈妈拿来的考勤表——核对。确定考勤表没有差错之后，财务老师又找出了当月的电子考勤，进行核对，也没有发现问题。

财务老师有点儿不解：考勤表没有问题，为什么小七妈妈和我们算的钱数不一样呢？是不是小七妈妈不了解幼儿园的收费方式呢？于是财务老师向小七妈妈仔细说明了幼儿园托费的收取和计算方式。原来幼儿园的划款是上月划款，在下一个月的考勤中扣除本月的出勤费用，而小七妈妈则认为当月划款是当月的考勤，所以出现了偏差。这样的扣款方式让小七妈妈听得一头雾水。财务老师发现了小七妈妈不解的表情后，找来了纸和笔，又举例，又画图，给小七妈妈分析了一遍托费的划款方式。小七妈妈边听边看，紧锁的眉头终于舒展开来，她明白了幼儿园收费的扣款方式，托费问题解决了，顾虑自然也就烟消云散了。

财务老师的细心、耐心让小七妈妈觉得很是亲切。从此，小七妈妈打消了对托费的顾虑。这个"莫名其妙"的托费问题就这样成功解决了。

　　幼儿园的财务工作人员面对的不仅是一本本账本，还有各种各样的家长，而每个家长的问题可能还各不相同，所以对于财务工作人员的要求是既具有良好的专业能力，又具有高度的服务意识。园长在对财务工作人员进行日常考核时，既要考核其专业能力，也要考核其服务能力。

　　幼儿园财务工作人员应履行的职责可参考表1-3：

表 1-3　幼儿园财务工作人员应履行的职责

序号	相关内容
1	做好幼儿园年度预决算的编制工作。编制好各种统计报表，做到准备充分、资料完整、报送及时。
2	定期向领导汇报财政开支情况，合理安排经费，计划开支。
3	严格执行现金管理制度，做到日清月结，手续齐备，库存现金不超过银行规定限额，数目清楚。
4	熟悉幼儿园各项费用支出、结转方式，认真做好往来账目，做好现金收支和银行结算工作。
5	每月及时统计幼儿出勤天数及职工出勤天数，计算幼儿伙食费并及时编制工资表。按时结算幼儿各项费用，按时发放教职工工资。
6	涉及结账、报销事宜，坚持手续健全原则，发票必须有经手人、验收人、领导签名方能报销。
7	核查、督促固定资产及其他财产的登记统计。
8	对家长、同事热情和蔼，不怕麻烦，随时解答家长、同事关于财务方面的相关问题。

三、采买采购人员——一丝不苟

　　幼儿园的采买采购人员负责全园各种物品、用具的购买工作，工作灵活性大。采买过程中需要做到：物品数量充足——在实际数量的基础上能够结合具体需要衡量是否需要备用；物品质量过关——能够根据实际需要在保证使用效果的基础上把关物品质量（如使用期限的长短）；物品性价比优良——在保证物品质量的基础上通过货比三家选择价低质优的物品；物品满足使用者需求——在了解使用场合、使用者具体要求的基础上准确购买物品，避免错买同类不同规格物品造成的浪费；物品数据统计及时——按时统计每类物品的数量、购买地、使用反馈等信息，积累采买依据。

　　园长应了解采买工作的性质，根据采买工作中易出现的问题，确立采买采购人员聘用标准，选择工作踏实、认真的人作为幼儿园的采买采购人员，确保采买工作的有序开展。

🔍 **案　例** 幼儿园里的"运输兵"

> 食品健康和食品安全是幼儿园的重头戏，在此方面无论是班中老师还是后勤采买老师都不能马虎。所以相对于班中老师，采买老师的任务更是重中之重。在吃午饭的时候，经常能听到采买老师说："今天的菜涨价了。""今天的芹菜特别新鲜。""现在大白菜不是应季的不能买。"从他们的言谈中我们知道，采买老师在选购过程中非常用心。他们每次购买时都会货比三家，精挑细选，在众多的蔬菜水果中反复比较、挑选应季的品种。
>
> 作为采买老师，他们还有一项更为艰难的工作，就是根据幼儿园的活动需要购买相应的物品。活动不同，需要的材料也不一样，采买老师每次都要根据各班的清单，转遍大半个北京城挑选适宜的物品。
>
> 记得有一次，幼儿园要开展亲子食品品尝活动。需要的材料种类很杂、很多，民族园要清真食材，要求到牛街采购，还要求采购车中不能有其他园的食材。采买老师从早上就开始转市场，先把清真食材准备妥当，到幼儿园卸车后又去购买其他园需要的食材，到了下班时突然发现清真酸奶忘记购买了。一旁有人说："干脆就从附近超市买点儿酸奶算了。"可采买老师就是不同意，下班后自己又特意来到牛街购买了清真酸奶，并将清真酸奶送到了幼儿园。他说，这里购买的清真食品他心里踏实。是啊，就是这四个字：心里踏实。采买老师付出了怎样的时间和精力啊！这一天恰巧赶上北京路况不是很好，堵车堵得厉害，足足一天的时间采买老师一口水都没顾上喝，到园里饭菜也都凉了。可他们只是匆匆地吃了两口饭，喝了点儿水，又继续工作了。其实，这样的事情数不胜数。他们精挑细选幼儿园需要的食材，并把这些食材运输到各个分园，他们是我们心中一丝不苟的"运输兵"。
>
> 采买老师认真负责的工作态度和精神深深地打动了我们，正因为有了采买老师的付出，我们才可以顺利开展活动，孩子和老师才能吃上放心的食物。🌿

采买工作看似简单，但其中蕴含的是对工作认真负责的态度和精益求精的精神。园长选择任用采买采购人员时，要把工作态度放在考量第一位。

幼儿园采买采购人员应履行的职责可参考表1-4：

表1-4 幼儿园采买采购人员应履行的职责

序号	相关内容
1	热爱本职工作，服从组织分配，不断钻研业务，协助保健医制作菜谱。
2	认真执行国家物价政策，遵守市场管理制度和财经纪律，不行贿受贿，自觉抵制不正之风。
3	按食谱要求有计划地配合食堂，及时采购所需物品。注意市场信息的积累，做到物美价廉，杜绝购买霉烂变质的食品以及质量差的物品。
4	严格遵守《中华人民共和国食品卫生法》，对采购的食品质量负责，保证所购买的食品新鲜、经济实惠、分量足。不买烂、干蔬菜，按食谱购买每天所需量，避免积压、浪费。
5	严格执行财务制度，不乱用支票，专款专用，所购进物品、食物需经验收入库，经有关领导在单据上签字，当天向报账员报账，做到单据与所买实物相符，出入库账目清楚。
6	参加伙委会，与大家共同研究采购工作，虚心听取大家针对采购方面提出的意见，不断改进工作。

四、门卫安保人员——规范有礼

幼儿园门卫安保人员负责幼儿园的安全保障工作，是外界与幼儿园建立联系的第一道关。幼儿园门卫安保人员的工作方式与工作态度反映的是幼儿园的管理是否到位、制度是否完善、安全是否有保障、品牌文化宣传是否重视等问题。因此，门卫安保人员对于安保制度的执行力度与执行态度不仅直接影响幼儿园的安全，也直接影响幼儿园的品牌形象。一位优秀的门卫安保人员，带来的不仅是安全上的保障，更是幼儿园品牌的展示、形象的塑造。

案 例 延长的清扫路线

幼儿园保安师傅除了负责安全保卫工作，每天还需要负责一部分卫生工作。如果老师来得早就会看到保安师傅拿着扫把清扫幼儿园通道的景象。看到保安师傅清扫通道并不新鲜，可是看到他总是清扫到通道之外的报亭，大家都觉得非常不解——难道不知道清扫区域是哪儿？延长清扫路线，清扫到别人家的责任区是不知道辛苦吗？是跟报亭的人关系好，去帮忙呢？许多人都在私底下猜测原因。一天，园长把大家的疑问提了出来："师傅，我想问您一个问题，咱们的通道只到建设银行那儿，为什么您每天都要清扫到报亭那儿呢？"

　　保安师傅刚要说明理由，有客人来了，园长说："过会儿我再来听您说啊。"保安师傅说："您忙吧！我写下来，一会儿交给您，不耽误您工作。"园长送走客人后，保安师傅把写好的纸条交到了园长手里。园长打开纸条，纸条上面清楚地写着几句话：

　　自己辛苦点儿，让别人舒服，大家舒服，我们自己才能更舒服。

　　大环境好了，岂不更美？否则检查院落时为什么门前、通道也要检查？

　　每个人都应重视环境。

　　多想一想，多走一走，多看一看，多查一查，做到无漏洞，安全系数就多一点儿。安全有了保障，孩子们笑了，大家都幸福。

　　看完后园长非常感动，感动的不仅是保安师傅的行为，更是保安师傅的思想境界。试想一个园所，如果每位员工都能像保安师傅这样，以大局的眼光看待自己所从事的工作，那么这个园所怎能不被家长认可呢。保安师傅的这种精神正是我们园长应该提倡的。

　　在我们的思想里，门卫安保人员的职责就是安全保障、安全巡视与安全管理，只要做到规范严格，就已经合格了。而此案例中保安师傅的行为告诉我们，门卫安保人员的规范不只是职业行为上的，更是思想意识上的。用安全的意识做服务，用服务的意识保安全，才能更好地展现幼儿园的园所文化。

　　在选择门卫安保人员时，园长可根据幼儿园门卫安保人员应履行的职责，参考其之前的工作经历，了解其工作的内容及认识事物的态度，对其进行考核。

　　幼儿园门卫安保人员应履行的职责可参考表1-5：

表1-5　幼儿园门卫安保人员应履行的职责

序号	相关内容
1	学习贯彻教育法规，认真学习和详细了解国家、政府与幼儿园安全管理的法规和文件，提高对门卫工作重要性的认识，把保护幼儿生命和广大教职工的安全、园所的财产当作自己的神圣职责，放在工作的首位。
2	执行幼儿园工作计划，制订本部门工作计划，接受园长的检查、指导，定期汇报工作，对园长负责。
3	按照幼儿园的规定时间开放大门，严格作息时间，同时热情对待幼儿及家长，为他们提供各种方便。

序号	相关内容
4	陌生人入园必须出示证件，要及时进行登记，问明来由，与园长联系。拾荒者和一切闲杂人员不得进入园内，如一经发现，及时问明情况并劝其离开。
5	机动车辆未经允许不得进入园内，尤其在幼儿离园及雨雪天时要加强注意，避免发生任何交通事故。
6	幼儿离园及员工离园后要及时关门锁门。
7	夜间及节假日要坚持园内巡逻制度，楼内楼外及重点部位，如园长室、财务室、食堂等，更要确保安全。
8	坚守岗位，工作时间不做和工作无关的私事，不擅离职守，杜绝出现幼儿走失的现象。
9	除做好门卫工作外，还要保证做好门卫包干区的卫生工作。
10	完成园领导交办的其他工作。

五、卫生勤杂人员——心中有爱

幼儿园卫生勤杂人员的工作表面上看是微不足道的，实际上却是不可或缺的。卫生勤杂人员是幼儿园环境卫生、幼儿良好生活学习环境的保障者。幼儿园对于卫生的要求以"细"为主，主要体现在卫生要搞细，物品分类要做细，因为这些"细"中体现的是无尽的"爱"。"爱"对于在幼儿园工作的人来说是最宝贵的财富。

案　例　保洁老师的两个特殊"标签"

李老师是幼儿园负责保洁的后勤工作人员，她每天都兢兢业业、勤勤恳恳地把园内公共卫生打扫干净。李老师会巧妙地分配打扫时间和位置，所以每天在孩子们户外游戏之前就已经把孩子们喜欢的滑梯擦洗干净了。然后，在孩子们户外游戏时她又默默地走进公共图书区，把书籍和书架擦干净，让看书的孩子们有干净卫生的环境。

李老师还有一个强项，就是对养护植物很有研究。李老师来到幼儿园后，老师们发现班里的植物长得郁郁葱葱了。以前班中自然角的植物总会出现养不活或养不好的现象，现在却没有了。

了解原因后才知道，班中老师和孩子们都得到过这位植物养护大师的帮助。李老师在日常进行卫生清洁的时候总会留心每个班里自然角的植物，看到有的植物该浇水了，会及时提醒班中老师，同时还会向班中老师讲解班中植物的特性：什么植物喜阴，什么植物喜阳，什么植物三天浇一次水，什么植物一周浇一次水。可以说关于植物的任何问题李老师都了如指掌。

一次，中二班的一盆植物奄奄一息，班中老师觉得它不会活过来了，决定放弃丢掉，这时候，李老师说："别扔别扔，把它交给我吧！我能让它起死回生。"一周后，李老师拿着一盆生机盎然的植物回来了，神奇的李老师不仅让植物起死回生了，好像还让它比之前长得更好了。孩子们都亲切地称呼李老师为植物养护大师。

还有一次活动时，孩子们正在自然角兴高采烈地给植物浇水，李老师走了进来，告诉孩子们，不能盲目地给植物浇水，有的植物喜欢喝水，有的植物不喜欢喝水，如果喝多了就会死掉。孩子们好奇地问："那什么样的植物爱喝水呢？什么样的植物不爱喝水呢？"看到孩子们这么好学，李老师高兴地为孩子们介绍起了班中喜欢喝水和不喜欢喝水的植物，还顺便给孩子们讲了一下如何修剪小植物的叶子。

在班中老师和孩子们眼中，李老师既是幼儿园的美容师，又是植物的养护师。

虽然李老师只是幼儿园中一名普通的保洁员，但是她并没有因为岗位的普通而减少对生活的爱，对孩子的爱。而这个"爱"字，也是园长选择每个岗位员工时首要考量的标准。园长要充分发挥每个人的优势，让每个人的优势都发挥得淋漓尽致，让爱放射光芒。

幼儿园卫生勤杂人员应履行的职责可参考表1-6：

表1-6　幼儿园卫生勤杂人员应履行的职责

序号	相关内容
1	负责园内公共场所(楼道、走廊、窗台、楼梯扶手、洗手池、皂盒、灭火器箱体、水房)的清洁卫生及消毒整理工作。
2	随时对园内地面、杂物(树枝、碎玻璃、沙石等)进行清理，防止伤害幼儿。
3	妥善保管所用物品(簸箕、扫把、拖布、水桶、消毒液、洗涤剂等)，用完后放到幼儿触摸不到的地点，避免误伤幼儿。
4	定期对园内公厕地面进行消毒清洁，不留死角。

续表

序号	相关内容
5	做好一周一次的药物灭蚊灭蝇工作。
6	管理好动物饲养角及园内的绿化植物。
7	按时完成领导布置的工作，配合幼儿园查找安全隐患并及时汇报解决。

六、维修保障人员——精益求精

幼儿园中的维修保障人员是幼儿园设施设备安全、正常运行的保障者。幼儿园中的主体——幼儿，存在年龄小、安全意识薄弱、自我保护能力不足等特点，所以幼儿园维修保障人员对每一种设施设备的检查都要做到"勤"而"细"，即每日检查与环节检查相结合，整体检查与局部检查相结合；对每一种设施设备的更换维修都要做到心中有数，有记录，有更换和维修的方案，即检查预防与维修保障相结合，原因检查与修后复查相结合。这就要求维修保障人员不仅具有专业技术，更具有精益求精的态度。

案 例　我眼中的赵师傅

一个电话铃声响起，只见维修工赵师傅用他那长满茧子的手接过电话说："喂，哪里出问题了？把图片发过来我先看一下。""别着急啊，稍等，我马上过去啊。"放下电话，他把记录着时间和维修内容的皱皱巴巴并且已经泛黄的记录本放进兜里，然后扛起沉甸甸的工具袋，大步赶往需要修理的班级。

这次是班里的洗手池下面渗水。一进班，赵师傅直奔洗手池处，关上阀门，看了一下地面漏水情况，发现第二个水龙头下面的水沉积得最多。他先把地面上所有的水清理干净，然后垫张硬纸板，跪在第二个洗手池下面的管道处，把头探进深处，一边左右查看，一边用手触摸检查。经过检查他判断，因为下水管管道老化所以洗手池下面才会渗水。紧接着，他就开始换新水管。当换好水管站起来时，他已是满头的汗水，身上穿的衣服也变脏了。

赵师傅打开水闸和所有水龙头，查看是否还有漏水现象。不一会儿，在第三个和第四个水池之间的地面上又出现了水流。赵师傅又把硬纸板放在地上，跪在上面对着两个水龙头下面的水管一一进行检查。经过反复的检查分析，发现原来是第四个下水管中间有一段是折叠的，时间长了折叠处最尖的位置裂开了，所以出现了渗水。

找到源头后赵师傅拿出防水胶带在裂痕处均匀地缠了几圈。并对其他下水管也一一进行了检查，查看是否还存在水管折叠的问题，防患于未然。

所有检修工作都完成后，他又打开水闸和所有水龙头再次进行查看，直到确定不再有渗水现象，才露出笑容。收拾好地面后他又拿出记录本，记录下水管损坏的原因和修理时使用的配件，并嘱咐班中老师经常关注水管的状态，发现问题随时给他电话。

可以说，到这里修理工作应该圆满完成了。可是对于赵师傅来说，却还未结束。晚上下班前，他又到班中了解水管的情况，专门查看了缠绕着防水胶带的下水管，再次确认没有渗水之后才放心地离开了。

幼儿园中的维修师傅与其他单位的维修师傅别无两样，干的都是些修修补补的事，但是，幼儿园里需要的是像赵师傅这样的工作人员：对工作精益求精，给予园所和班级的不仅是技术上的支持，还有安心。

园长在选择幼儿园维修保障人员时，在了解其掌握的专业技术时，可采用实际操作的方式进行考核。

幼儿园维修保障人员应履行的职责可参考表1-7：

表1-7 幼儿园维修保障人员应履行的职责

序号	相关内容
1	负责全园水、电的管理及维修，保证水电畅通（除停电、停水之外）。
2	负责检查园内大型运动器械的保养工作，发现问题及时维修，消除安全隐患。
3	除做好本职工作外，接受园长安排的其他工作。

第四节　园长培养后勤工作人员的核心价值观

核心价值观简单来说就是某一社会群体判断社会事务时依据的是非标准。幼儿园的核心价值观主要是指对园所文化的认同、对园所目标定位的认同及对园所做事方式的认同。它是处理幼儿园内外矛盾的一系列准则，也是推动幼儿园发展的内驱力。

在幼儿园，后勤部门相对较为复杂，不仅涵盖的部门多，各部门人员的组成也比较复杂，存在年龄差异大、文化水平差异大、理解能力差异大、做事态度差异大等诸多问题。众多幼儿园的实践证明，如果后勤管理不到位，就很难保证高质量的服务。同时，很多优质幼儿园的管理经验也表明，促使后勤工作人员建立起与幼儿园共同的核心价值追求，对今后工作的有序开展发挥着巨大的推动作用，可使人人具有核心竞争力，形成共同愿景、共同追求、共谋发展。针对后勤工作人员的价值观培养，园长可在选择录用员工这一环节入手，把好第一关。

一、有目的地选择——达成共识

古语云："道不同，不相为谋。"这句话的意思是走在不同道路上的人，不能在一起谋划，比喻意见或志趣不同的人无法共事。可见，持有相同价值观的重要性。在针对后勤工作人员的面试中，园长可以采用"双向沟通，双向选择"的方式，通过双向介绍，达到相互了解的目的，并为实现双方意愿，共同提供、选择"合适"的机会。

(一)双向选择

面试员工时，在了解应聘人员专业能力的同时，园长可向应聘人员介绍幼儿园的相关要求和服务理念，使其了解幼儿园的核心价值观。

案 例 在面试中讲故事

今天两位保洁老师来面试，在了解了面试者的基本情况后，园长说："听了你们的介绍，我认为你们胜任幼儿园的基本保洁工作没有问题。现在我也向你们介绍一下我们幼儿园员工的工作情况，让你们也了解一下我们幼儿园里的人都是什么样的，都是怎么做事儿的。"

故事一：扫头发

幼儿园里现在从事保洁工作的是张老师，虽然只有她一个人，但是她对工作特别认真负责，在保洁工作中非常注重细节。为了清除地上的头发，她先用缠着毛巾的笤帚扫，再用手去捡。她从不发牢骚，说头发多，总是想尽各种办法去清除。研究自己的本职工作成为她的乐事。

故事二：捞玩具

记得上个月周末下的那场大雨吗？由于幼儿园处于风口位置，周围又没有遮挡物，所以在风雨交加中，幼儿园的户外玩具被冲出了大门。保安师傅发现后，不顾雨大，直接就冲到幼儿园外面去捞玩具，虽然有些玩具已经漂得很远了，但他还是一个不少地捞了回来。我们的团队是让所有人感动的团队。

故事三：做糕点

我们的食堂老师也是如此，他们不仅能够制作美食，还很有大局意识，他们爱孩子、爱幼儿园。前两天我们召开团拜会，为了准备糕点，食堂老师凌晨4点就来到了幼儿园，和面、造型，每一道工序都认真考究，早上8点准时为家长呈现出30余种造型精美的糕点。你们以后就是咱们团队中的一员了，想不想看看食堂老师的杰作呢？你们来到这个团队，应该做一个什么样的自己呢？

就这样，园长像拉家常一样给两位面试者讲了幼儿园后勤老师们的故事，潜移默化地感染着、教育着来应聘的新老师。

从这个案例能够看出，园长利用一个个小故事巧妙地传达了幼儿园后勤工作人员爱业敬业、无私奉献的价值观，让应聘人员了解到幼儿园中的每一位员工都是一条心，不只是会做好自己的本职工作，只要是幼儿园内的事情都会不分分内分外、全力以赴地做好。这些小故事看似是在介绍员工的工作情况，其实是让应聘者体会到如果成为幼儿园中的一员，应该用什么样的态度去开展工作，自己要做好教育者的思想规划的准备。

（二）双向沟通

双方沟通是相互了解的基础。在相互交流后，可请应聘人员问一问自己想了解的内容。单纯地听应聘者介绍，了解到的只是应聘者的基本情况和应聘者对自己的评价；而幼儿园单纯地向应聘者进行介绍，让应聘者了解到的只是幼儿园的相关要求。单向交流无法建立相互之间的深入了解，相互间的提问才能帮助双方更清楚地了解对方是否适合自己。

案　例　问题中的秘密

在一次面试中，园长了解了应聘者的基本情况后，请应聘者问问自己想了解的问题，应聘者问道："如果下班了还有没做完的事，可不可以留到明天去做？如果自己的事情做完了，幼儿园又有别的事情需要加班，可不可以选择不加班？加班时加班费怎么算？"

通过应聘者提出的问题，园长了解到这位应聘者对于加班非常在意。但园长知道这是一位专业能力很强的维修技术员，为了不错过有用的人才，园长问道："听了您的问题，能够了解到您对于加班这件事比较在意，是有什么困难吗？"应聘者答道："没什么困难，就是不喜欢加班，我认为在工作时间内完成自己的工作比加班更有价值。""如果是特殊情况需要加班呢？"园长继续问道。应聘者说："我觉得只要安排好工作就应该不会有那么多的特殊情况。"通过与应聘者交流，在衡量园所文化与应聘者价值观后，园长决定不聘用这位具有很强专业能力的应聘者。

　　幼儿园的现实工作告诉我们：如果一点儿都不加班，是不可能很好地完成本职工作的。即使我们努力做到做事不拖拉，提高工作效率，等等，幼儿园的任务还是随时都会来，面对困难做最好的服务才是我们正确的做法。任何一个单位的员工只有认同单位文化与单位所秉承的价值观，才能与单位共同努力，并肩作战。

(三)试用留观

　　面试时交流得再充分，也不代表应聘者就会成为一名合格的员工。俗话说得好："实践出真知。"试用期中的考察变得尤为重要。

　　试用期是特指在劳动合同履行初期用人单位和劳动者为了相互了解、选择而约定的一定期限的考察期。设定该制度的初衷和目的，在于劳动合同履行初期，增进用人单位与职工之间相互考察了解，用人单位考察职工是否符合相关岗位的录用条件，而职工则考察用人单位工作岗位与自己职业规划的契合程度以及用人单位是否能为自己提供所期待的工作条件和福利待遇，一旦一方感觉对方对于已经确定的劳动关系并不适合，就可以在更加宽松的条件下重新选择，从而更加顺利地解除已经签订的劳动合同。可以说，在法律规定的范畴内，在劳动合同中约定试用期，不论对于劳动者，还是对于用工单位，都存在积极的意义。

　　幼儿园的工作人员所服务的主要对象是幼儿，由于幼儿群体具有特殊性，所以对幼儿园工作人员的要求也就更高，试用期中的充分了解则能帮助幼儿园更加全面地考核聘用人员。

案　例　试用期中发现的"万能工匠"

　　通过面试，园长决定聘用一位经验丰富但年纪稍大的后勤维修人员——李师傅。其他领导都表示担忧：幼儿园的维修工作又多又杂，年轻人都有些力不从心，李师傅年纪这么大，怎么能胜任这项工作呢？但是，聘用李师傅确实能借助其丰富的经验，利用以老带新的方式，提高后勤维修保障人员的技术水平。于是，综合考虑后，领导班子决定，通过试用期考察李师傅是否能胜任幼儿园工作，发挥其经验传递的作用。

自从李师傅踏上工作岗位，班中老师发现班里厕所脚踏板坏了，水管渗水漏水了，床板塌了，前来维修的都变成了李师傅。而且李师傅在维修中不仅是修理，还会教班中老师一些生活中维护保养水电设备的小方法，深受班中老师欢迎。

同时，班中老师发现，原来负责幼儿园设备维修的小张师傅转班检查的次数越来越多了，每次检查后还会把检查结果告知他们，既让他们对班级设备更加了解，也让他们知道了许多检查设备的小方法。大家都调侃他说："最近打鸡血了吗？怎么那么积极？"小张师傅说："我得跟李师傅看齐，不能拖年轻人的后腿呀！"大家开玩笑地说："时间看齐了，技术也要看齐。"小张师傅说："那当然，李师傅已经收我为徒了，大家等着瞧好吧。"

李师傅的到来，不仅让小张师傅发生了改变，也让班中老师高兴不已。原来在与李师傅的聊天中，班中老师了解到李师傅对创意制作十分感兴趣，于是大家在创意制作遇到困难时都会找李师傅帮忙，而问题每次都能在李师傅的帮助下迎刃而解。

通过李师傅在试用期中的表现，幼儿园更加了解了李师傅的专业能力和做事的态度，也因此没有因为不确定、不选择，错过一位人才，损失一笔人力资源的财富。

（四）和谐统一

幼儿园对于员工的考察不应局限于面试中的了解，也不应定格于试用期中的考察，而应延续在每一天。应通过每一件事，了解员工是否与幼儿园一个声音——有相同的价值观，一个步调——有相同的做事态度，一个方向——有相同的理想信念，一个追求——有共同的努力目标，即是否能和幼儿园一起，为同一个目标努力奋斗。

案　例　宋师傅变了

宋师傅是幼儿园出了名的能工巧匠，无论你遇到什么困难，他都能帮助你顺利解决。但随着工作时间的增长，老师们发现一个现象，就是宋师傅变了，变得不像以前那么好请了。要想请他帮忙，要不就给他一些好处，要不就告诉领导，让领导知道这件事。不然的话，是很难请动他的。而他也觉得老师们对他不像以前那样热情了，不但对他有情绪，还牢骚不断。

为了改变宋师傅这种工作作风，后勤主任与他进行了谈心。通过与他聊天，后勤主任了解到：他只是感受到了老师们对他态度的改变，并没有意识到自身出现的问题。于是，后勤主任用之前他的工作状态和老师们对他的评价引发他对现在工作的思考。经过反复对比，宋师傅终于明白是因为自己的心态变了，做事的态度变了，所以老师们对自己的态度变了。通过这次谈心，宋师傅又变了，变回以前那个热心又能干的宋师傅了。

园领导对每一位员工负责，就是对幼儿园发展负责。幼儿园是一个整体，而组成这个整体的每一个个体都可能会由于某种原因发生改变，发生改变并不可怕，只要园领导能够及时发现并给予恰当的引导，使他们扭转归正，他们就依然可以和幼儿园一起并肩前行。

二、有目的地培养——能力为重

后勤管理者对后勤工作人员进行有目的地培养，能够帮助后勤工作人员更好地理解园所文化与园所的核心价值观，能够更好地为园所打造出一支具有同一目标、同一步调、同一方向、同一追求的后勤队伍。

(一)统筹兼顾

统筹兼顾就是要总揽全局、科学筹划、协调发展、兼顾各方。统筹兼顾要统筹好时间的问题、空间的问题、工作与生活的问题等因素。这就要求，在工作与生活中，要善于用好统筹的工作方法。

幼儿园是一个涵盖众多部门的单位，每一项工作都可能会牵扯到其他部门的人或事。后勤工作人员与幼儿园中的每个部门、每个人都有千丝万缕的联系。做好统筹兼顾就是要心系每个部门、每个人员的需求，根据工作的轻重缓急进行合理安排。后勤工作人员具有良好的统筹能力是顺利开展工作的必备条件。

案 例 值班表的合理安排

假期是每个人都期待的，每个教师都希望自由地安排假期时间，所以假期的值班工作变成了大家苦恼的问题。教师拿到值班表时，私底下总会发出各种各样的牢骚："为什么我老晚上值班?""为什么能照顾她?""换班为什么不行，又不是不值班?"听到教师的牢骚后，后勤主任开始思考：怎样才能合理安排好值班工作，做到既能满足教师的需要又能完成幼儿园的工作呢?

　　这次春节值班后勤主任改变了以往安排值班的方式，不再是一味地请教师按照值班时间安排自己的时间，而是把征求教师需求放到了前面。他首先把值班表格做好，标注出值班的时间和要求，人员一格空着，然后征求每位教师的意见，询问教师有没有什么特殊的需求(如对于有蜜月旅游计划的教师，在其不出行的时间安排值班等)，并记录下来。同时与每位教师沟通，照顾有特殊需求的教师，合理安排值班时间，以获得大家的理解。接着，考虑每位教师的家庭地理位置、已婚未婚状况、性格因素等方面，合理安排值班时间。

　　初步安排好值班时间后，后勤主任便把值班表分享到教师群中，与每位教师确定所安排的时间点是否合理，若有小的改动，再商量着和另外的教师互相调一下时间。等全体教师的值班时间都确定后，分享最终版的值班表，让每位教师了解自己和同事的值班时间，保证人员搭配、人员衔接顺畅。

　　当值班表出来时，大家看到行政领导是年三十值班；离家最近的教师安排在初一值班；已婚的女士不安排在初二值班，便于这些教师回娘家串门；胆子大的教师安排在晚上值班，胆子小的教师安排在白天值班。在值班人员搭配上，本着老教师带着新教师的原则，大家互帮互助，完成值班任务。

　　可见，在安排值班表时，后勤主任不应简单地包办决策任务，做出硬性的安排，而应调动每个人的积极性，让每个人都参与进来，成为幼儿园里负责任的一员。

　　当值班表这样呈现在大家面前时，之前对于值班的牢骚、埋怨声已不见，取而代之的是理解声和支持声。可见，后勤工作人员统筹安排的能力对于有效缓解教师矛盾，增加教师对幼儿园工作的理解与支持，有效完成园所工作至关重要。

(二)知行合一

　　知行合一，是指客体顺应主体，知是指良知，行是指人的实践，知与行的合一，既不是以知来吞并行，认为知便是行，也不是以行来吞并知，认为行便是知。知行合一并不是空洞虚幻的哲学思想，而是实用主义，适用于各行各业。它博大精深，可以从各个方面来解读。

幼儿园后勤工作人员知行合一的能力指的是后勤工作人员理解工作要求，落实工作要求，按质按量完成工作任务的能力。幼儿园后勤工作人员的服务对象是幼儿、教师和家长。不同的角色身份决定其不同的需求，作为后方保障的后勤工作人员，要能够理解不同服务对象的相应要求，并积极付诸行动。

案 例　演讲桌的华丽变身

　　某幼儿园要举办"教育故事"分享会。在交流活动计划时，后勤主任得知舞台上需要演讲桌，于是开始了解所需要演讲桌的大小，并着手去准备。当演讲桌准备到位后，后勤主任并没有把演讲桌往旁边一放就当了事，而是把演讲桌放到舞台的不同位置，将其和背景结合在一起比较效果。

　　当确定了演讲桌的摆放位置后，后勤主任又想到了话筒的问题，就亲自站到演讲桌前实验话筒的位置和高度，了解话筒如何放置效果最佳。为了保证每一位演讲者都有好的演讲效果，满足每一位演讲者的需要，他还向负责人了解了每位演讲者的身高，对所需话筒是立麦还是手持麦，进行了有针对性的准备。

　　当话筒也准备妥当后，后勤刘老师高兴地站在演讲桌前试讲起来，后勤主任为她拍下了演讲照片。在看照片的时候，大家总感觉还是少了些什么。经过仔细琢磨，发现是因为演讲桌上空空的、光秃秃的，显得没有生机。于是，后勤主任马上安排人准备了桌花，当桌花摆上后，演讲桌不但显得生机盎然了，演讲的氛围也更加浓郁了。大家都说："就这样，太完美了。"

　　就在大家高兴之时，后勤主任却说："不行，不行，还少一样东西。"听了后勤主任的话，大家都不解地问："还缺什么呀？"后勤主任说："园标！""园标？什么园标？说明白点儿，崔主任。"后勤主任说："咱们的园标呀！"刘师傅听了后说："没错，的确应该加上园标，要不谁知道这是哪里举办的活动呢，宣传工作要体现在点点滴滴。"紧接着后勤主任到演讲桌前方测量园标适宜的大小、尺寸，确定后立即安排人员打印粘贴。

　　正是因为后勤工作人员的精心准备，这个看似单调的演讲活动才呈现出了庄重的仪式感，并给每一位演讲者带来了充分的荣誉感。

　　准备演讲桌对于后勤工作人员来说是极为普通的一件小事儿，但是准备的过程却体现出了后勤工作人员知行合一的工作能力。而这种能力是推动后勤工作高效开展的强大推动力。

此案例也从侧面说明了知行合一要体现"实"的要求。要发扬严谨务实、勤勉扎实的精神，坚决克服夸夸其谈、评头论足的毛病。真正静下心来，从小事做起，从点滴做起。一件一件抓落实，一项一项抓成效，干一件成一件，积小胜为大胜，养成脚踏实地、埋头苦干的良好习惯。

(三)顾全大局

顾全大局是指为整体的利益着想，使之不遭受损害。顾全大局，其实讲的就是大局意识。什么是大局？大局就是整个局面和整个形势以及由此带来的长远利益的走势。大局意识，就是善于从全局高度、用长远眼光观察形势，分析问题。在幼儿园里，后勤工作人员要善于围绕幼儿园的发展情况认识和把握大局，自觉地在顾全大局的前提下做好本职工作。

案　例　深夜电话

一天深夜，电话铃声响起，我一看时间是凌晨3点，再一看来电显示是幼儿园保安何师傅。我马上接听电话，何师傅说："小一班的厕所水管崩裂漏水了，现在水已经流到了办公区。我们已经把水闸关了，正在清理地上的水。应该漏的时间不长，虽然到了办公区，但只是一层，请您放心。"我说："辛苦您二位先收拾着，我马上赶过去。"何师傅说："您不要来了，虽然水流到的范围大，但是还不多，我们弄得过来，就是向您汇报一声。"虽然听何师傅说他们能够处理，但是我心里依旧悬着，放下电话马上打车赶到幼儿园。

由于不好打车，一个小时后，我才赶到幼儿园，这时，看到两位保安师傅卷着裤腿，一位正用笤帚簸箕往桶里扫水，另一位正用毛巾边擦边往盆里拧水。看到我来了，何师傅说："大老远的，您怎么来了，我们能弄完。"我说："这么紧急的事情，不来怎么行。"张师傅说："您也辛苦了，那边我们已经清理完了，您用干墩布擦一下就行了，这边我们来，我们已经有经验了。"我说："不辛苦，应该的，您二位才是最辛苦的。"何师傅说："幼儿园是大家的，怎么辛苦都值得，再说这点事儿算不了什么。"我们三个人共同努力，早上六点十分不仅清理完了地面上所有的水，还把地面全部擦干了。早上孩子来园时，地面上干净如初，没有一点儿被水淹过的痕迹。

事后了解到，原来是何师傅夜里去卫生间，发现后楼道的地上闪闪发亮，走近一看，原来是地上有水。这才发现是小一班厕所水管崩漏造成的。

当老师们夸奖两位保安师傅能干、伟大、敬业的时候，何师傅说："大家过奖了，我们哪有大家说得那么伟大。在幼儿园上班，幼儿园就是我们的家，家好了，自己才能好呀。不抓紧清理，早上孩子进不了班，家长肯定有意见，这样太影响幼儿园名誉了。再说了，这是我们能干的，不能干的没办法，能干的就一定得干好。"张师傅也说："没错，老话说得好，锅里有，碗里才能有。既然发现了，我们肯定干好，不做睁眼瞎。"

这些虽然是普普通通的家常话，但是着实让我感动。其实，教育就是在互相感动中悄悄发生的。

通过了解事件的经过，我们不难发现，保安师傅起夜时因为好奇地面上的闪光现象发现了问题，其处理方式可以是假装没有发现，因为卫生间在办公区，小一班距离办公区很远；也可以是上报领导，等待领导到来后处理，因为此时并无人监督；还可以是找理由，先慢慢清理一部分，等待支援，因为水流面积的确很大。但是，保安师傅的做法却是：马上关闭阀门，做紧急处理，然后边着手清理，边报告领导，并说明自己能够完成清理工作。大局意识在哪儿？在思想中，在认识中，在观念里，这就是保安师傅的大局意识，行动中的大局意识。

（四）分析决断

分析能力包括将问题系统地组织起来，对事物的各个方面和不同特征进行系统地比较，认识到事物或问题在出现或发生时间上的先后次序，在面临多项选择的情况下，通过理性分析来判断每项选择的重要性和成功的可能性，以决定取舍和执行的次序，以及对前因后果进行线性分析的能力等。

决断力是一种快速判断事物发展趋势并给出具有长远眼光的决策的能力，是基于一种阅历积累，对即将发生的事情给出行事方向的能力。

后勤工作人员应具备一定的分析决断能力，在遇到突发事件或紧急情况时能够做出最适当的处理。但是在实际工作中，却有很多人在需要做出重要选择的时候不知道如何下手，当然承担责任时更是战战兢兢。

那么，分析决断能力是怎么来的，是需要培养的吗？其实该项能力的形成，有客观因素，也有人为因素。其中，所处的环境会强化一个人的决断能力。例如，如果家里有几个孩子，一般老大的分析决断能力就要强一些，因为很小的时候，他的生活环境中需要决定的事情相比较其他兄弟姐妹就会多一些，有较多一些的人依赖他的决定，他的责任感也会更强一些。

同理，在幼儿园的工作中，要想培养后勤工作人员的分析决断能力，园长就要在其能够胜任的职能范围内适当地放手、放权，让后勤工作人员有机会做决断，敢于做决断。同时后勤工作人员也要有敢于承担责任的勇气。

案 例 "臭味"追踪

雨后天晴，张师傅带着后勤工作人员清理户外玩具和地面上的雨水，擦着擦着，突然闻到一股臭味。是哪个班里的大便池坏了吗？于是他们把每个班的厕所和公共厕所都检查了一遍，但是没有发现异常。到底怎么回事呢？张师傅又开始组织大家分区域在户外活动场地寻找各种可疑迹象，但仍然没有发现异常。张师傅说："到底是怎么回事儿呢，没事儿味儿怎么这么大呢？"大家都说"放心吧，都查了，哪儿都没事儿，肯定是别的地方飘来的。"

张师傅一边琢磨一边随着气味往味道最强烈的地方走，他说："不对，一定是哪里出现了问题，平时没发现异常，今天下雨后才散发出臭味的，会不会是地下的化粪池出现了问题呢？"

大家都寻味来到化粪池边。原来是大量的雨水流进化粪池，而出水口有些堵塞，以至于化粪池的脏污已经蔓延接近清掏口。要知道化粪池若没有及时清掏，当其沉积污泥超出洞口的高度时，污泥就会堵塞洞口，造成化粪池堵塞。化粪池一旦堵塞就会严重影响孩子们的正常生活，问题相当严重。

为了保证孩子们的正常生活，张师傅当机立断决定带领大家清理化粪池。大家分头行动，一部分人用铁钩清理出水口的堵塞物，一部分人打开两个清掏口，用盆和水舀子分别将蔓延在最上面的污水淘出来，统一盛放在大桶里，避免造成二次污染。时间一分一秒地过去了，终于，化粪池里的污物少了很多，到达正常水平线，并能够正常使用了。

处理完化粪池，大家都松了一口气。可是，张师傅又火速赶往其他分园检查化粪池是否出现了同样的异常。之后每到下雨天气，后勤工作人员检查化粪池入水口和出水口是否通畅便成了一项常规工作。

张师傅作为幼儿园的一名普通员工，在发现不是自己职责范围内的问题时，完全可以通过上报领导了结此事。但是，他却果断采取措施，有效解决了问题，体现出了高度的主人翁意识。分析决断能力反映出的既是一个人的工作能力，也是一个人的工作态度和敬业精神。

第二章　后勤蓝图之魂
——"精、准、细"

　　幼儿园后勤管理工作是幼儿园各项管理工作的重要组成部分，担负着幼儿园的资源配置及有效运转，承担着对幼儿园全体幼儿和全体教职工的各个方面的服务，直接影响着幼儿园保教工作质量和幼儿园整体园所的发展。从后勤的工作内容方面来说，后勤工作主要包含了食堂工作、安全工作、维护工作、资产工作这四大部分，其中每一个组成部分都包含着很多方面的内容。这些工作往往细事多、杂事多、碎事多，而且都具有事情小责任大、情况轻后果重、任务多影响广的特点。后勤的工作，每一件都不能忽视，它们充斥在幼儿园一日生活的各个环节当中。可以说，幼儿园各项活动的背后都有后勤工作人员的支持和默默付出。虽然从幼儿园的成绩上来看，可能看不到后勤工作人员到底做了些什么，但是我们都知道，如果没有了后勤工作人员，幼儿园前勤的一切活动都将没有支撑和支柱！后勤工作的蓝图若想要展开，为整体幼儿园工作的画卷添抹重彩的一笔，首先要在烦琐细微的诸多事物中，制订出"内容精要、定位准确、筹备详细"的后勤工作计划。幼儿园的任何工作都必须先制订切实可行的计划，当然后勤工作亦是如此。

第一节　后勤计划制订的前奏

　　何为后勤计划制订的前奏呢？大致来说就是在后勤主任制订本学期计划之初，后勤工作人员需要具备一些基本思想、基本素质、基本能力、基本要求以及对本学期重点工作的了解和理解。

　　在制订计划时，后勤工作人员应充分领会幼儿园的办园指导思想和教育发展目标，认真贯彻《国家中长期教育改革和发展规划纲要（2010—2020年）》，依托《指南》中所涉及的有关后勤工作的配合部分，了解小班、中班、大班各年龄段幼儿的发展特点和需要，并结合幼儿园全园计划和现阶段园所内实际情况、发现的问题等进行具体分析。

常规工作(食堂工作、安全工作、维护工作、资产工作)涉及房屋、校舍的建设，景观、树木的维护，物资、物品的供给，车辆的安全检验，大型玩具、各类机器设备的维修保养，办公家具及用品的购置情况等。后勤工作人员要对所有现状情况了若指掌，并安排安全检查、隐患排查、维修、报损、更换等项目的定期工作。在检查中要责任明确、分工到人、严格记录、有据可依，切实做好食堂工作、安全工作、维护工作、资产工作。

只有把握幼儿园的现状，并明确幼儿园的发展，才不会迷失方向。只有扎实贯彻幼儿园的工作思路和各项决策，并将各层管理干部的思想融会贯通，才能使大家为完成同一目标而努力工作。

一、勤字当头

第一，勤观察，及时发现存在的问题隐患(尤其是安全问题要放在首位)，随时观察幼儿、教师、家长的所需。

第二，勤服务，主动给幼儿、教师、家长提供服务，不怕麻烦。

第三，勤沟通，主动与幼儿园其他各部门进行沟通，及时完善后勤管理体系和工作方式。

第四，勤思考，及时梳理管理中存在的问题，总结经验，查漏补缺。

第五，勤学习，后勤管理是一门学问，要从学习中完善，从学习中提升，从效率和效果上下功夫。

幼儿园的后勤保育工作是整个幼儿园后勤保障工作的重要内容之一。其主要包括照顾幼儿的衣、食、住、行，给幼儿创造良好的生活条件，不断地完善和维护相关的设施，这就要求人、财、物三个因素不断地配合。后勤工作中有大量烦琐的内容，这些工作不是一个人、一个部门就能独立完成的，而是要求各个部门和人员相互配合。幼儿园的后勤工作和其他单位或部门的后勤管理工作有很大的不同。由于幼儿的自理能力很差、安全意识不足，所以幼儿园不仅要给幼儿提供良好的学习环境，还要给幼儿提供安全、良好的生活环境。要想做好后勤的保障工作，后勤工作人员的素质是很重要的，后勤工作人员要有自己的条理性，合理地分配工作内容，合理地管理幼儿的生活，给幼儿提供优质的膳食保障，创设舒适的生活环境。

二、精字为准

后勤管理是一门艺术，管理的方式、方法决定着后勤管理的效率和效果。季宏高教授在《高校后勤管理现状及创新》一文中指出，后勤管理应做到"四化"，落实到幼儿园具体工作实际中，应做到"四精"，以凡事力求精心、精确为做事的准则。

第一，规范精细，即建立起完整严密的管理制度和服务规则，且管理事务和服务标准都有细则。第二，数量精准，做到从定性到定量，经营服务目标以数据指标体现，核算体系精确、精细。第三，智能精通，积极运用智能化的设施和设备，如运用微信平台等，把智能管理的理念渗透其中。第四，网络精心，广泛地应用计算机网络化管理，大力开发并升级系列后勤管理应用软件，把园所系统网络作为做好后勤服务工作的重要工具，如后勤 APP 的成立、后勤宣传网址的建立等。

三、主动为责

当幼儿园后勤工作人员的服务意识增强时，他们的责任心也会增大，这样他们在工作中才会自己寻找方法来提高工作效率，每天保质保量地完成工作任务，在开展工作的时候考虑大局利益。后勤工作人员在工作中要做到主动、热情、耐心、周到，本着一切为了孩子的原则，给孩子营造一个美好和谐的学习环境和学习氛围，这是后勤工作的一项奋斗目标。任何一个岗位，都是工作人员自我展示的平台，在专业、务实态度的前提下，认真学习和探索，让自己的工作有一个质的飞跃，同时人生也会变得更加丰富多彩。幼儿园的后勤工作是一项非常复杂的服务性工作，大到园舍场地的绿化维修，小至锅碗瓢勺，还有孩子的吃、喝、拉、撒、睡等，可真算是千头万绪。要加强后勤工作人员的个人素质，给幼儿营造良好的学习氛围，为幼儿园的各项工作提供有力的保障。

四、素质为本

（一）提高思想觉悟

要积极开展党课教育。后勤工作人员要以团结、奉献为工作的核心，在工作中以服务大家的思想和行为为出发点，予人方便，并开展多种形式的活动，培养互帮互助精神，在工作中不计较分内分外。

（二）提升工作热情

后勤工作人员在工作中要树立服务意识，调整自己的工作状态，在开展本职工作的时候，严格规范自己的行为，灵活思想，主动创造，针对工作问题进行思考，总结高效的工作方法，给幼儿和教师提供优质的服务。

(三)加强文化素养

管理和服务是同等重要的，在进行管理的同时我们也要开展服务。在提供服务的时候要接受严格的管理约束，可谓在管理中服务，在服务中管理。个人素质和个人能力之间有着很重要的关系，要不断地健全管理制度，在管理的时候注意服务和管理并重。现代化的管理手段是幼儿园管理的一个重要项目，幼儿园后勤管理人员要加强自身的素质，优化内部管理，调适外部环境。在实际工作中了解经常出现的状况，拓宽后勤工作人员的学习范围，运用走出去和引进来的方式开展后勤工作人员的多元培养，带领后勤工作人员参观其他幼儿园，观看其他园的管理模式，多组织学习和多开展工作交流会，使后勤工作人员的专业理解与认识、专业知识与方法、专业能力与行为都能得到稳步的提升。

(四)注重反思精神

在工作中，后勤工作人员要善于反思自己在做这件事时所承担的部分是否是为幼儿服务、为家长服务、为广大教职工服务的，所采用的方法是怎样的，有哪些方面是可以通过努力进行再次提高的，有哪些方面是没有照顾到细节的，工作的效果怎样，还可以在下次类似的工作中有什么样的改进，等等。通过不断反思提高自己的服务意识和工作能力。

第二节　后勤计划的制订

后勤工作千头万绪，工作内容虽然烦琐，但是并非杂乱无序。这就需要后勤主任根据本学年(本学期)相关工作的重点内容，制订合理的计划，给予全体后勤工作人员明确的奋斗目标。

一、制订后勤计划的原则

在制订后勤工作计划的时候，为了能够制订出准确、合理、全面、有效、可执行的方案还需遵循以下几个原则。

(一)整体性原则

后勤工作要体现全局观念、整体观念，单一部门不能以自己的想法制订计划，而要处理好整体与部分的关系，幼儿园的整体工作是全局，后勤工作则是其中一个重要组成部分。要坚持部分服从整体，有效地支撑其他各部门的工作，对全园的各项活动提供必要的物质支持和保障。在全园计划的基础上制订后勤工作计划，做到上下贯通，左右衔接，目标和思想高度一致。

第一，认真学习每学期幼儿园园长制订的全园计划，对其中每一项常规工作和活动做出标记和记录。根据工作安排，挑选出其中属于后勤配合的部分与园长和各部门领导交流，落实本年度、本学期后勤工作的重心。

第二，认真小结上一年度后勤各项工作中的待完成项目，在行政会上与园长和各位行政老师进行交流，详细阐述尚未完成的项目，针对已完成部分情况和仍需继续完成的部分内容，经行政会讨论后制订下一年度后勤计划。

第三，针对上一年度检查出的问题或后勤工作人员的一些专业性的意见、建议等与园长和相关行政领导交流商议，提出自己的合理化建议，经行政会审批通过后可列入自己的后勤计划中。

第四，认真倾听行政领导关于各部门情况的描述，了解大家本学期所需后勤配合的要求，经行政会讨论后，允许的项目可列入自己后勤计划范围内。

第五，常规性工作(食堂、维护、安全、资产等)不放松，按时按制度认真执行，做好记录，并根据本学期重点工作随时调整工作重心，严格做到分工明确、责任到人。

第六，树立安全意识，时刻警钟长鸣。做到每日离园后幼儿园每个角落的检查防范，形成习惯；注重幼儿安全、设备安全、采购安全、食品安全等；严格巡查、检查与维修工作。

第七，强化节约意识，呼吁节约从我"家"做起，明确节约是一种社会责任，是一种生活方式，更是一种良好习惯的认识。在安全的基础上做到资源材料的减少使用、替代使用、循环使用、废物利用、修补再用、维修复用。

案 例 突发情况的有效处理

每天，幼儿园里后勤工作非常烦琐，而且很多都是突发情况。

"快来，小一班漏水了。"急忙跑进小一班，发现地漏堵住了，捣鼓半天，终于疏通了。

"快点儿，大班操场上的遮阳伞打不开了，孩子们没有办法玩沙子。"急火火地跑到大班操场，发现遮阳伞把上的润滑油少了，女教师打开比较费劲。

"修电脑的老师在哪儿？他的手机号码是多少？我们班电脑死机了，我一会儿上公开课要用电脑。"火急火燎地赶过去，发现C盘东西过多，导致死机，只好重新组装系统……

就这样，一个小小的后勤老师，每天忽上忽下，不知跑多少趟，忙于维修厕所，忙于维修电脑，其他工作也难以安心。随着幼儿园设备设施的增多，后勤的几名工作人员更是难以招架。

为解决上述问题，园长、骨干教师以及后勤工作人员召开了研讨会，决定在精细化管理上下功夫，尤其是从幼儿园整体计划和整体安排方面考虑和出发，做好前期安排，避免每一天都有"突发情况"的发生，避免常态工作毫无计划和规划性。

首先，在计划中首先明确幼儿园各种设备的使用情况、在册记录情况以及设备的老化情况(如电路、水暖、管线、开关等各种设备小器件)，将各种物品的情况记录翔实，提前准备好其中易坏的小物品等，以便及时替补。

其次，完善报修制度。每个班级在报修之前必须填写书面报修单，包括物品名称、损坏责任人、损坏原因、损坏日期，相关人员签字。后勤工作人员维修好之后，也要在报修单上反馈修理的时间、地点、原因，并签字。

再次，明确职责制度。每当物品出现损坏的时候，总是找不到根本原因，这与全园整体性的厉行节约的计划不符。为了观察"节约"的情况，我们按照"谁使用，谁管理，谁维护，谁负责"的"四谁"原则，明确责任，形成了全园物品人人管理、人人保护、人人有责，从使用到保护再到维修都有人负责的良好局面。

最后，实施数据分析制度。一张报修单不仅仅是表面形式上的填写记录单，而是对一个班级整体情况的反映。它能反映出物品损坏的情况以及负责人的情况，更能反映出维修人员的水平、维修材料的使用、物品的对比性能等，为后勤和前勤人员的评价以及物品的购买，提供可参考的事实依据。

通过整体性的规划，园所后勤管理的水平有了大幅度提高，"救火队长"不再匆忙赶场了，而是有条不紊地进行整体性的规划和处理。这就避免了闲时闲散得不行，忙时又忙乱得不行现象的出现。看来有规划地做事，确实达到了很好的效果。

以上是后勤事务性工作协调者——后勤主任讲述的一篇管理笔记。案例中的事务管理者由刚开始火急火燎的"救火队长"最后变成了处理事情有条不紊的"后勤管家"，可见，只有整体把握工作的节奏和脉络，做到全面统筹，重点兼顾，才能在混乱忙碌中确立适合解决实际问题的常规制度。

(二)实际性原则

幼儿园后勤计划一部分来源于上学期发现的一些问题或未完成的项目内容，以及本学期需要实施的内容，因此对于后勤计划的指导要注重与实际工作相结合。根据每学期出现的普遍问题，制订详细的整改措施，经行政会讨论，可以适时进行后勤制度的补充和修改完善。

1. 找到问题，调整制度

在工作中，后勤工作人员经常需要找到自身的问题，只有找到自身的问题，才能不断地提高保障和服务全园的能力，而寻找自身的问题可以从以下几个方面进行。

第一，自己反思问题。在完成每一项具体的工作后，后勤工作人员可以结合自己的完成时间、完成过程、完成效果以及服务对象所给予的评价等方面进行一次自我反思，期间存在的一些问题，则应及时记录下来，在以后类似的工作中予以避免。

第二，与同事交流问题。后勤工作的服务对象往往是前勤，在工作中可以与前勤教师互相沟通和交流，就工作实施的时间、内容、材料和方式等征求前勤教师的意见。

第三，调查大家的问题。当然还可以在学期初以问卷的形式询问和调查大家的需求，以便征集大家的意见和想法，做出合理安排。

案 例 实践决定方向

开学初，幼儿园后勤主任提出了设立总资产管理员及各个分园保管员，由总资产管理固定资产，后勤主任统筹管理安排。原因如下。

首先，后勤物品较多，细碎，在使用过程中经常出现 A 借走，B 又从 A 处拿走，最后在 D 那里找到，或是找不到的现象。并且针对借走不打招呼或用完不及时归还的情况，没有详细的记录。

其次，固定资产不随时上报修理，发现时已损坏严重，不能修理。

考虑到以上实际情况，在本学期计划中，后勤主任决定调整方向，将自己的提议作为重点工作进行整改并补充进后勤工作制度，责任到人。

第一，园内财物实行"谁使用、谁保管、谁维修、谁负责"的管理制度，领物登记签名，还物销号，防止财物流失、损坏。

> 第二，活动室、办公室、食堂财产由各班班长、办公室负责人落实责任。每学期开学时维修、登记，采取一月一查一记载的方式，由后勤牵头，对有关问题及时处理，损坏、遗失公共财物的，由各负责人进行追查，及时赔偿或维修，否则将加倍处罚。

上述案例中出现的问题司空见惯，正是因为对问题熟视无睹，所以制订的计划空洞无物，后勤主任应该从问题出发制订相应的管理计划，遵循从实践中来到实践中去的原理。既然固定财产总是出现或不见或丢失的情况，且是权责不明导致的重复性问题，那么制订计划时就要考虑到这些问题，这样才能有的放矢，实现问题到计划再到制度的完美转变。

2. 从实际出发，调整方案

在实际工作中，还需根据现实情况及时有效地调整方案，这里就需要后勤主任具备明确的辨识、迅速的反应和及时有效的调整能力。例如，幼儿园经常会选择在假期或周末没有孩子入园的时间进行施工，但是有时候新学期开学了也没有全部完成，有少量工作会遗留到下一学期继续进行。这时就需要后勤主任调整自己的后勤计划，有效地解决类似这样的情况，一旦在实际工作中出现问题或始料未及的情况，马上能够提出切实有效的方案来满足幼儿园和全体幼儿、教职工活动的需要。

🔍案　例　人性化的施工

> 九月初开学了，幼儿园绿地里的木质六角亭还没有施工完毕，幼儿的攀爬木桩、绳索玩具也还没有全部安装到位。
>
> 为了保证施工期间的安全，后勤工作人员经过与前勤教师协商和交流，做出决定：在安全距离外设置围栏，并安放幼儿能够看得懂的警示标识，各班级教师通过教育活动向幼儿及家长强调施工期间不允许去施工现场附近的要求。
>
> 同时，后勤工作人员及时通知施工单位调整施工计划，尽量在幼儿学习和休息的时间施工，降低噪声，并合理安排白天和夜间的施工内容，尽快地保质保量完工。调整后的具体工作内容被安排到了后勤工作计划之中。

幼儿园的施工琐事非常多，不可控制的天气、突发情况常常会影响施工进度。如案例中所述，开学了，孩子们已经进入幼儿园开始新学期的生活了，施工还未完。这也是孩子们日常生活的真实写照。担负着教育职责的托幼机构不仅要考虑施工过程中孩子们的安全，还要采用多种渠道提示施工应该注意的事项，从实际出发解决问题。

3. 征询专业建议，虚心采纳

每个领域都有专业技术人才，后勤主任要有一双明亮的眼睛，善于抓住他们的优势，经常虚心征询他们的专业性意见，尽量发挥其特长，为幼儿园的发展收集好的建议和想法。

案 例　烟感器的选择

> 我园需要完善消防安全设备设施，在计划选择各种消防设施的时候，在我园工作十几年的老后勤职工赵师傅提出最好选择独立式的烟感器，原因是它安全可靠、灵敏度高，能够及时地检测出问题，哪怕一点点烟雾它都会报警，可以有效保证人身安全。并且独立式的烟感器安装方便，一颗螺丝钉就能够固定好一个烟感器，安装好以后无须任何多余操作，里面的电池可用 3～5 年，期间不需要更换，烟感器完全可以正常工作。最后我们听取了赵师傅的建议，为每个房间都安装了这种方便又安全的烟感器。

此案例读起来通俗易懂，讲述的是听取专业人员的建议，选择合适的烟感器的事情，毕竟术业有专攻。后勤每个岗位职责不同，相互之间可替代性弱，所以听取有经验的工作人员的建议，一方面可显示出管理者对工作人员意见的采纳，另一方面也确实能解决实际问题，让园所设施的花费实现性价比最大化。

（三）公开性原则

幼儿园后勤管理要充分发挥广大教职工民主管理和民主监督的作用，这是充分调动广大教职工积极性的需要，也是增进理解和提高配合度的需要。

其中最受教职工关注的莫属财务工作，财务工作的公开性与透明性是凝聚全体教职员工向心力的关键。幼儿园需专门成立由行政领导、工会、群众代表及专业人员参加的财务清理领导小组，每学期对幼儿园的财务进行一次集中审计，加强监督，保证透明。

幼儿园基建工作是大家都很关心的问题，同时也是容易出现问题的地方。要努力增加基建工作的透明度，实施阳光作业。要想保证项目工作的合理及公正，就要专门成立由行政、工会及群众代表参与的基建工作领导小组，大型基建项目一律由领导小组参与预算、决算，实行集体决策。做到有人监督，相互牵制，管理到位。

不仅在重大项目上需要坚持公开性原则，在具体的小事上也需要落实到人，这样才能让"公开性"变成"监督性"，发挥公开性应有的价值。

在现实工作中，园长要乐于听取意见，让大家畅所欲言，并具有真诚接纳意见的勇气，这样才会激励身边的人敢于提意见，敢于用批判性思维去发现问题，及时地解决问题。

案　例　"开源节流"公开书

为响应"开源节流"，保证人人行动起来，幼儿园管理者写了一封公开书：

第一，走前"三关"要牢记：关水、关电、关净化器。

第二，外出购物货比三家，找到性价比最优的。

第三，按其所需、按其所用来领取和使用幼儿物品。

第四，按人所需发放纸、笔、本。

第五，专人专管各项财物，班级做好月登记，学期做好消耗品的损耗公布。

第六，维修专人负责，做到修后有跟踪。

各位老师可提出开源节流的金点子或者合理化建议，如被后勤采纳则给予物质奖励，并形成长效化机制，期待着大家的积极参与哦！

这是一封公开书，从公开书的内容上可以读出这是幼儿园管理者给全园教职工的一封信，倡导大家节约、节省，同时也鼓励全园教职工积极参与提议整改。这份公开书简短精悍，短短几行字就写出各岗位工作人员在"开源节流"计划中应发挥的作用和正确的做法，无形中也督促执行者遵循公开书中的内容，从而完成目标。

（四）发展性原则

为幼儿服务是幼儿园的首要工作，同时也是后勤工作的宗旨。幼儿园后勤工作的宗旨就是为幼儿的健康和安全服务。为此，后勤工作人员不但要具备全心全意为教育服务、为幼儿在园一日生活服务的思想，还要了解教育教学的情况，根据教育教学工作的需要和实际情况的变化，相应调整工作部署，以优质周到的服务促进教学、教科研的开展，充分调动师生工作和学习的主动性、积极性，从而更好地为幼儿服务。

案　例 我家的海洋馆

幼儿园的门厅需要重新改造，在门厅前面大门的右侧有一个不大的景观。这里有一个8平方米左右的鱼池，里面饲养了几条锦鲤，放置了一座小假山，假山上有一个小型喷泉，角落里摆放了一些水生的植物。这里是幼儿非常喜欢的地方，他们经常来这里看鲤鱼自由游弋时的美丽姿态。

在改建这个鱼池时，原定依然是由砖块水泥砌起来外包蓝色瓷砖的小水池，但是考虑教育专家和老师们的建议后，为了便于幼儿从上向下、从外到里地进行观察，让幼儿了解鱼儿在水下的生活状态，让小鱼离幼儿更近一些，后勤工作人员联合技术人员开始冥思苦想：如何在原有的结构基础上实现方便幼儿观察的目的？应该运用何种建筑材料？怎样与两边的围墙连接起来？最后他们采取了类似海洋馆玻璃围墙的专业做法，采用了较厚的玻璃，因其不怕强大的水压，再在四周的顶部用透明的水晶砖作为封顶。这个鱼池既保证了美观，又兼顾了幼儿的学习。

一个小小的改变，成了海洋馆的亮点。每当孩子们驻足观望时，他们瞬间的智慧便会迸发出无穷的力量。后勤教育化不是一句口号，而是要落实在和孩子们相关的环境、物品中。

这是一篇关于改造幼儿园鱼池的案例，字里行间流露出改造者的智慧和观看者的温暖。正是因为后勤工作人员心中有发展目标，懂得用发展的眼光对待每一项与孩子相关的工作，才会在改造鱼池的时候不仅考虑"美丽、别致"的因素，还考虑孩子们持续性观察的便捷性。

二、不同维度的思考

(一)面和点之间

后勤主任需要在后勤的全面工作和重点工作中间认真思考和权衡。全面工作更多的是每天进行的常规性工作，这些工作是构成幼儿园一日生活的基础，就像食堂人员做饭、维修人员检查维修等，需要后勤工作人员分工明确，责任到人。重点工作则可能是因现阶段活动等外因，突发的一些新增项目工作，这就需要后勤主任进行较深入的思考乃至创新工作方法，在保证常规工作不受影响的基础上，进行人员的二次分工，明确新的责任。就是这样一个一个的小点，绽放在幼

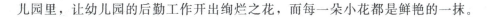

儿园里，让幼儿园的后勤工作开出绚烂之花，而每一朵小花都是鲜艳的一抹。

案 例 美丽的大花园

在进行幼儿园的绿化时，一系列深刻的问题摆在后勤工作人员面前：怎样使幼儿园成为一个美丽的大花园？怎样让孩子们、老师们喜爱这样的环境，并能够在不同的季节中欣赏到幼儿园不同的美？如何让孩子们在大自然中认识、学习自然科学中植物的多样性、各类植物的不同特点？怎样帮助孩子们与自然之间进行深入的探究活动？我们应该在幼儿园里种什么，怎样种，种在哪儿？这些成了摆在后勤工作人员面前的课题。

后勤工作人员开始认真学习，去花卉市场调研，向各部门领导、相关老师征求意见，最终选取的每一种树木、每一株植物都深有寓意。有水果树，如桃树、柿子树、海棠树、杏树、石榴树；有干果树，如核桃树、栗子树；有常绿树，如松树、柏树；有开花的树，如丁香树、玉兰；有具有明显季节特征的树，如枫树、银杏树、龙爪槐等。另外还有一些花卉，如紫藤花、迎春花、菊花、芍药花以及种植在绿地间低矮的小花等。这就符合了幼儿园植物的栽培原则，从此幼儿园三季有花，四季有绿，绿树成荫，瓜果满园，呈现出丰收景象，孩子们在每个季节都能体会到幼儿园不同的美，幼儿园成为"孩子学园，学在其中"。

相信每个人都一样，走进一家园所，最直观的感受就是园所操场上的绿树红花、茶果飘香。如何最大功效地发挥户外环境的教育价值呢？需要在全面和重点之间寻找平衡点。既要全面规划每个角落、每一棵树的布局，也要在每一小点上思索美观性和教育性，正如苏州园林一样，添一分则多，去一分则少，户外的景和心中的景相互辉映。

(二)广和细之间

后勤工作中的"广"可以理解为广义的概念，在后勤工作中任何一项工作都可以认为是"广"，而在这样"广"的每一项后勤工作中，就需要细化工作的每一个方面，还要想到每一个方面的每一个细节。比如，我们需要创设适合幼儿活动的户外操场，那么到底应该怎样利用操场的每一块地方，应该分别给予小班、中班、大班幼儿什么样的设施，才能最适合幼儿发展，最符合幼儿需要呢？又如，购买开学前物品时，针对大、中、小班不同的幼儿，分别挑选什么样的牙刷拖鞋，是同一标准码吗？这些，都需要后勤工作人员处理好"广"和"细"的关系，把"广"做到，把"细"做好。

案 例 孩子们的小菜园

在幼儿园里，有一个可供幼儿自己亲身体验种植的小菜园，后勤工作人员在创建这块小菜园时，考虑到了很多方面。例如，把哪块儿地方当作小菜园？怎样能够方便幼儿种植、观察和照顾？阳光是否充足？取水是否方便？是否距离幼儿游戏的场所过近？种植的方式可以有哪些？是否有盆栽、移植等情况？什么时候支架子让植物爬藤？什么时候灌溉？哪些工作需要后勤园艺人员协助来做？后勤园艺人员什么时间来做，怎样协助？怎样和班级教师、孩子们一起达到"齐抓共管"的效果？在问了无数个问题后，终于将幼儿园南墙的一块儿加起来二十几平方米的地方留给了孩子们作为小菜园。

小菜园日照充足又不过剩，太阳光会在墙边逗留几个小时的时间。这里处于花园的绿地边上，为孩子们的花园增添了一抹欢乐的自由地，距离幼儿户外游戏的地方设置了栅栏，不怕孩子们的皮球滚过去压坏幼苗，而且就在户外水池的旁边，取水方便。每天出入幼儿园的大门就能看见它，便于幼儿观察和照顾。

当清晨的第一缕阳光照射到小菜园，每天变换的小值日生们就已经在细细地品味自己的劳动成果了。绿绿的叶子闪耀着迷人的光，孩子们走进小菜园，观察自己所种植小植物的变化，那种专注的深情，让后勤工作人员感到幸福和满足。

后勤工作人员把二十几平方米的小菜园研究得非常到位，不仅遵循了科学领域的一些基本规律，还考虑到了孩子们方方面面的需要。正如一次优质的教育活动，环环相扣才能让人兴趣盎然。让幼儿享受与大自然亲近的快乐，支持他们自由探索、发现和实践，不是一句喊破嗓子的口号，而是既要在广度上思考场地的布置和孩子们的关注点，也要在细节上列出每一个小计划，使幼儿在生活中受到真正的教育。

(三)难和易之间

何谓后勤工作的"难"和"易"呢？这里的"难"指的是难点问题，"易"指的是一般性、普遍性问题。要想把工作做到最好，后勤工作人员在面临难点问题的时候需要不断地向各个领域的人学习，将自己不会的变成能够掌握的，将自己不擅长的变成熟悉的。例如，把操场铺满砖块，使其变得平整很容易，但是在操场上为孩子们创建一个适合他们游戏的设施就不容易了。从幼儿的能力出发，从需要入手，材料选择和设计制定都需要专业的安排。虽然有设计人员参与施工，但是仍需要结合幼儿园的要求，所以后勤人员必须既懂得一些施工的内容和过程，又懂得教育的要求，这样才能更好地为幼儿创设适宜的游戏场地。

案　例　探秘游戏屋

在中班的操场上有这样一个供孩子们游戏的设施，它是由以前的玩具房和搭在前面的三层波浪形的攀爬架组合而成的。它的外形就像层层彩色的波浪，孩子们可以由一个外面的入口爬进去，层层爬高并由屋外循环到屋内，进行攀爬探险游戏，最后从滑梯上滑下来。为什么这样设计呢？

第一，这是一个废弃的玩具屋。随着教育观念的不断更新，孩子们的户外玩具已经由以前收纳在玩具房里变成了随时摆放在操场上，以便于孩子们随时取放，所以以前放玩具的屋子就没有什么利用价值了，于是进行了空间的改造再利用。

第二，引导式探索。孩子们需要更多更有意思、更有挑战性的游戏场所，如挑战黑暗的密室（为了降低难度，设计了室内外相结合循环的游戏形式，孩子们可以在阳光和黑暗的交替中自由选择）。

第三，增强孩子们上肢、下肢的协调性与灵活性。孩子们通过向上爬、向下跳、躲避、匍匐爬行、滑行等可锻炼身体。

第四，在游戏中发展孩子们的社会性。从单一性活动到多样性活动，体现了社会性的延展，可使孩子们形成各种难能可贵的品格：勇气、合作、协商、坚毅等。

这里可以锻炼孩子们攀爬的能力、跳的能力，培养孩子们勇敢的品质，给孩子们提供一个私密的空间。孩子们在这里可以说一些悄悄话，宣泄压力，等等。在设计和建造探秘游戏屋时，后勤主任给施工方提供了大量的指导和具体的要求。

"探秘游戏屋"，听起来肯定是极其神秘、极其好玩的地方，类似于魔法城堡，能吸引孩子们的注意力。从案例中可以看出"探秘游戏屋"改造前后所经历的小小波折，其实抛开最终的结果，我们在过程中可以深刻体会到后勤工作人员在难和易之间的付出，即难点突破，易点常做。遇到困难，不退缩，从最本真的孩子的角度出发解决问题，所有问题便会迎刃而解。

（四）远和近之间

古人常说："人无远虑，必有近忧。"在后勤规划中，不仅要考虑现实、当下的需要，还要立足于园所长远的发展，让每一处、每一景、每一细节，当下具有教育内涵和教育价值，长远来看也能与幼儿良性互动，有助于幼儿的长远发展。

众所周知，在北京蓝蓝的天空所见不多。在秋冬的季节里北京经常被雾霾笼罩。然而，幼儿离不开体育运动，因为各种体育运动锻炼幼儿四肢的同时有助于幼儿大脑的发育，因此，及时增加和选择适合幼儿在楼道里玩的玩具和相应的器材，既能让幼儿在雾霾天可以进行室内运动，配合教育工作，同时又是长远的打算，可以物有所用。

（五）静和动之间

后勤工作不仅仅是计划内的工作，还有很多是临时性、突发性的工作。这就需要后勤工作人员统筹安排，确定出重点工作内容、紧要工作安排，以应对这些事先没有预估到的情况。

在后勤的常规工作中，各个园所已经有了相对成熟的常态模式，在一般情况下，按照常态的模式计划准备即可，但是在突发意外的情况下，就要有动态的转变。应付突发情况，肯定需要考察实际的问题、实际的需求，然后找到实际的解决办法。解决完突发情况，要将其写在后勤的制度中，使其变成一种常态的工作做法。

幼儿园后勤工作实行精准化服务，顺应了后勤科学发展的需要，体现了后勤提供优质、高效服务保障以及服务育人的新要求，是加强幼儿园内涵建设的重要手段。我们要通过细化后勤内部管理，加强后勤各岗位制度建设，不断完善内部运行机制，提高自身的管理与服务水平，使后勤服务工作处处以人为本，细致完善，为幼儿园的发展提供强有力后勤保障的创新之路。

第三节　后勤计划制订的规律

园所后勤计划的制订是一个复杂的过程，需要在前勤各个班级、后勤各个部

门、医务室之间协调商议。

后勤计划制订者必须收集需要的信息，正确理解和分析收集到的信息，从而制订合理的后勤计划。例如，后勤计划制订者应该非常清楚地知道关于户外运动材料的信息，并从收集的信息中确定购买的数量和材质。更复杂的情况是，后勤目标和状态是动态的，有可能在后勤计划生成之后，情况发生了改变。鉴于后勤计划的复杂性，在生成后勤计划的时间和生成后勤计划质量之间应有一个权衡。那么制订后勤计划时需要遵循哪些规律呢？

一、计划精确性

（一）计划"精、准、细"的内涵

精细化管理是一种新兴的管理理念，由汪中求先生首次在国内提出。精细化管理要求在工作当中落实责任制，要求每一个管理者对工作尽职尽责，将工作做"精"、做"细"，并要求持续改进工作，是一种以最大限度地减少管理所占用的资源和降低管理成本为主要目标的管理方式。精确性是对某系统完成其工作性能的衡量。系统精确性管理的理念是社会分工的精细化以及服务质量的精细化对现代管理的必然要求，也是对幼儿教育的时代要求。系统精确化管理就是落实管理责任，变一人操心为大家操心，将管理责任具体化、明确化。

（二）计划"精、准、细"的意义

在幼儿园管理中，我们把精细化管理具体化为"精、准、细"三个层面。幼儿园后勤是一个人员少但任务事项庞大的组织系统。自从后勤融入教育化以来，就要求其在兼顾服务的同时，考虑到后勤部门的运行效率问题，以及和前勤一线教学配合的问题。同时，面临着后勤工作人员有限、资源有限与师幼、家长要求越来越高的矛盾，后勤需要引进精细化管理理论，这样可为早日迈向科学化管理奠定基础。

首先，幼儿园后勤实施精、准、细管理，有助于提高后勤的资源利用效率和管理效力，对有限资源进行精细管理，为打造优质服务后勤奠定基础。

其次，精、准、细管理倡导的全员管理，有助于增强后勤工作人员的主人翁意识，对于增强员工的自身学习意愿、提高员工素质有很大的助推作用。幼儿园后勤管理工作的主要职能就是提供保障性服务，而保障性服务是幼儿园各项工作的基础与保障。由于幼儿园后勤工作的性质和特点，只有精、准、细的管理计划才能够使幼儿园的各项活动顺利进行，幼儿的安全和利益得到保障，教职工高效地完成工作任务。

最后，精、准、细管理要求落实责任制，要求每一个员工对工作尽职尽责，而对工作尽职尽责是社会主义劳动者应该具有的姿态。同时，精、准、细管理还有助于形成良好的工作氛围，为打造优质、高效幼儿园后勤创造条件。

（三）计划"精、准、细"的实施

在园所中，后勤工作要做到管理精确性，保证制度上墙，规范上墙。这其中包括后勤各项工作规范、食堂卫生制度、出勤制度、保安制度、餐具清洁消毒制度、安全检查制度、食堂仪器设备使用制度、安全保卫制度、健康检查制度、幼儿园绿植管理制度、幼儿园新风系统使用制度……保证操作上墙，要明确进行各项工作的操作方法、操作流程、操作步骤。通过这些做法做到明确制度，让每个人做到制度心知肚明，以达到系统精确性。其实，只是单单做到上墙是远远不够的，那只是外显的形式，重要的还是要做到制度上心、规范上心。

首先，重新修订和完善相关制度，为幼儿园后勤工作的规范化、制度化、科学化提供坚实的保障。其次，认同理解制度，组织相关后勤工作人员进行学习讨论，明确每一环节、每一流程的规范要点，再把每一个要求具体地落实到每个人身上。最后，加强后勤工作人员师德规范教育，培养"把小事做细，把细事做透"的精神。

细化后勤内部管理，加强后勤各岗位制度建设，不断完善内部运行机制，可为幼儿园后勤管理提供依据，也可为后勤服务工作提供操作标准与工作规范，使后勤管理有章可循，后勤工作人员有标准可依。只有提高后勤工作人员的管理与服务水平，使后勤服务工作处处以人为本，才能为幼儿园的发展提供强有力后勤保障的创新之路。

案 例 幼儿园的"新朋友"

最近，正是北京雾霾较为严重的时期，幼儿园也因为天气问题为每个班配备了新风系统。安装新风系统的师傅认真、仔细地在每个班级进行安装和检修，但装完后什么也没说就走了。班里的刘老师很疑惑，心想："这东西我都没见过，是干什么使的？怎么用呢？"她带着这个疑问找到了园中的一个后勤工作人员，询问她："你知道咱们新安装的新风系统什么时候开？怎么开吗？"

后勤工作人员详细告诉了刘老师使用的方法、时间以及注意事项。例如，雾霾天的时候可以打开新风系统，这时室内的窗户要关严实，刚开始开的时候要增大风速，一个小时之后，让风速变为自动或者静音，当活动室没有人的时候必须要关闭，等等。正在两人说话的时候，隔壁班级的老师也来了。两位老师认真听后勤工作人员讲述，并用笔记录下来。

一线老师由于没有见过新风系统，所以对其使用方法、使用时间等都不了解。可见，园所的设备虽然已经更新了，但具体使用人员对新系统、新操作还不熟悉。老师们对设备的使用情况不熟悉，也使得班级的孩子们无法得到更好的保障。这就说明了一个问题：后勤设备设施与使用之间出现了脱节。如何以更好的方式让所有使用的老师明白此新风统如何操作，同时爱护和维护新风系统呢？

可以将使用方法具体化，落实到纸张上，粘贴于设备的显眼位置，保证班级中每一位使用者都明白。

新风系统制度

开放时间	开放人员	开放时长
轻度霾	保育老师	4小时
中度霾	保育老师	6小时
重度霾	保育老师	8小时
严重霾	保育老师	8小时

在此案例中，幼儿园发现问题后，能够迅速地找好相应对策，并进行整改，修订完善相关制度，让管理更加精确化，让幼儿园的工作能进展得更加顺利。

二、层级合作性

层级合作性是指在计划制订的过程中，提前明确各职位的职责，并进行人员间的动态管理，让不同层级相互了解与合作。在幼儿园后勤管理范围内，层级包括内涵和外延两个方面：内涵是指后勤管理者到各小部门的管理者再到各岗位的员工，如后勤主任到食堂管理者到食堂员工再到幼儿餐负责人、教师餐负责人等具体岗位；外延是指园所后勤部门到园所管理再到与后勤相关的各个单位，如幼儿园后勤工作计划到园所工作计划到社区安全计划再到整个区或者市所有的安全计划等，这是一脉相承的计划，也是在市区大计划之下的园所后勤具体计划。在制订计划的时候不仅要考虑园所的工作，还要考虑大社会、大组织的计划。合作，顾名思义，就是一起行动，一起计划。在制订后勤总务计划和各岗位的计划时，既要考虑到内部的合作，同时也要考虑到与社会资源的合作。

在制订层级合作计划的过程中，信息技术发挥着重要作用。在管理过程中，后勤部门和班级要实施使用、登记、维护制度，对班级以及园所中的物品进行登记、验收，利用信息技术平台，让园所管理更加精确化、清晰化。信息化平台在后勤工作中的运用，使后勤工作日趋规范化、系统化、整体化。依据后勤管理工作的烦琐性特点，可以从以下几个方面进行应用。

首先，利用后勤管理系统发布公告，保证信息畅通。公告提醒和告知，如工作安排及突发性活动等，可以让全体人员在第一时间看到，并做好相应的准备工作，使工作更加有计划性。

其次，利用后勤管理系统及时审批，保证需求到位。审批的主要作用是促使管理人员对班中教师提出的要求及时给予答复，这样可极大地提高工作效率，充分体现后勤工作的服务性及保障性。

最后，利用后勤管理系统加强幼儿园安全教育管理。安全教育是幼儿园后勤管理中的重中之重，需要幼儿园全体人员加强关注。而借助多媒体技术辅助管理，可以再现安全事故案例，将以往单纯的说教变成生动的视频演示，从视觉听觉上，触动教职工的心灵，强化师幼安全意识，教给师幼面对危险时的技巧，真正做到防患于未然，为幼儿创设和谐、安全、绿色的成长氛围。

案 例 花朵搬新家

春天到了，根据需求，幼儿园为每个分园增添了新的物品，其中某分园购买了100盆花，将其作为装饰品以及幼儿的观赏品。在采买的过程中，后勤主任对于花的品种、数量进行了把关。

采购完成后，后勤部门及时地对所买物品进行了登记，登记后将这100盆花分发到分园的各个班级。后勤工作人员利用后勤信息平台详细记载了花的数量、种类、颜色，分发的班级，每班分发的数量，浇水人员、维护人员、修剪人员，以便在今后的工作中可以随时了解各盆花的管理以及生长情况。

后勤部门在分发给每个班花卉的同时，将不同种类花的使用情况、维护方法和用途告知到每个班级、每名负责教师，并在信息平台中进行公示，从而让班中教师清楚地、细致地了解了花的用途和养护方法。班中教师在领取到花之后，根据后勤工作人员的指导和帮助，学习了照顾花的方法，并将花的数量、花的存活情况、花的用途及时在系统中进行反馈，随时进行整理、更新，让后勤部门更准确地了解到了花的使用情况。更重要的是，班中教师了解了花的观赏价值、文化价值，也带动幼儿更好地了解了植物的特性以及用途，增加了幼儿的知识与见识。

在此案例中，我们可以看到信息技术使幼儿园在后勤管理中优化了管理过程，提高了管理效率，实现了后勤管理的系统化、规范化和整体化，方便了工作。

三、回路循环性

回路循环性是指管理的环节构成一个回路，形成有目的性、反馈性、交叉渗透、环环相套的循环性的制度。幼儿园每天的工作就具有回路循环性。在这个循环性中，前勤教师与后勤工作人员构成回路，后勤工作人员发现问题后，与前勤教师进行沟通，可纠正错误，以制度化、标准化、程序化进行，为快速解决问题奠定基础。

前勤教师对于本班物品的管理以及整个园所的工作有着很大的影响。前勤教师了解班中物品的数量、使用情况以及维护情况，及时进行数量的登记，有助于在班中丢失或遗漏物品时，第一时间了解和检查到，而不是丢失物品后还不知道、不清楚。这样的制度对后勤工作人员的管理有很大的帮助。

案　例　爱护我们的家园

有一件事情让大家都很头疼，就是幼儿园下水道最近经常堵塞，里面的物品也是千奇百怪。在堵塞的下水道中，捞出的勺子、玩具等各种物品，不仅给后勤工作人员的工作增加了难度，还给他们增添了麻烦。本来不会发生的事情，因为班中教师的不细心、不细致而屡次发生。

这件事情的发生也引起了领导们的讨论和反思。领导们找来班中教师，与他们进行了深入探讨。这次交流让领导们得知了一个信息：班中教师对于物品的管理不够细致，甚至缺乏对物品管理的自觉性。例如，班中的勺子有多少个？这些勺子谁负责收整，谁负责每天查看数量？对于这些问题，没有一个明确的规定，也没有一个明确的人员负责，所以，勺子丢失了，班中教师也不知情，送到食堂还是不知情。还有班中的玩具，教师对于数量、种类只有一个大致的了解，丢失玩具细碎的小部件是常见的事情。班中教师并没有细致地去检查、监督玩具的使用情况，也没有进行登记。而实际上，班中教师应该明确每样玩具的数量、种类，在每天下班前进行检查、核对。

班中教师丢失了物品却不清楚情况，后勤工作人员因为前勤教师的失误而增添了工作的难度，这些问题都是由于园中没有一个系统化的管理制度，前、后勤人员的协调出现了问题。园长针对这个问题联系了后勤主任，确立了一个更加明确的制度。班中教师要对本班物品进行登记和收整，了解物品的数量和使用情况。这样在与后勤工作人员合作与沟通时，才会更加顺利，才会让整个园所形成一个有效的回路系统，便于检查和自查，及时发现问题并有效地解决问题。

在此案例中，前勤教师的责任心不强，导致后勤工作人员工作更加辛苦，产生了一些没有必要的劳动，还使幼儿园流失了财产，造成了不必要的浪费。整个园所是一个大家庭，主要是由前勤教师和后勤工作人员组成的，前勤教师出现问题，后勤工作人员也一定会因为这个情况出现一系列的问题，这样就会影响整个幼儿园的发展和进步。所以在整个园所的工作过程中，如果出现了问题，就要加强反思，前勤教师和后勤工作人员配合和协调，找出问题的真正所在，制订切实可行的解决措施，让园所形成一个有机的循环体，从而促进幼儿园的发展。

第四节　后勤计划制订的流程

一、集思广益汇问题

工作计划是某一时段的目标与做法，具有前瞻性和目标导向性的作用，在实际工作中能够帮助后勤工作人员认真思考自己的岗位工作。为了保证计划的时效性，我们采用自下而上的制订模式。后勤计划不是一项孤立的计划。很多单位在制订年度计划时，往往只参考上一年度的计划，这是一种目光短浅的做法。因此，在制订年度计划时，要始终以幼儿园总体规划为指导，从全局出发，从后勤工作的问题出发，这样才能使后勤工作更有针对性，才能使后勤工作人员做好每一项工作。

　　幼儿园后勤计划主要来源于上学期发现的一些问题以及本学期需要实施的内容，因此制订后勤计划时要注重与实际工作相结合。后勤计划的制订工作需要各部门协调完成，因为后勤工作与幼儿园各部门有着千丝万缕的联系，后勤工作人员既要做好各项服务工作，也要做好对前勤一线教师的支持工作。因此，不仅要在制订后勤计划时把幼儿园所有部门的主要负责人聚在一起，共同寻找上一阶段后勤工作中出现的问题，还要在制订后勤计划前组织各部门、后勤负责人收集日常工作检查中发现的问题以及后勤工作人员在工作中遇到的问题，根据实际问题有针对性地制订工作计划。

　　只有深入实际，细心观察，查找问题，制订的后勤计划才能更有针对性，后勤才能更好地为教学服务、为师幼服务。后勤工作人员要经常深入教学活动中，深入教室、办公室、幼儿食堂、操场等幼儿园每个角落，及时掌握实际情况，发现问题，不断提高管理水平，力争做到积极主动，有预见性和针对性，并制订切实有效的计划与措施。例如，在制订食堂工作计划时，后勤主任可结合日常检查以及食堂班长反馈的食堂工作人员对于某种食物多种制作方法的创新研究不够，食堂工作人员对于操作要求掌握不到位等问题，制订具体的调整计划。

案　例　解决真问题

　　开学初，后勤主任召集所有食堂工作人员开展了问题反馈工作。在反馈工作中最主要的研究问题是："怎样真正查出工作的问题，有针对性地制订下学期的工作计划？"后勤主任建议大家采取问卷调查的形式，这样不仅可以保护大家的想法，还可以让大家毫无顾忌地表达自己的观点。首先，针对各个人员在以往工作中遇到的棘手问题、各部门负责人在管理工作中出现的困惑以及各个人员在工作中发现的问题等，以调查表的形式发放给大家，让大家进行填写。接着后勤主任将大家的问题进行汇总，找出共性问题和急需解决的个性问题进行梳理。例如，共性问题是食堂工作人员对于某种食物多种制作方法的创新研究不够；急需解决的问题是食堂工作人员对操作要求的掌握不够到位。

　　问题要从源头解决，既然是食堂工作人员发现的困惑和问题，那么就要以食堂工作人员为根本，加强每个人的创新意识，提高每位食堂工作人员的素养。因此，制订了以下调整计划。

　　首先，鼓励食堂工作人员积极创新某种食物的多种制作方法，可以采取以下四种措施。

第一，推荐相关的书籍、网页、APP 软件等，丰富食堂工作人员的见闻，使食堂工作人员从模仿逐步过渡到创新。

第二，召开"我是创新达人"的比拼活动，激发大家创意制作美食的激情，促使大家相互沟通和学习。

第三，定期召开"伙委会"和"家委会"，在听取大家意见和建议的基础上，创新制作方法。

第四，开展"舌尖上的幼儿园创新达人秀"活动。

其次，加强食堂工作人员对于操作要求的学习，提高食堂工作人员的素养，可以采取以下三种措施。

第一，以"传帮带"的形式开展师徒结对的活动，促使新成员能够尽快地熟知食堂的操作要求。

第二，通过"比武"活动，使大家明确各个工作环节的要求，树立食堂工作的典范，使其在日常工作中起到榜样作用。

第三，开展食堂操作要求和技能的知识竞赛活动。

在此案例中，大家通过相互沟通，找出了制约后勤食堂发展的真问题，又由问题引出对食堂工作人员工作的研究，激发了食堂工作人员的工作热情，提高了食堂工作人员的工作能力，使得其制作的幼儿伙食更加符合幼儿的需要，并且加强了食堂工作人员按操作要求开展工作的意识，保证了工作的安全性及卫生性。

二、七嘴八舌说计划

后勤计划的可行性是确保工作顺利开展的基础。为了使制订的后勤计划更有针对性、更全面具体、可操作性更强，为了保证各部门人员有序开展后勤工作，学期初要召开职工代表大会和班会共同讨论、研究后勤计划的可行性与时效性，及时指出计划中存在的问题，避免计划大而空，无法实施。要让全体人员进行充分讨论，并征求幼儿园有关部门的意见，集思广益，使后勤计划管理目标具体、明确、可行。只有这样，才能使计划顺利施行。

另外，制订计划时，切不可闭门造车，更不能搞一言堂，我们应让后勤计划的执行人参与计划的制订。这样不仅可以获得他们的支持，调动他们的积极性，还可以考虑到计划所有的细节和影响因素。

在制订幼儿园后勤计划时，我们要依据以下几个步骤。

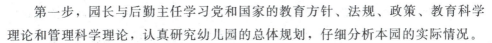

第一步，园长与后勤主任学习党和国家的教育方针、法规、政策、教育科学理论和管理科学理论，认真研究幼儿园的总体规划，仔细分析本园的实际情况。

第二步，集思广益，提出计划的设想。

第三步，写成初步计划，领导和职工代表集体讨论。

第四步，将初步计划交给后勤工作人员，让其讨论、修改、完善。

第五步，领导讨论、通过完善后的计划。

在讨论后勤计划时要注意以下几个问题。

一是园长或后勤主任不要在集体讨论时过早地给出自己的观点，而要鼓励大家采用头脑风暴的形式列举建议。

二是鼓励后勤工作人员对每项计划进行客观的、全面的、公正的评价。

三是在分析讨论的基础上进一步完善计划，确定每一个后勤工作人员都了解、支持这个计划。

四是把计划先放置起来，第二天请后勤工作人员再次审视这个计划，做新的补充和思考。

五是将经过补充和调整后的计划作为后勤最终的实施计划。

案 例 增置垃圾箱

开学之初，后勤主任向全体老师公布了新学期的学期计划，针对新学期的计划，后勤部门开展了讨论会"群言堂"。在制订此计划时，后勤主任非常细心，在每一条计划条目后均进行了详细的解读，希望每一位老师都能够更好地了解每一条计划的内容与意义。在会议进行的过程中，后勤主任虚心听取、记录大家的意见和建议，认真思考探讨，希望能更好地进行修正，老师们也纷纷表达了自己的意见。负责打扫前操场卫生的张老师提出要在前操场上设置两个垃圾箱，缘由是孩子们在户外活动时经常会扔一些垃圾，这时他们只能穿过操场投进大门口的垃圾箱内，十分不方便，而且存在一定的安全隐患。结合这个实际问题，老师们展开了讨论，并且提出了自己的想法：前操场中有必要增添垃圾箱吗？如果增添需要增添几个呢？垃圾箱放在什么位置最合适？大家你一言我一语，都表达了自己的观点和看法。经过表态、研究、推翻、再表态、再研究，最终制订出了最有效的实施方案。

在"群言堂"的过程中大家积极地表达自己的观点，看似有些混乱，听似有些较真，但正是大家七嘴八舌的谈论，才使后勤的计划更加具体和可行。

从此案例中可以看出后勤工作人员在制订计划时是非常用心的，希望做到最好，给孩子们最好的保障。在"群言堂"的过程中，后勤主任充分给予每个人发言的机会，调动每名后勤工作人员工作的热情，注重计划的可行性和实效性，经过与大家不断讨论、研究、再讨论，最终制订了最有效的计划方案。此计划方案也因此更加具体与贴合实际。

⬭ 三、管中窥豹订计划

管中窥豹指的是看一小部分可以推测出全貌。后勤管理是幼儿园管理的重要组成部分，有着不可忽视的重要作用。后勤工作的任务就是通过组织管理，使幼儿园财力、物力更好地为幼儿园教育教学和师幼生活提供高效服务，以实现让幼儿健康快乐成长的目标。教师的教育教学，孩子们的生活游戏，都离不开后勤部门的协助。而要想做好幼儿园的后勤服务保障工作，就要做到计划先行。

后勤计划制订的过程实际上是对幼儿园后勤工作一系列基本问题进行澄清的过程，也是对计划不断进行调整的过程。因此，制订计划时后勤主任应明确以下问题：本年度后勤工作的目标是什么，需要做什么，由谁来做，什么时候做，怎么做，需要什么资源，费用是多少。而调整则是对制订的计划本身的完善，从而使计划在进度上、成本上、人员上、完成质量上更为合理可行。

过粗的计划将会使我们失去对计划的控制和管理。制订计划时应注意把握适度的原则，好的计划应该是清晰和完整的，其基本要求就是使计划的详细程度在可控的范围之内。

为了检验计划的可实施性、可操作性，我们在制订好后勤计划后，可先在小范围内实施这个计划，因为活动效果是否能达到预定目标需要实践来验证。从中可发现问题，尤其是某些较为大型的活动，提前要和有组织经验的人员沟通活动流程，查找方案中的不足，确保活动的可行性。

🌿 案 例 品尝新菜

幼儿的膳食工作在幼儿园的整体工作中占有重要位置。很多家长在为自己的宝宝选择幼儿园的时候，不仅注重幼儿园的教育教学、设备设施、整体环境，还特别关心幼儿的膳食与营养。也正因为这一点，某幼儿园后勤主任关注每一天、每一餐幼儿的膳食。

幼儿的膳食应注重菜量的大小要适宜，菜的软硬、颜色要适合幼儿的年龄特点，既让孩子们吃好吃饱，又不造成食材的浪费。不同的食堂工作人员，在饮食制作方法上有不同的特点，后勤主任会及时提醒他们应注意的事项。后勤主任每天抽出时间，亲自深入不同的年龄班，实地观察幼儿的进餐情况，及时发现饭菜中存在的问题。特别是有创意料理的时候，他会对膳食进行记录和改良，增加不同口味和花样，让饮食既能吸引幼儿，又能让幼儿的营养达标。

在后勤学期计划中，后勤主任针对幼儿膳食方面的制度进行了调整。从副食创新方面增加了菜品的种类，不仅菜品的营养对幼儿生长发育更有帮助，而且菜品在色香味方面也有了很大的改进。新菜品推出时，首先在小范围内进行实验，看一下幼儿是否能接受，是否喜欢吃。菜品反映好的，在全园各班进行推广，同时把老师们的意见、孩子们的进餐情况及时反馈给食堂工作人员。效果好的给予表扬鼓励，不足的及时纠正改进。这样既提高了幼儿饭菜的质量，又激发了食堂工作人员创新的热情。

在这个案例中，我们可以看出，制订与实施后勤计划时要把握以小见大的原则，先在小范围内进行调研，从而发现问题，改进后再在全园实施。这样可使计划更加完善，做到用最小的投入得到最大的回报，让辛苦不白费，减少不必要的财力、物力，避免人力资源的浪费，让实施性和操作性达到最高，活动效果达到最好。

四、逐层递进做计划

后勤工作计划是对未来后勤工作的设想和预定。它包括依据目标规划指定的指导思想、工作目标、工作任务、完成的方法步骤、时间、地点、具体负责人、检查评价标准等。

在后勤计划制订及落实过程中，后勤主任要做好逐层递进制订及落实工作。首先要清晰幼儿园三年发展规划，了解幼儿园总体发展目标，从中找到幼儿园后勤工作实施及发展的依据及立足点。在此基础上，层层制订具体、可实施的计划，如学

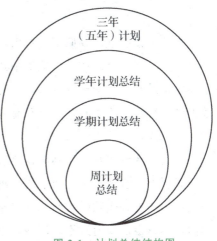

图 2-1　计划总结结构图

年计划、学期计划、月计划、周计划、日计划等（见图 2-1）。按照部门分解落实，争取细化，把工作计划落实到每个人，做到人人有责任，各部门有任务。最后就

是经常检查、督促、考核，做到落实到位，争取全面优质地完成计划。

案　例　园所安全靠"你、我、他"

　　我园后勤部门牢固树立"安全第一，责任重于泰山"的思想。为了能使每个人充分认识和理解安全工作的重要性和紧迫性，从后勤部门到班级再到个人，安全工作会做到层层细化，职责明确，分工落实。

　　例如，各个分园都有领导转班、巡查安全的记录本，当发现安全问题时会及时提醒，并记录在本子上。月末的时候将各种安全问题进行汇总，找出共性的问题，召开班会进行分析，并确定解决措施。每个班级发有"月安全巡查台账记录表"，目的是让班中教师每天自查班级中的用水、用电安全情况，并如实记录，班长签字确认。

　　月末上交后，由后勤主任进行汇总，便于制订接下来的安全计划和安排活动。各个班级也都是实行安全责任制，如每班的班长负责电器类的安全，下班前主动自觉地检查开关、插销、电器是否断电；班中的配班教师负责每日离园前关窗和锁门，保证财产的安全；保育员负责卫生用品及班中物品的安全，如洗涤剂、消毒液的入柜摆放，幼儿常用物品的安全等，随时进行检查和处理。将安全工作一层一层细化，每项工作落实到个人，实现目标细化和管理分层，使后勤工作计划得到了完美落实。

　　在这个案例中，我们可以看出，计划应层层落实，相互关联，并相互完善与补充。为了使安全工作做得更加细致、全面，可逐层递进，以便落实计划。从每个园的记录本到每个班的记录本，再到每一位教师所要负责的内容，安全工作面面俱到，细化、落实到个人。只有人人都有任务，人人都有责任，园所的安全才能得到保障。

　　总之，随着幼儿园后勤教育化改革进程的加快，一方面，幼儿园教师和家长对后勤服务和管理水平的要求越来越高，这就要求幼儿园后勤管理者不断完善和发展，以满足一线教师和幼儿的服务要求；另一方面，幼儿园后勤作为一个重要部门，本身也需要通过不断调整，引进和借鉴先进的管理思想和实践经验，引入绩效管理等方式方法，进行转型、创新，这样才能得到认可。精、准、细是一种管理理念，将其引入幼儿园后勤管理工作中来，是园所后勤顺应教育发展态势，积极学习先进管理经验的突出表现。

第三章 后勤管理的组织与实施
——心悦诚服

后勤管理工作在宏观上遵循全园工作目标、计划和要求，在微观上又同各项工作、各个部门乃至每个人紧密联系，相互制约。后勤管理者要考虑总体，方便别人，顾全大局，很好地发挥先行与保证作用，实现优质服务。后勤管理者必须充分领会幼儿园整体的办园指导思想和实施策略，准确把握幼儿园的现状和内外部环境的变化，与各层管理干部的思想融会贯通，充分贯彻幼儿园工作思路和各项决策。

在组织和实施后勤管理工作方面，不能只着眼于可达目标，还要在考虑过去所取得的成绩和预测未来前景的基础上，采取创新性的思维模式，这样才能在组织和实施的过程中达到高效、人性、优质的效果。

第一节　组织与实施的心理效应

心理效应是社会生活当中较常见的心理现象和规律，是某种人物或事物的行为或作用，引起其他人物或事物产生相应变化的因果反应或连锁反应。同任何事一样，它具有积极与消极两方面的意义。在后勤管理工作中，管理者可以通过自己的主观努力使心理效应发挥积极的作用，减少或者避免心理效应产生的消极影响。优秀的幼儿园管理者谙熟与后勤工作人员沟通、协调中所产生的种种心理效应，并能利用此心理效应，提升后勤管理工作的质量，从而凝聚人心，把幼儿园的"非正规军"变成"正规军"，使他们有组织、有担当、有责任，精益求精地完成后勤的工作。

一、瓦拉赫效应：资源优化配置

奥托·瓦拉赫读中学时，父母为他选择了一条文学之路，学期末，老师写下的评语是："瓦拉赫很用功，但过分拘泥，这样的人即使有着完善的品德，也绝不可能在文学上发挥出来。"后来，他改学油画，可他既不善于构图，又不会润色，老师的评语更是难以接受，即"你是绘画艺术方面的不可造就之才"。最后，只有化学老师认为他"做事一丝不苟，具备做好化学实验应有的品格"，于是他尝试学化学。从此，瓦拉赫智慧的火花一下子被点着了，他变成了化学方面的"前程远大的高才生"，并最终获得诺贝尔化学奖，实现了自己的人生价值。

正如上述故事中的奥托·瓦拉赫一样，在幼儿园后勤工作人员中，没有一个人是十全十美的，每一个人都有自己擅长的方面，同时也有自己不足的方面，能力、性格、交往方式等，莫不如此。管理者除了要善于用欣赏的眼光评价自己的员工，更重要的是要"取长补短"，通过不同的方式完成员工"资源配置最优化"，让大家各尽其才，各有所成，努力做最好的自己。这不仅关系着幼儿园后勤工作完成的质量和效率，还关系着后勤工作人员在园所内能否真正找到归属感，从而实现自我价值。

二、共生效应：前勤后勤齐心做

"共生(mutualism)"一词是生物学的概念，主要指两种不同生物之间所形成的紧密互利关系。在共生关系中，一方为另一方提供有利于生存的帮助，同时也获得对方的帮助。在北方最常见的植物共生案例是大豆和玉米种植在一起。大豆的根部有一种根瘤菌，此菌能从大豆的根毛侵入根内，形成根瘤，根瘤不仅能从周围土壤中吸取它所需要的养料和水分，还能把空气中的氮吸收起来，固化成植物所需的氮肥。而玉米的叶片又多又大，特别需要氮素，于是就从大豆那里获得足够的氮素养分，同时玉米也会通过自己的根毛，把不需要的营养物质及时地分泌到土壤里去，从而满足大豆根瘤菌的营养需求。于是，大豆和玉米种植在一起能够增产。

虽然共生是生物学的专业术语，但是"共生效应"在管理学中得到了普遍应用，尤其在幼儿园协调前勤和后勤的工作中，此心理效应常发挥着异乎寻常的功效。袁纯清曾在《共生理论——兼论小型经济》一书中解释社会学中此概念的含义："一般意义上说，共生是指共生单元之间在一定的共生环境中按某种共生模式形成的关系。"由于幼儿园工作的特殊性，班中教师是家长和孩子们直接面对和接触的人，是幼儿园的前勤工作人员，也是幼儿园的主要工作者；而其他行政工作者、后勤工作者、教务人员都属于间接面对家长和孩子的人，是后勤工作人员。如同植物的共生关系，管理者要了解前勤与后勤的统一目标是为幼儿园发展服务，为家长满意服务，为幼儿发展服务。

后勤工作本身非常辛苦、琐碎、枯燥，顺利完美地完成一线前勤工作是建立在后勤工作基础上的；反之，后勤工作的完美完成也需要前勤教师的配合。因此"共生"关系已然存在，如何让前勤促进后勤的发展，让家长和孩子看得见后勤工作人员的辛苦，使后勤工作人员得到服务者的认同，是管理者时刻需要思考的问题。

🍃**案　例　会讲故事的果盘**

在一次大班家长开放活动中，食堂工作人员辛辛苦苦制作了各种造型的果盘，有"孔雀开屏"的苹果，有"花开富贵"的西瓜，还有"扬帆起航"的香蕉等，令人赞叹不已。在享用水果的时候，旁边的家长一遍遍赞叹，可是孩子们却毫无兴趣，看到之后直接用牙签放在嘴里，甚至在食堂工作人员介绍果盘造型的时候，还在聊天。他们并不关心果盘里放的到底是什么食物，只是一遍遍问食堂工作人员："可以吃了吗？""我想吃火龙果。""我想吃猕猴桃。"……本是一次向家长展示幼儿园伙食的环节，硬生生变成了一场水果试吃会。

事后，食堂工作人员向后勤主任反馈："孩子们为什么不喜欢我们设计的水果造型呢？应该问一问孩子们，他们到底喜欢什么样的造型。"

听闻食堂工作人员反映此事，后勤主任开始思考以下问题："为什么食堂工作人员展示的效果没有达到心理的预期而是打折扣了呢？"食堂工作人员拼制的水果盘，的确栩栩如生啊，都能和星级餐厅一比高下了呢，可是为什么激不起学生的兴趣？从现场家长的反映可以看出食堂工作人员的刀工和拼摆艺术已经得到了家长的认同。

为什么孩子们不如预想中那样惊讶和赞叹呢？实际上，在这次家长开放活动中，前勤教师和食堂工作人员都是站在家长角度思考问题，想把展示性的活动办到完美无憾，可是似乎忽略了活动主体——孩子们的感受，没有真正站在孩子们的角度思考以下问题：水果展示环节会给孩子们带来多少收获？孩子们又想看到什么样的水果拼盘呢？

我们以大班活动中的水果拼盘照片为参考，让前勤教师和食堂工作人员一起参与教研，寻找大班开放活动中水果拼盘效果不理想的原因。大家展开了讨论。

王老师："孩子们在饭店已经见过此类果盘，当然没有惊喜了。"

詹老师："果盘对大人来说，是惊喜，对孩子来说，只是吃的载体。"

邵老师："果盘要展示出孩子们喜欢的东西"。

"那孩子们喜欢什么呢？"食堂工作人员问道。

高老师："孩子们喜欢童话故事，可以把水果拼盘做成童话故事。"

李老师："我赞同，拼摆成公主或者汽车造型。"

刘老师："也可以做成立体的小玩具，有魔幻色彩的玩具。"

"还可以让孩子们参与果盘的拼摆。"

"孩子们不参与，怎么会理解果盘的意义呢。"

……

大家边讨论边画出图来。食堂工作人员纷纷发言，计划着什么水果可以做什么造型。

第二天是中班家长开放日，看到食堂工作人员和孩子们共同制作的水果，大家都发出"哇哇"的赞叹声，这里有孩子的期待，有家长的赞叹。家长纷纷拿出手机拍照，好多孩子舍不得吃水果，守护着果盘要多看一会儿，因为有苹果和沙果组成的"白雪公主和七个小矮人"，有猕猴桃和香蕉组成的"汽车总动员"，有圣女果和阳桃组成的"星星点灯"……栩栩如生的童话果盘让孩子们叹为观止。更神奇的是食堂工作人员录制了相应的故事放在果盘旁边，孩子们边听故事边看果盘，那叫一个惬意，他们怎么舍得吃呢。

中班开放日后，很多家长写来活动感受，纷纷赞叹幼儿园食堂工作人员的刀工和创意，当然也肯定了他们尊重孩子们的金点子的做法。得知家长的高度称赞后，食堂工作人员感到幸福无比。在以后的开放日活动中，食堂工作人员开始主动找前勤教师商议活动创意、流程和事项。可见，要勇于把后勤亮出来、展出来、显出来。

此案例中，后勤食堂工作人员从被动服务前勤教师与组织的家长开放日活动，变成主动和前勤教师商议开放日的流程和细节，从而收到了良好的教学效果。从中可以看出，后勤工作人员与前勤教师相互沟通 、共同反思的重要性。俗话说："兵马未动粮草先行。"在幼儿园管理中，后勤工作人员体验到了创新改革带来的成就感。在一次次的活动中，后勤工作人员和前勤教师都成为活动的主角。任何一次活动都是后勤工作人员和前勤教师共同努力、共同成长的展示舞台。

三、蝴蝶效应：精益求精共努力

美国气象学家爱德华·洛伦兹在1963年提出"蝴蝶效应"。"蝴蝶效应"大致是讲述蝴蝶震动引起的一系列结果。一只生活在南美洲亚马孙河流域热带雨林中的蝴蝶，偶然间扇动几下翅膀，也许会使得其身边的空气系统发生变化，引起微弱气流的产生，而微弱气流会引起四周空气产生相应的变化，由此引起连锁反应，导致两周后美国德克萨斯出现一场龙卷风。此现象主要说明：很小的事情可能引起难以意料的后果。这在管理学中是一个常见的例子，人人知其重要性，可是却没有很好的办法来预防。

幼儿园后勤工作人员组成比较复杂，他们来源于多个行业，后勤工作服务的特殊性决定了稍有差池可能造成不可弥补的危害。假如门卫保安处发生事故，会怎么样；假如食物出现问题，会怎么样；假如下水道出现事故，会怎么样；假如没有电，会怎么样……可以想象，任何后勤环节出现问题，补救起来将是耗时耗力的巨大任务，所以对于后勤的管理，需要采取"蝴蝶效应"的管理模式，保证整个团队对本职工作精益求精。

案 例 一场虚惊

幼儿园在离园环节是最容易发生安全事故的，因此从行政值班领导到所在班级的三位老师以及门卫安保人员，都有细致严格的岗位职责，以确保每一名孩子都是自己家长手递手离开幼儿园的。然而在执行此规定的过程中，仍会发生一些意外。

国庆节放假前一天，家长需要进班级接孩子，顺便把孩子的被子拿回家进行晾晒。一名中班的小朋友从班里出来后兴冲冲地往外跑，孩子的妈妈抱着被子紧紧追着，喊道："等等妈妈，别着急。"孩子在滑梯上玩，孩子的妈妈便开始和其他家长聊天了。等再看孩子的时候，小家伙已经不在滑梯上，不知道去哪里了。

孩子的妈妈便开始在幼儿园操场上四处寻找，却没有找到孩子。同班级的一个家长提示道："看看孩子跑出幼儿园了没有。"孩子的妈妈便脸色煞白地问门口保安师傅："有没有看到一个孩子跑出门口？"保安师傅说："没有看到。"孩子的妈妈反复地问了好几遍，保安师傅一遍遍解释："幼儿园有规定，不让孩子单独离园，孩子必须和家长手拉手一对一出门"。此时孩子的妈妈已经听不下去任何解释了，打电话给班中老师和家里人。此时，正是拿被子接孩子的时间，但班中老师放下所有的事情开始在幼儿园操场上帮忙寻找，二十多分钟的时间格外煎熬。

孩子的妈妈已经不知所措了，只能一遍遍问门口保安师傅："你确定没有孩子跑出去？"保安师傅不断地确定自己是看着孩子一个一个被接走的。孩子的妈妈又开始担心是不是其他大人冒领接走了孩子。保安师傅再次强调，他盯着孩子一个个刷卡走的，孩子的妈妈一看手中的离园卡还在，便稍微放心一些了。

　　大家便开始在操场上重新寻找，最终在操场饲养房的小兔子窝中发现正在喂小兔子的孩子。孩子找到后，孩子的妈妈一遍遍感谢保安师傅，正是因为他确信每个孩子都是拉着大人的手离开的，确信每个孩子都是刷卡离开的，他对自己本岗位工作精益求精，才让孩子的妈妈相信孩子就是在幼儿园，不可能离开。一场虚惊烟消云散。

　　这是幼儿园常讲的一个案例，每个人在自己岗位上对自己的本职工作追求完美才能避免严重后果的出现。每年开学初的新生家长会上，管理者都会讲此案例，以告诉家长接送孩子时的注意事项。同时，我们也对后勤保安师傅兢兢业业的工作态度表示敬佩，正是因为他们在小事上、细节上追求完美，孩子们才得以安全离园。

　　比尔·盖茨曾说："如果人人都能提出建议，就说明人人都在关心公司，公司才会有前途。"幼儿园中的每个人都是幼儿园发展中不可或缺的一员，只有前勤与后勤都为幼儿园献计献策，园所才会顺利发展。管理者对待后勤工作人员更要谨记"蝴蝶效应"的管理现象，防患于未然，做到以下几点。

　　第一，让每位家庭成员感受到被重视。无论是在全园性质的大会上，还是在日常点滴的工作之中，管理者尊重后勤工作人员的个人利益，后勤工作人员才会拿出主人翁的工作态度。来幼儿园应聘后勤工作时，相信每个人绝不仅仅是为了生存才不得已混一份差事，而是具有满满的理想抱负，满满的雄心壮志，立志做出一番成就，实现自我价值，找到归属感和认同感。园长要尽可能地让每一位后勤工作人员了解幼儿园的设置与安排，了解幼儿园的核心价值观，让后勤工作人员清楚地认识到自己在幼儿园中是不可或缺的一员，他的本职工作将关系到幼儿园发展的重要方面，他承担着重要的职责。如果幼儿园管理者把后勤工作人员放在重要的位置，那么后勤工作人员也会像爱护自己的家庭一样，为幼儿园的和谐发展勤勤恳恳地工作。

　　第二，让每位后勤工作人员感受到被尊重。后勤工作杂乱无序，同时又不能像前勤工作那样时刻得到关注，所以工作效果不明显。即使每日忙碌，也可能工作成效甚微，尤其是清扫卫生、修理管道等繁杂工作，日复一日，谈不上创新性，更谈不上有所建树。管理者要看得见后勤工作人员的付出，尤其在公众场合，言辞中要表扬、肯定每一位后勤工作人员为幼儿园安定发展做出的贡献，充分尊重他们的付出。教职工靠幼儿园生存，幼儿园靠教职工发展。幼儿园要想得到全体教职工，尤其是后勤工作人员的认可，不是一件容易的事。管理者在管理和发展幼儿园时，只有对教师以诚相待、以心贴心、以爱育爱，以积极的心态、平等的态度、关爱的语言与后勤工作人员交流，所有的人才会辛苦工作，才愿与上级、平级、下级形成良好的合作关系。如此，才能成就有效、卓越的教师和后勤团队。

四、鲶鱼效应：不拘一格降人才

挪威人特别爱吃沙丁鱼，在鱼市上，活沙丁鱼卖的价钱高于死沙丁鱼好几倍。由于沙丁鱼生性懒惰，不爱运动，而每次捕捞之后返航路途又较长，因此，一回到码头，好多沙丁鱼就死了。为了保证沙丁鱼是活的，挪威渔民想到了好办法，即在沙丁鱼鱼槽中，加入一条鲶鱼。新加入的鲶鱼，会四处游动，沙丁鱼见了鲶鱼十分紧张，左冲右突，四处躲避，加速游动。这样一来，一条条沙丁鱼就欢蹦乱跳地回到了渔港。"鲶鱼效应"直接用故事翻译过来就是指"鲶鱼进入鱼槽，使沙丁鱼感到威胁而紧张起来，加速游动，于是沙丁鱼便活着到了港口"。

在鱼槽中加入鲶鱼是一个有趣好玩的让沙丁鱼活跃起来的办法。深入思考，当一所幼儿园的员工的工作达到较稳定的状态时，此时也意味着团队的效率将要降低。"一团和气、太平祥和"的团队不一定是一个高效率的团队。园所的管理者应该认识到此点，及时利用"一条鲶鱼"去激活幼儿园教职工的工作积极性，使他们提高工作效率和工作质量。

案　例　魏大厨的工作感言

大家可能觉得食堂老师不就是做饭的嘛，但是真的不是！吃饭是孩子们最关心的话题，作为食堂老师，我们最大的幸福就是听到孩子们说："今天的菜真好吃。""我还想吃幼儿园的豆沙包。"想知道我们是如何紧紧抓住孩子们的胃的吗？烧卖呈现出碧绿的颜色，透出蒸熟后薄如纸的面皮，犹如翡翠一般。轻轻地咬上一口，皮儿一点便破，吃到里面由虾仁、韭菜和鸡蛋制成的馅儿，爽口清润。这都是孩子们非常喜欢的。

教师有师德，厨师也有厨德，厨艺高不等于厨德高，厨德高不等于厨艺高，两者不能画等号。厨师，应该厨艺精，厨德高，又有文化修养，达到"德艺双馨"，并且热爱烹饪这个行业。只有热爱烹饪这一行业，才可潜心做这一行业，只有立足厨师本职，才会在工作中不断获得喜悦，获得成功。那有人会问了，厨德是什么呢？厨师行业的特殊性在于厨师是给人提供食物的，而食物直接关系到人们的生命安全与身体健康。作为幼儿园的食堂老师，我们不能因为片面追求个人利益而忽视了幼儿的健康。有了美食，幼儿在幼儿园里才能健康、快乐地成长。

幼儿园里除了有每天陪幼儿一起生活游戏的老师，还有幼儿心中的神奇魔法师——食堂老师。幼儿园的食堂老师不同于高级餐厅的厨师，我们更懂幼儿，能从幼儿的年龄特点、生理发展规律、心理特征出发，研究幼儿，让幼儿爱上美食的童趣、滋味、营养！

幼儿处于具体形象思维阶段，而且很多幼儿有挑食的毛病，怎么让幼儿喜欢美食呢？一般情况下，幼儿挡不住色彩的诱惑，他们对色彩非常敏感，颜色越鲜艳，色彩越丰富，他们就越喜欢，因此我们可以利用魔术手将幼儿的食物变得色彩斑斓、形状可人，以此吸引幼儿的注意力。很多对幼儿健康有益的食材的颜色都是鲜艳的，平时在家里大多数家长会使用惯常的做法，所以幼儿不太喜欢吃，但是作为幼儿园的神奇魔法师，我们会让食物造型百变、色泽诱人、童趣可爱，如小刺猬卷、小兔子豆沙包、火腿毛毛虫卷等。它们造型可爱，充满童趣，幼儿就像看着一件件艺术珍品，一起给好吃的蒸卷起名字。当然在食物富有童趣、可爱的基础之上，我们还要为幼儿计算每种食物的营养价值，做到营养均衡。

每一道新菜的研制，每一种面点的创新，都根据带量食谱进行了科学的计算。用胡萝卜汁和面蒸包子，增加孩子的食欲和兴趣；一两湿面包出三个包子，定量制作，定量分餐；在秋冬季节，制作罗汉果水、冰糖雪梨水，清肺止咳；在春夏季节，制作酸梅汤、陈皮山楂水，解暑助消化。

美国一些科学家通过试验发现，动听的言语和优美的音乐一样，都能产生节奏和谐的音波，刺激植物体内细胞的分子发生共振，使那些原来处于静止或休眠状态的分子活跃起来，从而加快植物细胞的新陈代谢，所以说植物也喜欢听动听的话。作为厨师，我们的每道菜都是用心去做的，每道菜都是想着幼儿天真烂漫的笑容去做的，每道菜都是计算好食物的营养价值去做的。在做菜的时候我们说着动听的话，唱着优美的歌曲，让食物感受到我们的热情与活力，并把它们带给幼儿，让幼儿留下舌尖上美食的味道。

幼儿美食洋溢着香气，散发着温度，传递着快乐，它们积淀文化，构筑信任，凝聚人心，我们会继续用心烹制出最有爱的营养大餐，让幼儿永远记住幼儿园爱的味道、家的味道、饭的味道！

　　上面的案例是园所食堂的魏老师写的。园所发展十多年了，后勤食堂已经稳固，食堂老师通常沿用传统的饭菜样式，缺少创新意识。为了让食堂的饭菜翻新，也为了让幼儿、老师们的饭菜更加可口，管理者发布了招聘启事，于是在一家餐厅当大厨的魏老师来到了幼儿园食堂。魏老师的到来瞬间激发了幼儿园食堂老师创新的热情。他每天都喜欢创新一道菜品，而且乐此不疲。他不仅有想法，还有做法；不仅会做饭，还是音乐发烧友，食堂里仙乐飘飘，让美食制造者和美食享用者心旷神怡。在魏老师的影响下，食堂其他老师的工作热情被激发，他们开始尝试学习和制作各种好吃的点心和水果。大家纷纷赞叹魏老师是"食神和歌者合体"！

（一）常规的"鲶鱼效应"管理

　　在幼儿园管理中，园长常会应用"鲶鱼效应"。最常见的有以下三种做法。

　　第一种，园所不断补充新鲜血液，招聘富有朝气、思维敏捷的年轻生力军，将其引入职工队伍中甚至管理层，给那些故步自封、因循守旧的懒惰员工带来竞争压力，从而唤起"沙丁鱼"们的生存意识和竞争求胜之心。

　　第二种，不断地引进新的社会人才，增强园所发展持续性的能力。例如，通过外聘合同工的形式引进社会上专业技术型人才，给园所发展带来新的活力。

　　第三种，不断对员工进行先进教育理念的培训和引领，让员工从思想上愿意尝试改变。

　　在幼儿园的常规工作中经常见到这三种做法，但是"鲶鱼效应"不仅仅如此，管理者激发自己和他人能量的方式尚有许多。

（二）创新的"鲶鱼效应"管理

　　首先，管理者要有鲶鱼特性：①雷厉风行，能够迅速发现园所停滞不前的原因，并找到解决办法；②言而有信，能够有效监督实施过程中的执行情况，有计划地一步步进行；③倡导创新，能够提倡工作方式和工作方法的创新，营造鼓励创新的氛围，从工作流程、后勤采买、考核评价、菜品制作、装修设计等方面体现创新思想；④具有前瞻视野，能够在幼儿园中长期发展规划和目标中，预见园所的发展方向，有效地辨别未来人才，裁减掉不适合园所发展的拖后腿人员；⑤从系统视角来观察，能够从幼儿园系统内外观察园所系统结构的变化和功能，既把自己当作园所的一部分，又把自己看成一个园所中的领导者，带动队伍打开局面，打破常规，取得良好效益。

　　其次，鼓励每一名后勤工作人员成为一条"鲶鱼"。团队中的"鲶鱼"代表着不一样的观点,不一样的行为,不一样的思维习惯。后勤团队需要不同性格、不同技能、不同工作经历的人加盟,这样才能产生奇思妙想。同时为避免"人人想个性"的混乱局面,需要确立良好有效的制度,使大家保证在一定范围内进行工作内容的创新,更有效地完成本职工作。

最后,工作内容采用"鲶鱼"方式。如果园所的组织结构、活动模式、考核机制不合理,枯燥无味,没有前景,单调无聊,那么后勤和前勤工作人员就会感觉像拥挤的沙丁鱼一样没有激情,不愿意在本职岗位上多思考、多改进,以致慢慢地形成集体惰性。在布置工作任务和工作内容时,要想一想"鲶鱼特征",可以从横向和纵向上扩大本职岗位的工作范围,深化后勤工作的内容,让后勤工作人员体验丰富的本岗活动,感受努力工作的成就,体会面对挑战性、创造性工作时的激动与欲望。在条件允许的情况下,可以采用小范围内轮岗的方式,增长后勤工作人员的才干,让后勤工作内容更加丰富多彩。

五、南风效应:心平气和破难题

相信幼儿园在中大班会给孩子们讲一个有关《南风北风》的故事。南风和北风在比赛,看谁先把行人身上的大衣吹掉。北风施展威力,呼啸着箭一般地奔向大地,带着冰雪,带着寒气。然而,在犀利的北风中,行人们的大衣并没有被吹飞,相反,大衣被裹得更紧了。南风轻轻地吐了口气,大地冰雪消融,花红柳绿,太阳暖融融地照在行人的身上,人们感觉到春天般的暖意,不由自主地都脱下了大衣。将其用在园所管理上,类似于老子在《道德经》第 36 章所言:"将欲去之,必固举之;将欲夺之,必固予之;将欲灭之,必先学之。"这句话流传至今已经演变为"欲先取之,必先予之"。

南风徐徐吹动,风和日丽,行人感受到风吹动的美好和舒适,觉得大衣没有必要穿在身上,因此主动把衣服脱下来。正是因为南风顺应了行人本心的需要,行人的行为才会变得自觉,这种启发自我反省,从而实现自我需要产生的心理效应,叫作"南风效应"。众所周知,幼儿园后勤工作的创新和创意需要后勤工作人员自身的发展,那么如何运用"南风效应",让后勤工作人员"舒心"工作呢?遇到问题之后又如何解决呢?以下是在幼儿园常见的案例。

案 例 迟到的 20 分钟

这是幼儿园后勤保障部发生的一件事情。采购员需要采购食堂所需食材并配送到各个分园,以保障幼儿和老师们的食物每天都是新鲜的。这份工作虽然很简单,但却是保证幼儿园正常运转不可缺少的一部分。

在一个烈日炎炎的上午，采购员开车行驶在去往分园的路上。由于夏季天热，很多食材会由于高温而变质，所以采购员的车速比以往快了一些。在离分园还有一半路程的时候，车子发生了追尾。等交警处理完此事，比预定到园的时间整整晚了 20 分钟，于是，当天孩子们吃中午饭的时间也比往常晚了 20 分钟。

采购员的小小疏忽导致孩子们午饭时间延迟 20 分钟，管理者对此事肯定需要问责，但是问责的根本原因是什么呢？是给采购员一个警告，警示他下次送货必须小心？是以此为例，深入分析事情发生的根本原因，避免此类事情再次发生？还是从事情结果入手，把此案例当作后勤采购的一个突发事件，找寻避免突发事件发生的办法呢？相信，每一位管理者都想解决问题，寻找合适的方法来避免此类事情的发生。

那么，办法从哪里寻找呢？管理者是和后勤主任一起商议，还是和大家一起想办法呢？其实，本次事件最有发言权的是采购员本人。采购员经常采购送货，一般在交通情况不好的时候，或刮风下雨的时候，他依旧能准时准点地送达食材，这背后肯定有他付出的不少心血。对于这次意外，他是最有发言权的。他对此事肯定有自己的看法和观点，也肯定能找到合适的解决办法，以高效地完成本职工作。所以管理者采取了以下两种解决方法。

第一，安抚情绪，送来南风。管理者询问此事时，采购员正在焦躁不安，这时安抚情绪是第一位的。管理者赶快询问："您有没有受伤，用不用去医院检查一下？"还不断安慰："只要人没事，车走保险公司就行。"等采购员心生暖意，管理员才和采购员讨论起了事情的解决办法。

第二，难题巧抛，迎刃而解。管理者和采购员一起商议："孩子吃饭是大事，你是送食材的负责人，肯定比我更了解送达时的注意事项，说一说自己的好建议。"于是，采购员提出将各园所需基本食材提前一天送至，如大米、白面、鸡蛋、土豆、木耳、银耳等，这样能保证食堂工作人员先有基本食材可以做饭；为了保证食材的新鲜程度，容易脱水的饭菜当日送，如西红柿、黄瓜等。另外，采购员还进行了合理分配，如先送距离较远的分园的食材，再送附近分园的食材，这样不仅能保证食材按时送到，还能保证食材的新鲜程度。

从管理者对后勤一件突发小事的处理方式中，可以看出管理者对员工的尊重和关心。这样的"南风效应"，让负责采买采购的员工找到了适合的解决办法，保证了幼儿园伙食的正常运转。

在后勤管理过程中，尤其要善于运用"南风效应"，因为后勤工作人员复杂，平和地开展工作远比批评呵斥有效。遇到问题，管理者要尽量采用和风细雨式的解决方法，这样才会轻而易举地让"出现问题的员工脱掉大衣"，实现管理目的，达到更好的管理效果。

"感人心者莫乎情!"情感是迸发智慧火花的生命线。在管理的过程中，管理者要在情感上尊重后勤工作人员，适当容忍他们的缺点，客观、理智、科学地处理管理中出现的各种突发问题。要试着用"徐徐的南风"去吹拂后勤团队，触及后勤工作人员的心灵，心平气和地解决问题。

◇ 六、扁鹊兄弟治病——未雨绸缪有规划

相信大家在中学的时候，都研读过一篇古文，大意如下：

魏文王问名医扁鹊："你们家兄弟三人，都精于医术，到底哪一位医术最好呢？"

扁鹊回答说："大哥最好，二哥次之，我最差。"

魏文王奇怪地问："那为什么你最出名呢？"

扁鹊答说："我大哥治病，是治病于病情发作之前。由于一般人不知道他事先能铲除病因，所以他的名气无法传出去，只有我们家里的人才知道。我二哥治病，是治病于病情刚刚发作之时。一般人以为他只能治轻微的小病，所以他只在我们的村子里小有名气。而我扁鹊治病，是治病于病情严重之时。一般人看见的都是我在经脉上穿针管来放血、在皮肤上敷药等大手术，所以他们认为我的医术最高明，我也因此名响全国。"

与以上古文的寓意相似，亡羊补牢的典故也警示管理人"居安思危"。古时孟子也曾提示"生于忧患，死于安乐"。华夏出版社 2008 年出版的《只有危机感强烈的人才能生存》一书中，作者王非庶用了许多经典的语言来描述危机感的重要性："危机感是企业长青的基石。企业只有树立危机意识，做到平时如战时、战时如平时，才能够轻松应对随时可能出现的危机，实现由优秀迈向卓越的突破。""危机感同时也是一个人进取心的源泉，是一个人成长发展的重要动力。一个人失去了危机感，就会变得安于现状，裹足不前，等待他的只有被淘汰的命运。"

后勤管理虽然是对后勤工作人员的管理，可是间接也是对后勤财产和物资的管理，对幼儿生活环境的管理，所以任何事情都要提前规划好。

案　例　后勤八爪鱼

后勤主任可以说是幼儿园里的"八爪鱼"，因为"风声雨声打雷声，声声仔细听；树事花事虫子事，事事操碎心"。

后勤工作的担子很重，只有做好园所强有力的后勤工作保障，才能让幼儿园的一日生活顺利进行。大家可能会认为，后勤工作无非就是开车出去买买东西，在园里修修电器，并没有太多的任务及工作压力。其实不然，不身处后勤工作岗位，你可能很难理解其包含的工作方面之多，工作内容之烦琐，只有找到其中的规律才有可能安排得井井有条。

后勤工作包括每天清晨检查食堂工作人员的身体状况，如身体不适，则不能照常进入食堂工作，从而保障幼儿园每日每餐的食品卫生安全。一次晨检时，后勤主任在与大家聊天的过程中，无意间了解到一个食堂工作人员清晨有腹泻的症状。当时正值肠道感染高发季，人们易通过日常生活的接触感染病菌。于是后勤主任立即找到他，问清了缘由。虽然只是轻微症状，但是后勤主任依旧采取了相应措施，做了人员的调整工作。这看似是一件非常平常的小事，但是患者一旦介入工作，接触到食堂内的食材，就有可能在园内引发疾病，直接影响到教师及幼儿的安全。当然，后勤工作还包括定期对食堂库房食品安全进行筛查，确保库房存放的食品在可食用的有效期之内，杜绝出现不卫生、变质和过期等问题食品。除此之外，还要严格监督厨房用具、刀、菜板、盆、筐、抹布等，做到生熟分开，洗刷干净，食具餐餐消毒，把控好厨房卫生这一关，严禁无关人员进入厨房，杜绝意外事故的发生。

每每一入冬，后勤工作人员的首要任务，就是及时解决室内供暖期间出现的问题。这就需要后勤主任提前巡查各个园所、各个班级的每一处供暖情况，及时发现问题。在一次巡查中，后勤主任发现幼儿园供暖地下水的水压出现了异常，经过排查了解到，管道老化使得供暖地下水管漏水，从而导致整个小区的供暖出现了问题。为了保证大家的日常生活，发现问题后后勤主任及时上报，并利用周末休息时间带领其他后勤工作人员进行了管道的抢修工作，最终妥善处理了问题，保证了社区及幼儿园在第一时间得到供暖。

上述是后勤主任在管理过程中防患于未然的案例。其实除了要对幼儿园内部防患于未然，更要有对社会热点的把握，把幼儿园的问题处理于无形之中。

案 例 "毒操场事件"不能轻易翻篇

有段时间不断地出现"毒操场"事件的报道。北京某小学改造的操场被指气味刺鼻，多名学生因此出现流鼻血、头晕、过敏等症状；成都某小学部分学生出现类似症状；温州某小学也曾因"毒操场"上头条，校方随后承诺将对新建的塑胶跑道进行整改。

连续此类事件的报道，让广大家长义愤填膺，但是让家长更不满的是各个单位处理问题的方式如此的类似：先是校方回应称"高度重视"，接着环保部门宣布"检测达标"，相关企业站出来"撇清责任"，最后教育部门表态将"进行地毯式排查"。这种"教科书级别"的危机应对方式似乎挺管用，舆论风波很快就平息下去了，但是家长心里真的翻篇了吗？

针对此事，某园后勤主任看到新闻之后，开始采用"不翻篇的处理"方式。

第一，拍照收集塑胶操场的安全证明、安装时间、施工单位资质等资料，让家长了解幼儿园铺设的塑胶操场用的是合格、安全的材质，并且铺设的时间是在暑期，两个月的散味期能够最大限度地保证安全。

第二，在幼儿园微信公众平台上说明大中小班操场的材质和位置。幼儿园是根据幼儿发展需要和运动安全需要创设的多元地面，能够满足不同年龄班幼儿的运动需求，保证幼儿的安全。中大班采用砖质地面的操场，有助于幼儿奔跑、跳跃；小班采用塑胶操场，因为小班幼儿身体协调性、灵活性较差，自我保护意识较弱，摔跤后易磕碰伤。以此引导家长正确认识不同年龄班操场材质的设计不同的原因。

第三，和前勤教师商议运动会提前举行，变被动为主动，让家长来园体验，亲身感受幼儿园操场的安全性能，以实地参观的方式无形中化解家长的担心。

案例中后勤主任对"毒操场"潜伏危机事件的处理方式不仅让家长信服了幼儿园的工作，更让幼儿园处于主动地位去处理事情。

第二节　组织与实施的参考依据

在基础教育中，处于最前端的幼儿教育具有独特的地位和价值，尤其是2015年12月14日第48次教育部部长办公会议审议通过的《幼儿园工作规程》自

2016年3月1日起施行，此事标志着学前教育一线改革的步伐已吹响号角。支撑前勤工作的后勤工作人员，应该顺应学前教育改革的新趋势，为一线的课程改革提供服务保障和制度保障。虽然后勤规章制度、评价标准、实施原则等一系列组织和实施的具体措施近几年已经悄然改变，但是作为课程改革资源的直接提供者，后勤管理者必须积极思考并主动建构适应幼儿园课程改革的各项制度，为幼儿核心素养的培养和园所的发展做出先决的探索。

幼儿园工作是全面的、整体的、同步发展的，要想构建适应幼儿园课程改革要求的后勤新体系，后勤管理者就要遵循符合课程改革要求的教育理念和体系标准。

一、《3—6岁儿童学习与发展指南》是基础依据

幼儿园工作者在日常工作中要以《指南》为依托，研究幼儿的学习特点、动作发展特点、年龄阶段特征等，努力做好食物、玩具、绿植、环境等方面的工作，提高后勤服务质量。

《指南》是一线教师必备必学的书籍，目标是为幼儿后继学习和终身发展奠定良好的素质基础，核心是促进幼儿智、德、体、美、劳各方面的协调发展，旨在通过提出3岁至6岁各年龄段儿童学习与发展目标和相应的教育建议，帮助幼儿园教师了解3岁至6岁幼儿学习与发展的基本规律和特点，建立对幼儿发展的合理期望，实施科学的保育和教育，让幼儿度过快乐而有意义的童年。这既然是一线教师需要学习的书籍，那么后勤服务者在教具提供、操场设置、卫生消毒、饭菜搭配等各方面自然需要进行专业化的学习。

（一）以幼儿为中心的服务体系

幼儿是幼儿园的主体活动者，也是后勤工作人员最直接、最主要的服务对象。要将先进的教育理念引入后勤工作中，促使服务的领域得以拓展，服务的内涵得以提升，使后勤工作人员不再只是重物质保障、饮食服务、玩具更新等，而是同时关心幼儿心理健康，为幼儿创设温馨和谐的精神氛围和文化氛围。

案　例　冬季的落叶

后勤主任的管理还真是严格啊！幼儿园没有一片叶子，成了评价保洁员的一个指标。要想幼儿园的院子没有一片叶子还真是太有难度了。可是为什么这样要求呢？因为幼儿的卫生和消毒工作确实是幼儿园的重中之重，那么多孩子都在过集体生活，消毒和卫生一定要做得彻底，绝对不能有卫生和消毒的死角

出现，要保持幼儿园三洁、六净、八角光的标准。

秋末冬初正是各种树叶纷纷落下的季节，有一次，园长发现保洁员正在用一根长棍子敲打树叶，说实在的，看到这样的景象还真是有些可笑呢。转念一想，她为什么会这样做呢？园长的第一个想法是，难道保洁员每天都要清扫大量的树叶嫌麻烦，想一天从树上把树叶都打下来，以后省去扫院子的时间？后来才知道是因为后勤主任管理的要求保洁员才打树叶的。怎么处理这一问题呢？园长问："树叶清扫这么干净的目的是什么呢？""假如树叶故意不清扫那么干净，孩子们会用树叶做什么呢？"这两个问题一下子把保洁员问懵了："是啊，领导让我干什么我就干什么，而且一定努力把任务完成得最好，这就是我对自己的要求。"保洁员质朴的一句话深深地触动了园长，"领导让我干什么我就干什么"，保洁员眼里看到的就是树叶多不多，自己清扫得是不是干净，地面上的树叶是不是影响她的卫生清洁度指标，至于树叶对于孩子来说有什么作用她是不会思考的，那不是她所要思考的范畴。

针对保洁员打树叶的现象，园长开始从后勤和前勤管理者的教育结合点做起。首先带领大家考虑了以下问题：清扫与否对孩子的价值点，即不扫树叶对孩子的发展价值，清扫树叶对孩子的发展价值；树叶的清扫任务可以交给谁，怎么扫；用过的树叶是否需要保存，怎样保存；树叶放到哪里保存；树叶可以怎样玩儿。没想到清扫树叶有这么多的教育真谛。后来后勤工作人员一起商讨，达成了共识。这个季节一周内清扫三次，清扫的过程让大班孩子们共同参与；不清扫的时候，任凭风吹动树叶，请孩子们观察风的走向和树叶的自然成堆现象。大自然真是太神秘了！以前都是保洁员追着树叶奔跑，现在风成了自然清洁者，一堆堆的树叶自然堆积，有大有小，有多有少，有高有低，本来可以拉走十几辆垃圾车的树叶现在成了与孩子们一起游戏的伙伴。孩子们天女散花似的扔着，脚用力地踩着，好像选择明星似的挑选着，创造出来拔根、踩叶、树叶仗等游戏，他们玩得非常开心。孩子们游戏的场面感动了每一个人。

原来，树叶的清扫与否也有这么多的教育意义呢！管理者不能一概管理死和死管理，不能只要求最后的结果，不让地面有一片叶子，这样既不符合逻辑和需要，也不符合树木发展成熟的规律。所谓的严格管理的背后是没有人的管理，没有对保洁员劳动的尊重，更没有对孩子们发展的思考，这种严格管理没有任何意义和价值。没有对生命和人的尊重和理解还有什么价值可言呢？另外，所谓的严格管理不仅会抹杀后勤工作人员的创造性，使后勤工作人员眼中、

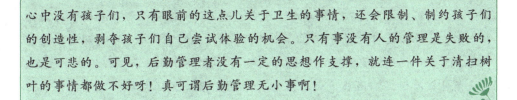

心中没有孩子们，只有眼前的这点儿关于卫生的事情，还会限制、制约孩子们的创造性，剥夺孩子们自己尝试体验的机会。只有事没有人的管理是失败的，也是可悲的。可见，后勤管理者没有一定的思想作支撑，就连一件关于清扫树叶的事情都做不好呀！真可谓后勤管理无小事啊！

以上案例是园长带领保洁员对制度要求和《指南》科学领域中"亲近自然，喜欢探究"的深度理解。保洁员要以孩子们的需要、表现来决定后勤的事情怎么做，多考虑怎么做才能让孩子们喜欢，才能促进孩子们的发展的问题。"经师易遇，人师难遇"是司马光对老师的期望，其实后勤每一名工作人员都是"人师"，要时刻为孩子们的快乐发展提供必要和必需的环境服务。

（二）以育人为宗旨的目标体系

幼儿园的根本任务是让幼儿德、智、体、美、劳全面发展，因此，课程促发展、管理促发展、服务促发展应该是全体教职工的根本宗旨，简言之就是"育人"。后勤管理组织与实施的组织架构或者规章制度应该以有利于全面发展幼儿为出发点。在日常的后勤服务中，后勤工作人员要自觉贯彻《指南》，以自身的勤奋工作、文明言行、朴实作风、教育情怀去润物细无声地感染和影响幼儿，使幼儿在享受服务的同时也感受到教育。

案　例　设计水龙头的学问

孩子们洗手时经常会弄湿袖子，此时有的老师会对孩子们发脾气，认为孩子们弄湿袖子是因为他们爱玩水。为了避免孩子们玩水，老师们还精心地想出了许多方法，如老师监督、孩子们之间相互检查提醒、挽袖子时挽高一些等。在这些措施的约束下，弄湿袖子的现象确实有所减少，但真正站在孩子们的角度去体验，就会发现其实孩子们弄湿袖子的问题远没有那么简单。

老师们组织了教研：针对孩子们弄湿袖子的问题，各班老师如何解决？园长邀请后勤主任一起参加了研讨。说实在的，能够看出来后勤主任心急火燎，如坐针毡，很不耐烦。要不是园长要求，后勤主任是绝对不会参加老师们的教研会的，因为他的心里一直在想：老师们的教研与我有什么关系呢？我管好后勤的人、做好后勤的事就行了，本来就忙得不可开交，园长还让我来参加研讨会，简直不可思议。在研讨会上，园长换了个角度问老师们：弄湿袖子是因为孩子们淘气吗？是因为孩子们喜欢玩水吗？是因为孩子们不会洗手吗？是因为孩子们在水池旁逗留打闹吗？这几个问题，指引着大家换一个角度和思路进行反思。其实，仔细观察就会发现因为这些而弄湿袖子的孩子少而又少。那么，到底是什么原因呢？园长请大家观看简短的视频，这时大家一下子发现了问题，后勤主任也被吸引了，他惊讶地发现，是水池的高度影响了孩子们盥洗。可以说，水池太高是孩子们弄湿袖子的最主要原因。他这时突然领悟到园长请他来参与研讨会的用意了，他的心也随之沉淀了下来。

为什么孩子们身上出现大人不乐于看到的问题时，我们都会主观认为是孩子的原因呢？我们为什么很少用孩子出现的问题来照镜子反思自身的问题呢？其实这涉及我们思考做事的一种习惯。我们习惯了找借口，习惯了把问题推给别人，习惯了以事论事的管理思路。是啊，其实只要我们在设计水池和水龙头的高度时想想孩子们的身高，这个问题就迎刃而解了。班里的孩子们是一样高吗？过去设计的水池都一样高，是不是考虑到了孩子们的需要？身高与水池的高度不相适宜时会对孩子们产生什么样的影响？水龙头都有什么样式的，对孩子们的发现和探究会不会起到教育的价值？水池都有什么材质的？水溅到不同材质的水池中飞溅的水花是一样的吗？大家都不约而同地露出了笑脸，是啊，为什么我们想不到呢？

其实，在我看来，我们最大的问题还是没有把孩子们放在第一位。如果我们做每个细节时都先从心里问一下自己这样做对孩子们好不好，孩子们的需要是什么，怎样做能够更方便孩子们，等等，我想，幼儿园的装修设计中就有了孩子们。

我们只有在后勤装饰改造的过程中多问几个为什么，才能真正为孩子们服务。原来服务是需要研究教育的，是需要研究孩子的！服务要以孩子为中心，这样我们的装修，我们花钱设计的环境才有真正发展的价值。后勤的环境创设和装饰，外在看来只是后勤工作人员与物打交道，但背后承载的却是对儿童发展的研究，是儿童第一的思想啊！有了这种认知，才会关注到水池的高度、材质，水龙头距离水池的高度，水龙头喷洒出的水的样式，等等。这样洗手的环节才会成为孩子们潜移默化研究、探究的过程，成为孩子们乐于观察的过程，成为孩子们发现奥秘的过程。看来对后勤主任来讲，这可不是简单的装修哦！认识到这一点，园长需要精心地指导后勤工作人员，使后勤工作人员懂儿童，乐于研究儿童，创设出有儿童的存在的育人环境。

坚持以教育思想为先导是幼儿园后勤工作人员工作的核心思想。后勤工作能否真正促进幼儿园课程改革发展，最重要的体现在开展工作时，后勤工作人员是否以教育理念来指导工作，是否把幼儿的快乐与发展放在核心地位。有什么样的思想就会有什么样的行动。如果后勤工作人员对教育理念的认识不到位，只顾表面的购物、置物，而不顾幼儿的感受，不考虑幼儿的年龄特点和身心特点，那么后勤管理工作就会偏离初衷。后勤管理者必须从教育思想入手，帮助后勤工作人员正确认识后勤服务在园所发展和课程改革中的重要性，用先进的教育理论教育后勤工作人员，用模范的行动影响后勤工作人员，让他们在双向交流、参与教研、从容谈论中主动接受改变。

二、制度是必要保障

后勤管理者查找后勤管理问题时可将问题整理成表格，如表 3-1 所示：

表 3-1 后勤管理问题表

序号	问题清单	产生的原因	带来的后果	对策与措施
1	后勤改革发展滞后于幼儿园一线的发展。	管理制度落后。	服务积极性不高，服务方式方法满意度低。	后勤管理与前勤管理发展要同步。
2	后勤工作人员素质不高。	缺乏后勤人才激励制度。	管理队伍学历偏低，队伍老化。	加强后勤队伍建设，提高后勤工作人员的素质。
3	缺少科学的绩效评价和切实可行的奖惩机制。	习惯于传统的领导评价、同事评价或者重要事情印象评价。	后勤工作人员的工作积极性不能充分地调动起来。	建立科学、有效、可实施的奖惩机制和制度。
4	基础制度建设仍需不断完善，有待进一步加强。	内部管理缺乏系统性和全面性。	不能及时跟踪后勤服务工作的效果。	修订和完善制度建设。

通过表 3-1 可知，后勤管理者可以从问题分析、产生的原因、带来的后果、对策与措施这四个方面一一列举园所后勤管理中存在的问题。

后勤管理者除了可以静下心来思考后勤工作中的问题，还可以参考满意度的调查结果，实地分析一下，从开学初 3 月份全园大会的鼓舞，到学期 7 月份的工作总结，前勤对后勤满意度的评分（见图 3-1）。

从图 3-1 中可以看出，前勤对后勤工作满意度平均分值由刚开学的 9 分变为 6 分多。

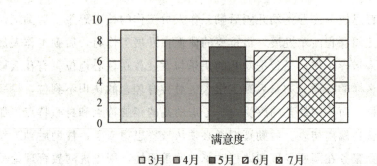

图 3-1　后勤工作满意度调查

制度，顾名思义，指要求大家共同遵守的办事规程或行动准则，也指在一定历史条件下形成的法令、礼俗等规范或一定的规格。制度还是一个管理学名词，指的是人们为了相互的关系而人为设定的一些制约。后勤工作因为工作内容琐碎，工作性质流动，工作评价随意，一直处于制度实施缺陷化状态，后勤制度改革迫在眉睫。

（一）目标管理责任制度

管理学专家彼得·德鲁克在《管理实践》中最先提出"目标管理"的概念。目标管理是以目标为导向，以人为中心，以成果为标准，从而使组织和个人取得最佳业绩的现代管理方法。它具有职责明确、职责分明的特点，强调奖励优秀的员工，惩罚懒惰的员工，对后勤工作的开展具有保障作用，可以促使每个岗位的人有章可循，有事可做，最大限度地发挥每个人工作的积极性。

案　例　刷白的智慧

我是一名幼儿园保洁员，每天的任务是将一层到三层所有的楼梯擦洗干净，保持楼道的清洁。楼梯楼道是孩子们每天都要接触的地方，也是象征幼儿园整体卫生的门面。因为我们单位经常接待参观活动，所以作为保洁员，我更要认真地完成每一项工作，让我们幼儿园在客人的眼里、家长的眼里、孩子们的眼里白璧无瑕、光亮整洁，这也是我工作的标准。

为了不影响孩子们活动，我会在孩子们上课或者午睡时来打扫楼道卫生，使楼道的各个角落无死角。看到干净整洁的环境，我的心里也很舒畅。

我是如何清洁地面的呢？每周三，我都会为地面做"全面保养"。我会把洗衣粉、84消毒液、去污粉混在热水中，进行搅拌，然后用小刷子清洁地面，最后再用清水擦拭地面。

知道楼道中装饰物如何清洁吗？当然一定会用到孩子们画画的毛笔。先用软软的毛笔把装饰物表面的尘土掸走，再用有点儿潮湿的毛笔刷一下，装饰物的颜色就变亮了。

不论是家长，还是孩子们，他们都会赞叹："幼儿园的楼道怎么什么时候都这样干净呢？"每每听到这样的赞叹，我的心里就充满了幸福。

大班孩子们说："我知道是谁替我们做的。"

"一定是孙老师打扫的，您辛苦了！谢谢您！"

我笑着对孩子们说："让幼儿园清洁如新，变得像童话世界一样是我的工作呀，你们开心，老师就快乐！"

正因为后勤管理有大目标，又具体分化为每个人的小目标，进而才确定了每个人的具体工作。"园所的使命和任务，必须转化为目标"，那样才能"众人拾柴火焰高"。

(二)公开考核管理制度

公开考核制度是体现前勤后勤配合工作质量最根本的制度，就是要把教师和幼儿喜欢不喜欢、高兴不高兴、方便不方便作为评价后勤工作的重要标准。当前园所后勤管理中的考核制度，征求的是个别人的意见，一线教师和幼儿参与的渠道相对比较狭窄，只是象征性地填写满意度问卷，不能有效地促进工作的提升。因此，要把考核评价标准真正交给教师和幼儿，由他们来评判后勤工作人员在方法上是否求创新，在态度上是否求友好，在时效上是否求快捷。

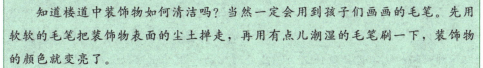 案　例　"不只是安全"

在一次公开考核后勤工作中，一位一线老师讲述的一个例子，给了在场每一位老师很多启示。

吴老师是幼儿园的司机，负责接送老师参加会议或者学习活动，另外，他还有一个更重要的职责，就是接送幼儿参加活动。作为司机，他本身就承担着他人安全这样的重大责任，更何况是在幼儿园工作，而且是接送幼儿，他的责任更大了。每天早上下楼去接幼儿的时候都能看见他首先检查车况、安全性能，随时做好硬件设施的准备。

吴老师不只是对自己的本职工作负责，对其他有关幼儿的事情同样很上心。不久前发现吴老师在各个班找废旧的玩具筐、彩色的线绳和不干胶贴纸，他神神秘秘的也不说是做什么用。最近幼儿的一次外出活动让我发现了吴老师的"秘密"。原来每次幼儿有集体外出活动时，幼儿的爸爸妈妈怕幼儿口渴，总会给幼儿准备好小水壶，让其随身带着，但是每个幼儿带的小水壶又不能抱在怀里，所以每次小水壶都放在汽车的后备厢的大箱子里面，这样既能保证幼儿在行车过程中的安全，又能把水杯整理好。可是这样做之后又发现了问题，那就是幼儿想喝水就很麻烦了，那么多的小水壶总是分不清谁是谁的，而且小水壶一个挨着一个放，拿出来就摆放不回去了。吴老师发现了这不大又很大的问题后，就制作了一个"秘密武器"。这个"秘密武器"就是编制彩色的线绳，把班中用不到的玩具筐分成一个一个的格子，这样每个小水壶都能放到小格子里，水壶放在里面不会倒，拿出来还能轻易地放回去，而且彩色的线绳编制起来非常漂亮，真的是既美观又实用。

吴老师准备了不干胶贴纸，把每个幼儿的小水壶都贴上名字，这样幼儿就不会找不到自己的小水壶了。吴老师的这个小创意起到了大作用，可见，吴老师和其他老师们一样，也一直走在研究幼儿的道路上。

从上述案例中可以看出，公开考核已经不仅仅是考察后勤工作人员工作质量优劣的程序，从一个个考核人员的表达中，还可以感受到后勤为前勤服务时的耐心和细致，后勤已成为幼儿园的坚强后盾。

（三）财物管理标签制度

后勤管理不仅涉及不同岗位，更涉及品种繁多的物品。管理者在日常的财物管理过程中，要对每个岗位的各项财物分门别类、对号入座地进行登记。对于物品的名称、买入时间、单价、借出时间、归还时间、修缮费用等，都要登记在记录本上。对于特殊岗位使用的物品，要有专职人员负责。细致化的财、物管理，是"节约、环保"理念在管理学中的应用。

案例 小阀门在这里

一个小小的阀门能有多大作用？它平时看着不起眼，安静地躺在幼儿园或家里的某个角落里，不易被人发现，人们也往往会忽视它的用处，然而这样却

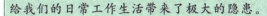

给我们的日常工作生活带来了极大的隐患。

一天，园长正在二层转班，忽闻一声："杨老师！快到大一班，我们班跑水了。"当时没想别的直冲三楼，火速来到大一班。当时的情景是，盥洗室下水管正在吱吱冒水，水喷射得老远，地上已到处是水，情况十分紧急，秦老师拿着墩布擦拭，有的小朋友好奇地伸出脑袋想一看究竟。建园时，对于楼层下水管道的安装，施工单位未给每个班留下阀门，下水管采取直入式插到下水主管道中，因此当时无法关闭本班阀门进行控水。

很快后勤主任崔老师带着赵老师过来了，赵老师迅速从库房的小格子中拿出幼儿园装修时留下来的阀门，麻利地安装好。

看来，平时把自己所使用的东西明确清晰地放在对应的位置，使用起来才会便捷简单。

求学生涯中，有一句话大家肯定耳熟能详，即"一屋不扫何以扫天下"，说的就是于细微之处见管理。小阀门在哪里？可能猛一下子提出来，大家都会茫然不知所以，但是关键时刻偏偏需要及时找到它。自来水哗哗流动时，就是考验管理是否缜密时。在案例中，找到小阀门的技巧正是最原始的标签管理办法，即把数量众多的物品用标签的形式记录好，既方便寻找，也方便关键时刻化险为夷。

三、业务要求是基本标准

美国比尔·盖茨在选择优秀员工时，给予了十条准则，其中第五条是："具有远见卓识，并提高专业知识和技能：1. 对周围的事物要有高度的洞察力；2. 吃老本是最可怕的；3. 不断学习，提高自己的工作能力；4. 掌握新知识新技能，以适应未来的工作；5. 做勇于创新的新型员工。"可见专业能力，也就是业务标准的重要性。如果一名后勤工作人员，在工作中表现得平庸与无能，那么无论态度多么温和，解释多么耐心，行动多么殷勤，他也是难以胜任工作岗位的。越是高结构化的管理模式，对后勤工作人员专业化的水平预设值就越高。

新时代的服务对象，对后勤工作人员来说，是动力更是压力，这一切都向他们提出了更高、更新的挑战。后勤工作人员要全面地掌握专业特殊技能，如修理管道、裁剪树枝、制作糕点等，唯有如此才能纵横千里，收放自如，体现自我价值，同时成为一名合格的教育者。

🔗 **资料链接**

食堂人员业务标准

一、操作常规(35分)

1. 做好防火、防盗、防毒工作，晚上离开食堂时要关好窗户、大门，未做到扣1分。如果发生食品安全事故，视其情节扣5～20分，并按相关规定进行处理。

2. 不允许与食堂无关的人员进入厨房，未做到扣0.5分。食物及时降温，如果发生烫伤事故，视其情节扣2～10分，并按相关规定进行处理。

3. 成品食物存放时注意隔离：生与熟隔离，成品与半成品隔离，食品与杂物隔离。未做到扣0.5分。

4. 因保管不当造成食物或佐料腐烂变质扣2分。

5. 无故提前或延后开饭每次扣0.5分。

6. 按照要求每天进行食品留样(保存24小时)，未做到扣0.5分。

7. 食物要烧熟烧透，未做到扣1分。

8. 加工食物时注意卫生要求，按照操作程序进行操作，未做到扣1分。

9. 蔬菜、肉类应清洗干净，未做到扣1分。

10. 爱园如爱家，关闭好水、电、气，未做到扣1分。节约水、电、气、油等，未做到扣1分。掌握好师生人数和饮食量，不得剩余较多，未做到扣1分。

二、清洁卫生(25分)

(一)个人卫生(5分)

1. 穿工作服，戴工作帽，未做到扣0.5分；工作服、工作帽不整洁扣0.5分。

2. 留长指甲或戴戒指加工食品扣0.5分。

3. 在厨房做私事扣0.5分。

4. 接触食品前未洗手、消毒扣0.5分。

(二)厨房卫生(10分)

1. 门窗玻璃不干净扣0.5分。

2. 地面有油垢、垃圾或太多水渍扣0.5分。

3. 屋顶有虫或网，瓷砖不干净扣0.5分。

4. 消灭苍蝇、老鼠、蟑螂和其他有害昆虫，清除害虫滋生点，未做到扣1分。

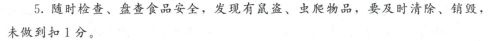

5.随时检查、盘查食品安全，发现有鼠盗、虫爬物品，要及时清除、销毁，未做到扣1分。

(三)用具卫生(10分)

1.灶台、操作台、池子、橱柜、冰箱不干净、不整洁或不按时消毒扣0.5分。

2.炊具不干净扣0.5分。

3.洗锅、碗、瓢、盆等用具时有专用的帕子，不得与抹布混用，未做到扣0.5分。

幼儿园后勤工作岗位多、专业性强。为了最大化发挥后勤工作的保障功能，后勤工作人员的专业水平要突出、业务能力要精湛。厨师、电工、保安都必须有相应的能力证书或是从业合格证方可上岗，以确保幼儿园各项后勤工作高水平、高质量地完成。

第三节　组织与实施中的"四个理解点"

《指南》的出台，对幼儿园工作的规范化起到了有力的推动作用。在后勤管理工作组织与实施的过程中，管理者要依据相关教育政策文件不断探索出一系列新的模式，力争"让管理看得见，让细节看得见，让习惯看得见，让物品摆放看得见"，有效规范组织和实施过程中的细节问题。

在实际的后勤工作调研中，管理者依旧会发现以下普遍性的问题。

第一，等待行为过多。后勤工作人员从事不同的工作岗位，具备一定专业特长，如食品加工、饲养种植、维修保养、木工电焊等。后勤工作人员对待自己的工作兢兢业业，一丝不苟，默默无闻地完成园所安排的本职工作，愿意为园所献计献策，但是他们普遍专注于本岗工作，很少深入班级和教师、幼儿沟通。他们总是等待后勤领导或者园所给予具体的任务，等待班级教师开口说出需要帮助的事项，才会去工作，没有主动询问的意识，欠缺深入思考的能力。

第二，学习机会过少。后勤工作人员在岗位中基本处于"一个萝卜一个坑"的工作状态，各司其职，相互沟通少，相互了解少，相互学习的机会更少。相对于前勤教师，后勤工作人员外出参观、观摩的机会少，对于教育性的文件不太了解，如对《纲要》《幼儿园管理条例》等了解得太少，甚至多数后勤工作人员根本没有接触过这些纲领性文件。

第三，研究热情不足。由于文化水平有限以及从事工作的性质，后勤工作人员觉得研究是一件高不可攀的事情，是一线教师或者需要评职称的教师才应该做的事情，和他们关系不大。

出现以上问题的原因，主要是在后勤管理组织和实施的过程中，后勤工作人员对"四个理解点"认识不足，没有认识到"四个理解点"对工作的帮助。那么，什么是"四个理解点"呢？

一、理解前瞻性的教育观点

前瞻性的教育观点是教育的站位，也是教育的出发点和落脚点。后勤工作人员不可能像前勤教师一样孜孜不倦地研读教育专业书籍，但是需要融会贯通地了解当前学前教育改革的方向。其实，现阶段的学前教育对后勤工作人员工说，是一个绽放才华的舞台。无论是生活实践课程，还是"工作坊"式的活动区域，都主张提高教师的"通识"水平，这些都是后勤工作人员本身具有的专业素质，他们只需要将其应用于一日工作之中就行。

后勤工作人员多是男士，在"生活经验和文化知识"方面很有优势。美国教育学家杜威曾说："要让我们充分解释在儿童颇为简单的要求里究竟包含什么，整个物理科学一点也不多，儿童所要求的是说明吸引住他的注意的一些偶然的变化。但儿童在作画或者乱涂一通时，要使我们能衡量儿童心理所激起的冲动的价值，拉斐尔和科罗的艺术一点也不多。"可见，前勤教师所需要的前瞻性教育素养，后勤工作人员在某些方面已经具备，那么他们珠联璧合就可以推动幼儿的发展了。后勤工作人员要真正从"幕后"走到"前台"。

二、理解园所文化理念

园所文化是幼儿园的核心和灵魂，后勤工作人员要紧紧围绕园所倡导的理念来开展一系列工作。后勤工作人员对园所文化的理解程度会影响其在工作中的表现。深化后勤工作人员对园所文化的理解程度是管理者必须要做的一件事情。在具体的管理过程中，可以逐步渗透"服务文化"的概念，让后勤的服务文化和园所文化相统一、相一致，这样无论是服务文化、管理文化，还是环境文化，都可以起到宣传、践行园所文化的作用。

案 例　伞桶之美

> 早上，下着零星小雨，地面湿漉漉的。朱园长走进幼儿园的大门厅时，发现瓷砖地面上都是大大小小各种脚印和水渍。

朱园长隐隐地担心起来，这一片片湿乎乎的水渍是危险的存在：孩子们蹦蹦跳跳地进来，很容易滑倒；老人着急送孩子，不小心滑倒，后果不堪设想。这时看到几位孕妇妈妈来送自己的宝宝，她们小心翼翼地挪动着，非常危险。

于是，朱园长到库房翻出几块地毯，和保洁员一起将它们铺到大门厅和几个小门厅的入口处，让家长和孩子们走在地毯上不会滑倒。看着孩子们拉着大人的手欢喜雀跃地走进来，大家心里满是开心。

继续在门厅观察了一会，便发现依旧有水渍，因为家长打着伞从外面进来，收伞之后，滴滴答答的水会从伞上甩出来。一位妈妈一只手拉着孩子一只手拿着雨伞走到门厅地毯上，把伞收好后，走进楼道时伞依旧在滴水，年轻的妈妈拿着伞没有办法和孩子拥抱再见，只好把伞放在窗台上，转眼窗台上也是一片水渍。

朱园长想到星级宾馆门口都提供雨伞、套伞袋、伞桶，并将它们放在门口明显的地方，方便大家应急使用和保持室内楼道卫生，因此，他应急准备了塑料袋和塑料桶。这样，家长进门前将伞放进去，出来时可以直接打伞，楼道既不会有水渍，也给家长提供了方便。陆陆续续进来的家长，看到伞桶后，都把湿漉漉的雨伞收好放进去，送完孩子再拿走去上班。

正在协助家长收伞、放伞的时候，朱园长看到一个年轻的爸爸急匆匆地跑进来，他用自己的衣服遮挡在孩子头上，自己的衣服已经湿了半边。送完孩子，要走的时候，朱园长心疼地说："别着急，你看衣服都湿了。我这里有把伞，你先拿着用吧。"说完，便把自己的伞递给了这位年轻的爸爸。年轻人特别感动，而朱园长也有种"送人玫瑰手留余香"的幸福感。

接下来幼儿园的细节服务又增加了借伞环节。幼儿园购买了伞桶，将它们放在楼道的各个出入口明显的位置，还定制了印有幼儿园标识的雨伞。这样不仅让忘记带伞的家长可以打伞去上班，享受伞下的一片晴天，体现幼儿园满满的爱心，还让这些细节服务成为幼儿园宣传的一道靓丽的风景线。

每当站在门口迎接家长和孩子们时，总会听到大家在说"幼儿园真是太贴心了，服务太周到了"。这时，教育者就会有无限的幸福感。这不仅是放置两种伞桶方便别人的小事，更是潜移默化地告诉幼儿园的孩子们和家长，幸福就是服务他人、服务大家。

以情动人、以情感人、以情助人是后勤环境育人的重要特征，也是园所文化的重要载体。幼儿园文化就是通过点点滴滴的小物品、小物件、小方便激发家长和孩子们的情感，使他们感受到周围的温暖和谐。这样小小的温馨，不仅让家长感到方便，也让孩子们开始学会关心他人，对孩子们从小情感的培养颇为有益。

◇ 三、理解幼儿的年龄特点

对于幼儿的年龄特点，一线教师将其作为必须要内化于心、外化于行的专业要求；后勤工作人员理解的角度有所不同，他们将重点放在"如何支持幼儿发展活动"上。例如，小班幼儿哭闹时，后勤工作人员知道熬制什么饮品，以避免幼儿上火；中班幼儿追逐跑时，后勤工作人员知道在拐角处安装什么物品，以减少磕碰伤；大班幼儿探索研究时，后勤工作人员知道有意识地收集 PVC 管、小木块、板材、空油桶、菜根等，为班级的特色区域提供丰富的材料。

案　例　悠扬的笛音

《迷途笛音》是小时候妈妈读过的一篇散文，时至今日我依旧熟稔于心。少年的时候，喜欢春暖花开之时到河边剪柳枝，把它们做成一个个小笛子，清脆的笛声成了我最开心的记忆。

阳春三月，户外活动时，孩子们在操场上嬉戏。夏师傅爬上树屋，把一些横生出来的柳枝剪断，树下的大班孩子拉着长长短短的柳枝跑来跑去。文静的女孩子把柳枝带在头顶上，当小公主；调皮的男孩子把柳枝当武器，吼吼哈哈地打闹着。我正想着，柳枝是大自然的资源，孩子们在亲近大自然，可是难道这就是教育中最自然或者最好的画面吗？总是不甘心，难道柳枝就只能当成打闹的工具或者装饰的物品吗？

"嘀嘀嘀"的声音从大柳树处传出来。刚开始声音很小，断断续续，后来声音大了，也有一些旋律感。树下的孩子们抬起头往上张望，认真听了一会儿，就有小男孩喊道："夏师傅，教教我们吧，我们也想吹。"

夏师傅一边答应一边顺着树屋的梯子下来，瞬间孩子们就围了上去，看着夏老师怎么做柳笛。

阳光不强烈时，暖风正吹时，孩子们三五一伙，拿着小剪刀制作柳笛，"滴滴滴"的声音在操场上此起彼伏。

夏师傅是最有创意的人，他把裁剪下来的柳条编成鸟窝、筐筐、柳条帽，孩子们羡慕极了，每天都吵着要老师带他们去夏师傅的木工坊学习新本领……

这是一位园所管理者看到的教育案例，读出来很暖心，尤其画面中呈现的童趣让人向往。夏师傅虽然是后勤修剪树枝的工人，可是看到孩子们的表现之后，懂得吹响柳笛，启迪孩子们的智慧，启发孩子们的玩法，顺应孩子们的年龄特点。在一阵阵清脆悦耳的柳笛声中，管理者看到的是孩子们的成长、进步以及对新奇事物探索的热情。后勤工作人员要参与到前勤的工作中，参与到游戏的研究中，只有这样，他们的工作才会熠熠生辉，独放异彩。

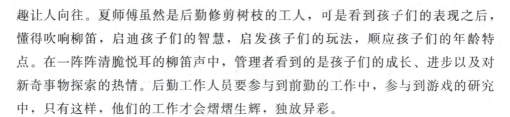

四、理解教师的思维特点

后勤工作人员作为服务者，除了为幼儿服务之外，另一项主要工作是为教师服务。从后勤工作人员主要是男士和前勤教师主要是女士，就能分析到，前勤后勤对于同样物品或者同样事情的思维模式、理解方式、沟通途径等都是有区别的。有句话说得好："男人来自火星，女人来自金星。"男性员工习惯"聚焦式"看待问题，一线女教师则是"发散式"看待问题。后勤工作人员在为前勤教师服务的时候，只有了解女性的兴趣、爱好，才能让服务型工作深入人心，起到"锦上添花"的效果。

大家会发现，在饭菜选择上能体现出男女饮食方式的不同，那么在其他一些物品购买方面，也需要斟酌，换位思考、了解一线女教师的需求，这样才能做得称心如意。女人是多角度思维，男人是单线思维，所以协助班级教师购买物品时，一定要问清楚所购买物品的详细内容。例如："刘老师，帮我买 20 双好看的小雨鞋，方便孩子们玩沙子的时候穿。"一般情况下男人很快就会买回 20 双鞋子，但是后勤采买采购人员需要仔细问清楚：什么时候穿？不穿的时候鞋子放哪儿了？大概什么颜色合适？孩子们的脚丫尺码多大？每一类鞋码大概要多少双？胶鞋和鞋套使用时有什么区别？是女孩儿玩沙子的时候多，还是男孩儿玩沙子的时候多？……

后勤工作人员通常会把"做了"和"做好"混淆，但是做了事情并不等于做好了事情。如何让前勤一线教师满意，达到事半功倍的效果？在协商沟通的时候就一定要了解一线教师的思考角度和思考方式，这样才能有的放矢。

总之，后勤的组织与实施正如一棵大树，枝蔓繁茂，错综复杂，只有找到根本的核心出发点，才能让大树结出累累硕果。管理者需要在开展组织与实施的过程中，进一步提升管理和服务水平，精心培育出后勤管理大树上的果实，让后勤和前勤一样，走品牌化服务之路。

第四章 后勤管理重中之重

—— 物

通俗意义上，教育管理是指教育管理者为了实现预定的教育目标，依据教育管理目标，通过各种教育管理手段（机构、法、人、信息）和教育方法，对各种教育管理资源（人力、物力、财力、时间和信息）进行决策、计划、组织、控制，使教育系统的组织机构高效运转，达成最大教育功效的活动过程。在幼儿园管理层面，人的管理和物的管理犹如管理者的左膀右臂，缺一不可。在园所硬件建设方面是通过"物"来体现的，在"软环境"建设方面则是通过"人"来体现的。离开了"硬件设施"，"管理"二字只能是无源之水、无本之木，因此，幼儿园管理不但要"管"好人，还要"管"好物，二者只有协调发展，才能相得益彰。在园所物品管理方面，后勤发挥着主要作用。

第一节 后勤物品分类

幼儿园的后勤管理是非常重要的一项工作，它与各个部门都紧密相连，密不可分，尤其是物品的管理，如固定资产、低值易耗常用品。管理工作是否规范，直接影响到幼儿园整体工作的正常运行。

后勤物品管理类别繁多，如何分类对于物品管理十分重要。它能够帮助管理者清晰地掌握各类物品的进货、支出、发放、维修和报废的详细情况。管理者要引进先进的后勤物品管理方法——"五常法"，按照保育物品、教学物品、后勤物品等分类摆放仓库里的物品，并对每一类物品的"进库"和"出库"进行详细的表格登记，以减少寻找物品的时间，同时使后勤采买采购人员能根据表格的统计精确计算出库存量，提高领取物品的效率，并及时根据数据对物品进行补充，避免物品空缺。物品的主要分类方式参考如下：按用途分类、按价值功能分类、按材料分类。

一、按用途分类

(一)办公用品

办公用品包括办公桌、办公椅、书柜、茶几、文件柜、保险柜、会议桌、沙发、笔、纸、打印机、计算机。

配备要求：按部门配备，按需要配备，按专业配备，按个性需求配备。

(二)幼儿家具

幼儿家具包括桌椅、床、书柜、玩具柜。

配备要求：按年龄班购置，按环保标准购置，按玩具类别购置，按室内面积购置。

(三)幼儿玩具

幼儿玩具包括中、大型玩具。

配备要求：按年龄班投放，按运动类别投放，按玩具规格投放，按玩具材质投放。

(四)生活用品

生活用品包括冰箱、微波炉、挂烫机、餐具、梳子、镜子、毛巾、水杯、牙刷、牙膏、水盆、水桶、餐巾纸、卫生纸、肥皂、香皂、肥皂盒、衣架、水盆架、花盆架、餐具、拖鞋、水壶、指甲刀、剪刀、鞋刷、抹布、表、花露水、粘钩、针线、雨伞等。

配备要求：

第一，按人数配备——餐具、梳子、拖鞋、毛巾、水杯、牙刷、牙膏。

第二，定量使用，按月配备——肥皂、香皂、花露水。

第三，按班级配备——水壶、水桶、水盆架、衣架、表、指甲刀、剪刀、鞋刷、针线。

第四，按需要配备——冰箱、微波炉、挂烫机。

(五)卫生消毒用品

卫生消毒用品包括 84 消毒液、洁厕灵、去污粉、洗洁精、洗衣粉、洗手液、香皂、肥皂等。

配备要求：定量使用——按班级配备。

在物品配备的时候，有许多详细的要求，但是管理者要知道"以人为本"。物品是为园所幼儿和教师所配备、所服务的，所以在配备必要物品的时候，不是买了、给了、领了、用了就好，而是要物尽其用，让"物"的使用推动管理工作走向新的台阶，这样才能物超所值。

案 例 肥皂盒变形记

有一次，我和孩子们一起在活动区玩。期间，一个孩子去厕所了，回来之后，湿湿的小手粘了一些香皂沫。我关心地问道："宝贝，你的手没有洗干净，还有小香皂呢。"孩子看了看，拉着我走到洗手池旁边，解释道："园长妈妈，你看，小香皂本身就黏糊糊的，不小心粘在我手上了。"

我顺着孩子指的香皂，发现孩子们使用的小香皂被水泡得特别黏，而且香皂盒上存留了很多香皂，看起来既不卫生又不美观。

选择什么样的香皂盒既能方便孩子们使用，还能保持干燥整洁呢？传统的香皂盒都是盒底有个镂空帮助控水，但是还是会有一部分香皂粘在香皂盒上，尤其是幼儿园孩子多，洗手环节也多，经常保持干燥确实不容易做到。哪些有效的方式可以让香皂保持干爽呢？

常见的方式有：把小香皂挂在布兜中，这样孩子们直接用小手搓布兜就可以了，湿湿的小布兜不用的时候自然风干；把香皂换成洗手液，洗手液在瓶子中，不会粘在孩子们的小手上，可有效地解决问题。

如何让小香皂盒既美观高效又保持干爽成了研究的问题。我们组织一线教师和后勤工作人员一起到家居市场、超市搜集相关的香皂盒，终于找到了梦蜗磁铁吸皂器。它有着像小象鼻子一样流线型的外观，淡淡的青色，有一个带锯齿的圆形铁扣，把锯齿插在香皂的一面，只露出圆形铁片，轻轻地贴近小象鼻头就会把香皂吸上。香皂在半空中悬挂，达到了通风干燥的目的。

这个吸皂器一放到班里，孩子们就特别喜欢，洗手的时候主动打香皂，还经常歪着脑袋看小象鼻子是怎样把香皂吸住的。孩子们发现是磁铁吸住了香皂上的圆形铁片，觉得非常好玩，还模仿着在班中把其他物品也挂了起来。

后勤物品的管理不仅体现在对物品的购买中，还体现在如何借助"物"的媒介，实现环境教育的功能。探究既是幼儿科学学习的目标，也是幼儿科学学习的途径。大自然和生活中真实的事物与现象是幼儿科学探究的生动内容。《指南》的科学领域中指出，激发探究欲望，培养探究能力是幼儿科学学习的核心。管理者倡导的教育理念应是幼儿在玩中学，做中学。例如，幼儿在每天的洗手环节中，通过取放香皂可以感知磁铁的特性，充分感受磁铁在生活中的用处以及磁铁给生活带来的便捷，产生探究兴趣和创造欲望。作为后勤的教育者，我们研究工作的方向是从教育出发，从幼儿的健康出发。

（六）植物类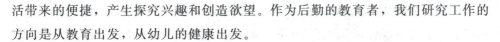

植物类包括四季花草、树木。

北方适合种植的落叶乔木：法桐、白蜡、椿树、国槐、元宝枫、海棠花、银杏等。

北方适合种植的常绿乔木：油松、桧柏、侧柏、龙柏、雪松、白皮松等。

北方适合种植的落叶灌木：锦带花、珍珠梅、黄刺玫、玫瑰、丁香、迎春花、木槿、紫薇、连翘等。

北方适合种植的果树：苹果树、梨树、桃树、杏树、柿子树、枣树、樱桃、核桃树、葡萄、石榴、李子、板栗、草莓、蓝莓、山莓等。

北方适合种植的藤本植物：山荞麦、紫藤、牵牛花等。

南方适合种植的落叶乔木：木棉、鸡蛋花树等。

南方适合种植的常绿乔木：雪松、黑松、桧柏、女贞、侧柏等。

南方适合种植的灌木：三角梅、仙人掌、野牡丹、茉莉花等。

南方适合种植的藤本植物：爬山虎、西番莲等。

不同的树木寓意也各不相同：松柏象征坚贞、不屈不挠，代表安康长寿；桃花象征多福多寿，桃李满堂；杏象征幸福和美好；枫叶象征红运；石榴象征多子多福和全家团聚；柿树象征柿（事）柿（事）如意；丁香寓意勤奋谦逊，象征良好的校风；海棠象征吉祥美满，家族和谐兴旺；桂花象征富贵满堂，以和为贵；兰花象征高尚。

配备要求：

第一，四季常青，三季有花，两季有果，一季彩叶。

第二，落叶植物和常绿植物间插搭配。

第三，注意层次和色调，耐阴和喜阳植物合理搭配。

管理原则：

首先，专人专治，定时浇水。请平常喜欢摆弄花草的教师专门负责，因为他们特别喜欢研究花草树木的习性，而只有根据花草树木的习性定时浇水、松土、除草、施肥，才能保证花草树木长得更好。

其次，定期剪枝，修剪造型。如果树木自然生长，则多是枝条密集，树冠郁闭，树体结构紊乱，通风透光不良，树体长势不好，枝条纤细，叶小而薄，这样会影响树木的生长，因此要定期剪枝。

　　最后，定期打药，防治病虫。很多树木都会出现虫害现象，树木上啃食树叶的小虫，不仅会影响树木的正常生长，破坏绿化环境，还会给幼儿的生活和游戏带来不便。要请专业人员过来查看，每月定期对树木进行打药灭虫，有效保障花草树木健康生长。

　　园所环境对幼儿健康成长具有重要的作用，而植物是园所环境的主要组成部分之一，园所植物景观充分体现其文化性，对幼儿健康成长起着潜移默化的教育作用。新颖、别致、丰富、优美的园所植物景观，能激发幼儿的灵感，愉悦幼儿的性情。近几年，幼儿园环境设计遵循人与自然和谐统一的原则，意在创造富有特色的绿色生态型幼儿园。在绿植管理方面，如何做到人和自然的和谐呢？

案　例　小兔子割草机

　　大家对于割草机这个词汇应该是不陌生的，割草机的功能就是割草，把参差不齐的草修剪得非常整齐和漂亮。有没有更有效的办法呢？那就需要有善于观察的眼睛了。

　　户外活动的时候，4只小兔子又跑了出来，孩子们开心地追逐着小兔子，一派欢乐的景象。朱园长把后勤主任带到草坪旁边，让他观看小班的孩子们喂小兔子。有的孩子从家里拿来胡萝卜直接喂给小兔子，有的孩子从旁边的草地上拔草给小兔子吃。小兔子对于胡萝卜和小草也不拒绝，吃得很香。

　　后勤主任突然明白了：每天把小兔子放出来，一方面它们可以自由地活动，陪伴孩子们玩耍；另一方面，它们可以吃到新鲜的嫩草，而小草也会慢慢地长大。小兔子割草机就这样诞生了！小兔子在幼儿园的生活真是悠闲自在啊！

　　马卡连柯说："即使是最好的儿童，如果生活在不好的环境里，也会很快地变成一群小野兽。"同样，即使是最好的绿植，如果不能合理布置，那么也会凌乱不堪，不能发挥出它们的价值。园所中的一草一兔都蕴含着丰富的教育知识，要把一草一兔视为教育的载体，并通过精巧、和谐、实用的共生设计，把人文资源和科学文化知识融入园所的每一个角落，从而实现园所环境的功能最大化，体现人与自然相统一的思想。

案　例　小小志愿者

　　饲养园里的4只小兔子，受孩子们喜欢的同时，也给后勤工作人员增加了很多工作：每天准备小兔子喜欢吃的绿叶蔬菜和胡萝卜，收拾粪便，清洁小兔子的房间和小院儿。后勤工作人员把这个问题提了出来:"我们人手少,园里幼儿出勤人数又较多,照顾小兔子的工作太多了,真的忙不过来了。"

听到此事后,班中老师在每周例行的班长会上问道:"咱们养小兔子是为了谁?谁才是小兔子的主人呢?那么你们除了喂食小兔子,观察小兔子,还可以做其他力所能及的事情吗?"观察和照顾小兔子的深度学习在班中老师和孩子们之间开展起来了。

小志愿者每天上午都会给小兔子送好吃的蔬菜,下午帮助小兔子打扫房间。孩子们开心极了,每名志愿者都是愉快地参与其中:有的孩子把菜叶撕成小一点儿的叶片,放到小兔子的院子里;有的孩子直接从栅栏的空隙中把叶子喂给小兔子。孩子们目不转睛地看着小兔子的憨态,被逗得咯咯地笑。打扫小兔子的房间时,有的孩子负责扫院子里的便便,有的孩子负责把吃剩的菜渣子扫出来。他们拿着小笤帚和小簸箕,虽然动作还不熟练,但是都非常认真。老师在一边指导和帮助。小兔子的院子和房间都打扫干净了,孩子们开心地拍起手来。

后勤工作人员在小志愿者打扫小兔子房间的时候,在旁边的种植园里挖好小坑,和孩子们一起把小兔子的粪便埋进去。在填埋的过程中,孩子们提出了各种各样的问题:

"兔子的便便埋在树坑里和花盆里有什么不同呀?"

"兔子的便便是臭臭的,会不会把花和小树熏臭呢?"

"会不会弄得满院子都是便便的臭味呀?"

后勤工作人员为孩子们讲解了便便的作用,让孩子们了解到兔子的便便里面的营养是花草树木最喜欢的,也是最健康的。孩子们听的时候特别专注,在填埋粪便的时候也特别兴奋:"小花小树,我给你们送好吃的来了,你们快点儿长大开花吧!"

愉快的志愿者服务结束了,可是快乐和成长还在继续。

后勤工作人员对于粪便的处理过程就是孩子们学习和探究的过程,是孩子们在大自然中亲身感受的过程,感受人与动物、植物的关系,感受生命的神奇。志愿者服务让孩子们学会了尊重自然中的每一个小生命,从小养成保护自然、爱护自然、爱护生命的良好品质。

绿植创设是一种园所文化,后勤工作人员利用植物、动物的属性衍生出了各种隐性教育文化。除了普通意义上的可观赏的小草和小兔子的色彩美和姿态美外，还有一种比较抽象的却极富于思想感情的美，可称为含蓄美、寓言美、意境美，正所谓景外之景、弦外之音。在孩子们照顾小草和小兔子的过程中，此种教育之美自然四溢而出。

(七)各种工具

各种工具包括灶具、抽油烟机、压面机、豆浆机、绞肉机、铁铲、扫帚、案秤、杆秤、磅秤、水表、电表、万能表、钢卷尺、皮尺、锤子、钉子、刀、钳子、胶把钳、螺丝刀、电笔等。

管理原则：

第一，专人管理，借用登记。例如，杆秤、磅秤、钢卷尺、锤子、钳子等，保证随用随收，无丢失。

第二，专人负责，安全操作。例如，压面机、豆浆机、绞肉机等产品说明书、保修单保存完整齐全，定期培训食堂工作人员学习正确的使用方法，保证安全和卫生。

(八)消防器材

消防器材包括灭火器、火灾报警设备、灭火器箱、灌装设备、消火栓、消防过滤式呼吸器、消火栓附配件、消火栓箱、消防水带、软管卷盘、水泵接合器、应急照明灯具等。

大家都知道消防器材是非常重要的物品，不是随便就能拿取的，而是要经过正规的程序才能对消防器材进行使用，所以消防器材管理制度有"三勤、三定、一不准"。三勤，即勤检查、勤发现、勤指导。三定即定点摆放；定人管理，定期对灭火器进行普查换药，定期巡查消防器材；定期培训，经常检查消防器材，并做好详细记录。一不准，即不准摆放过期的消防器材。

(九)幼儿园用房

幼儿园用房有多种。

幼儿活动的室内部分，一般包括活动单元，如活动室，卧室，卫生间(厕所、盥洗、洗浴)，储藏间，衣帽间以及全园大活动室。全园大活动室指全园或几个班的共同活动室，雨雪天作室内操练、音乐舞蹈教室等。

其中幼儿的大部分活动内容在活动室进行，内容的多样性要求对室内家具采取多种组合方式，并要求所创造的建筑空间为这种多变提供可能，最常见的是正方形和矩形，还有不规则图形等。此外卧室也是重要的组成部分。幼儿白天有2

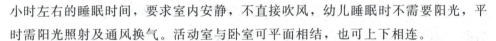

小时左右的睡眠时间，要求室内安静，不直接吹风，幼儿睡眠时不需要阳光，平时需阳光照射及通风换气。活动室与卧室可平面相结，也可上下相连。

医务管理用房，主要有医疗保健室、病儿隔离室、晨检室、妈咪屋。

后勤用房，主要有厨房、开水间、消毒间、洗衣间、木工房、健身室等。

幼儿活动室外部分，主要有每班活动场地，全园活动场地（大操场、沙坑、戏水池、滑梯、平衡木等），种植园，动物园等。

二、按价值功能分类

（一）固定资产类

固定资产类包括各种家具、电器、食堂炊具、交通工具。

管理原则：

第一，固定资产管理责任。

①幼儿园固定资产实行统一领导、归口管理、分级负责、责任到人的管理体制，层层签订固定资产管理责任书。园长是幼儿园固定资产管理的总负责人，财产保管员为具体管理负责人，各部门、办公室、班级人员为具体财产的管理人和使用人。

②明确固定资产各级管理人员职责，每学期与各班级签订固定资产管理责任书，使各部门、各班级人员明确各自负责的内容和要求。

③成立幼儿园固定资产管理清查小组，明确清查小组的职责，协助财产保管员，做好固定资产管理与清查工作，并对下一年固定资产管理提出建议。

第二，固定资产的采购、入库、调拨。

①购置的物品单必须有申请人、总务主任、幼儿园负责人三人的签名。

②对于社会捐赠物品要及时入账，并附有捐赠协议和交接清单。对已投入使用但未办理交接手续的固定资产，可按市场估价入账。

③固定资产需要转移的，由固定资产管理小组协调处理，填写"幼儿园设施设备调拨单"，经调出、调入部门管理负责人签字后，再由调拨负责人以及单位负责人确认。

第三，固定资产的使用与维护。

①各部门、班级应根据责任书内容落实对固定资产的安全使用和保管。在使用过程中，要对固定资产进行养护和定期检查，确保完好，如有损坏要及时报损维修。

②财产保管员对于公共固定资产的使用要时常检查、清点。根据各部门固定资产的报损情况，及时安排人员维修。

③幼儿园固定资产一般不对外出租或者出借，如有特殊情况确需出借的，应由出借单位提供借用申请，固定资产管理小组审批，园长签字。借用方要按幼儿园外借固定资产要求办好手续，收回时由财产保管员勘验，有损坏的要依据损坏程度进行赔偿。

第四，固定资产的清查与整改。

①幼儿园固定资产应每学期清查一次，每年年底进行总清查。

②幼儿园每学期的财产清查工作先由各部门(班级)进行自查，再由幼儿园财产清查小组人员共同检查，根据检查情况进行整改后，再由清查小组进行复查。

③清查工作时要对固定资产实物及所有台账进行检查，做到账本、账表、账物一致，保证固定资产采购、入库、使用、维修、报废程序完整和手续齐全。

第五，固定资产的报废工作。

①对于无法使用的固定资产，财产保管员要统一进行登记，上报园长，进行报废处理。报废金额按有关规定执行。

②报废单要由财产清查小组、后勤部门、幼儿园负责人共同签字，说明报废物品和原因，报区教委审核批准报废。

③报废物品处理后的回收资金，要及时入账。

(二)低值易耗常用品

低值易耗常用品包括各种笔、订书器、打孔器、墨盒、电话机、电池、螺丝刀、灯管、灯泡、口罩、围裙等。

管理原则：正确使用，妥善保管，延长寿命。

物品的价值归类不仅要考虑管理方便和卫生安全等传统功能，还要考虑物品功能与园所本身的教育理念、园所文化相结合。在物品摆放和归类的过程中，应该牢牢把握住一个基本原则，那就是所有物品都要体现育人价值，让每一件有价值的物品都会说话。

案例 有价值的托架

幼儿园的电器比较多，如空调、电扇、电视等。由于这些电器基本上都挂在墙上，断电时拔下的电源插头就自然地耷拉下来，非常不安全，也不美观。正如一面会说话的墙一般，它们告诉大家电线如何不合时宜，如何凌乱。

作为管理者，我也常思考活动室中每一处是否具有教育价值，于是尝试买来了几个可爱的小卡通托架，把它们贴在了电源开关的下面。电源线从卡通宝宝四肢中间的空隙中通过，电源插头就卡在了手臂上，像卡通宝宝抱着宝贝一样，非常可爱，取放安全又便捷。

孩子们看了非常感兴趣，不断地问我："老师，这个托架做什么用？"我说道："相信你们的小眼睛会发现秘密的。"中一班的孩子们通过观察知道了为什么把卡通宝宝挂在那里，也知道了收纳电线的巧妙方法。

幼儿在生活中会发现很多有趣的科学方法，这些方法可以开阔思维，引发思考，促进幼儿成长。有价值的物品一定会体现出后勤采买采购人员对教育价值的把握。

三、按材料分类

金属材质：各种炊具、餐具柜、保温槽、蒸汽柜、消毒柜。
塑料材质：物品箱、物品筐、托盘。
木制材质：桌、椅、床、门、动物房、活动玩具房。
玻璃材质：餐盘、玻璃杯。
布制材质：窗帘、桌布、娃娃、毛绒玩具。

案　例　多功能水盆架

幼儿园的卫生保健工作规范要求消毒桌面时用的清水盆、消毒盆和搞卫生的卫生盆标识清晰，分类使用。但是班级中还是常常出现水盆摆放不规范的现象。鞋架上也有，洗衣机上也有，大家到处乱放小盆。由于卫生间壁柜的空间有限，把这三个水盆都放进去非常拥挤，壁柜关不严，而且不利于通风，容易滋生细菌。水盆放在什么地方又安全又卫生呢？如何有效合理地利用空间呢？保健医通过到班级实地观察和研究，发现卫生间瓷砖墙上有一个位置特别适合放水盆，外面是毛巾架，正好可以挡住水盆，这样既安全又便捷，还不影响美观。

找到了合适的位置，选择什么样的架子也很关键。后勤主任先量好了尺寸，然后到各个大型家具市场和超市去挑选和采买。最后他挑选的是白色铁艺的水盆架，挂扣是三角形的，托盘是长方形的，上面可以放下三个水盆，下面的小缝隙处还可以挂上刷子和百洁丝，既保证了通风干燥，又实现了空间的合理利用。

> 教育者就是要创设会说话的环境，让幼儿从中学到知识，健康成长，这样才能真正做到环境育人。

幼儿园后勤管理是什么呢？这是一个需要慢慢细说的问题，但是从此案例中可以得出一个答案：后勤管理就是管理一件件正在发生的事情。物的管理就是要让实施者依照一定的目的做事，最终达到的效果就是"服务育人"。可见，物的管理过程不在于物体或者物品本身放置的位置、放置的方式，而在于管理者在对物品进行规划时与教师之间的互动过程，这个过程决定了物品管理的成效。否则，再好的物品离开互动的过程仍然将是毫无生命的物品，不会变成人性化管理的载体。

上述物品的分类是相对而言的，为方便采买采购人员统计，在实际的工作中，可以根据本园的实际情况进行相应的调整。

第二节　购买物品"三部曲"

后勤物品购买是幼儿园后勤工作中一项复杂多变的活动，也可视为一个独立的系统，并且是一个包含衣、食、用等物质文化生活需要的后勤动态系统。后勤购买对象主要是指物品，但是物品的购买受到很多因素的影响，如价格、供求关系、使用的紧急程度等。所以，在购买物品之前、之中、之后都需要考虑多方面的因素，以保证后勤采买的物品满足日常教育教学工作的需要。

一、买前"三思"

《论语》中曾提到"三思而后行"，这就告诉我们在做事之前要深思熟虑。同理，后勤工作人员在购买物品之前也需要"三思"。

（一）一思：物品分类

后勤采买的工作非常重要，采买前需要考虑周全。后勤主任需要和各个部门沟通和协调物品的名称、数量、外观、色彩、功能等，有的时候还要考虑价格与需求的价值是否协调一致。节约环保是采买时需要遵循的原则。例如，毛巾、水杯都是需要定期使用和更换的，替换下来还可以继续用在别的方面，但是有的物品是不能有效再利用的，尤其是纸类物品。在采买之前，后勤工作人员应该把预先要买的物品在心中进行衡量和归类。如果所要购买的物品是必需品，如消毒液、幼儿水杯、毛巾等，那么在货比三家之后可以购买；如果所要购买的物品是可替代品，如美工区桌布可以用废旧床单代替，玩具筐可以用酸奶纸盒代替等，那么思考物品如何使用时要与需要这些物品的前勤教师商议，看是否可以用替代品；如果所要购买的物品是消耗品，只能使用一次，如一次性纸盘、一次性纸杯等，完全可以和孩子们一同收集，那么就没有必要购买了。

作为幼儿园的首席管理者，园长对于消费性的购买活动，不仅要做到高质、高量，更要做到高效，这样才能从源头上让全园教职工了解购买物品的基本原则，即环保、节约。

案　例　瓦楞纸必须买吗？

开学前一周是前勤教师最忙的时候，因为班级和楼道的环境需要整体来布置和设计；同时，也是后勤工作人员最忙的时候，因为需要根据前勤教师的需要反复地去购买所需物品。

一次，购买的物品清单中显示有好几个班级都需要彩色瓦楞纸。每张彩色瓦楞纸的规格是宽50厘米，长70厘米，每班需要10张，6个园所加起来一共需要400张，每张彩色瓦楞纸是3元，仅这一项就需要花费1000多元。

后勤工作人员是为全体教职工服务的，在采买的时候既要考虑满足大家的需要，又要考虑符合幼儿园采买原则，有时候真的需要动动脑筋，并不是教师要什么，就买什么。

教师在布置班级和楼道的时候，通常需要很多材料，尤其是纸类——皱纹纸、彩色复印纸、瓦楞纸等，但是纸类的材料时间一长就容易变色、撕裂，还会落满尘土，既不美观，也不卫生。这时就要好好想想了，如果购买的价钱与使用的时间和效果相匹配，就可以采买和配备；如果使用时间不长就需要更换，而且价格又不便宜，这时候就要考虑是否购买。当然，不购买但还需要完成环境创设，就需要教师和孩子的想象能力了。

在购买彩色瓦楞纸前，考虑到成本和效果的关系，后勤工作人员向管理者说明了缘由。他们不想用一句"不能买"来应付前勤教师，而想在"不能买"前加上合适的理由。

管理者希望后勤工作人员和前勤教师详细沟通，了解瓦楞纸的使用方法：做大树的树干、小草和房顶等一些背景。那么有没有可以替代的物品呢？

后勤工作人员把收集在库房准备卖给废品回收站的食用油的箱子、大卷卫生纸的箱子、水果箱子等压成了纸片，并擦净浮尘，根据班级需要送到了各园各班。班里教师引导幼儿一起撕掉纸片的外皮，使纸片露出一条条的瓦楞后，再染色，于是，五颜六色的瓦楞纸出现在班级的不同角落里。金黄色的小草，可爱的茅草屋……瓦楞纸的替身——废旧纸箱完美转身！

从案例中可以看出瓦楞纸有许多替代品，在研究替代品的过程中，我们可以揣摩购买者和使用者之间的矛盾从开始到解决的过程，这个过程其实就是前勤和后勤教育观念统一的过程。幼儿园的任何材料都具有发展价值，都能引发幼儿的学习。后勤工作人员不应只是有求必应的服务者，还应是会思考的教育者和研究者。正如蒙台梭利指出的"我们必须给儿童提供一些系统的、复杂的、与他本能相一致的材料"。废旧物品客观存在于孩子们周围，比起购买成品，巧手利用废旧物品可能会收到事半功倍的效果。

案　例　纸杯漏水的启示——节俭在哪里？

节俭是幼儿园老生常谈的话题，也是幼儿园永恒的话题，还是幼儿园一直以来都很重视的问题。翻开我们的后勤计划和总结，节俭的字眼到处都是。是啊，国家需要环保，环保从节俭开始。但是在计划和总结上有了节俭的字眼就真的做到了节俭吗？想一想，你的幼儿园有什么具体的措施能够保证大家节俭呢？我这个案例讲的是采购时是否做到了节俭。采购员节俭大家都知道，而且，各个幼儿园都有一个节俭的后勤主任或采购员，他们可谓幼儿园里最会过日子的人，最会算计的人，俗话说也是公认的最抠门的人。

那么什么才是真正的节俭呢？节，节制、减少；俭，简朴、简洁。幼儿园真正做到了吗？后勤采买的原则是什么？是便宜，质量高，新颖，还是有创造性？其实购买什么样的产品就有什么样的要求和细则。对于后勤来讲，节俭首先就是资金怎么花的问题。如何花得有效？如何花得物有所值？如何花得人人叫好？这对于后勤主任来讲可是一门大学问。

一次，接待来人的纸杯，让我着实有些尴尬。一杯水递过去，刚刚放到桌子上就漏了一桌子的水。我赶快又套上一个纸杯，以为没事了，没想到水又从套杯中流了出来。我心中的气恼难以言表。客人没有在意，但想来这都是贪便宜惹的祸。因为这件事我去问后勤主任，易耗品的采买原则是什么呢？在什么地方购买？需要多少经费？后勤主任自认为剩下了钱就是注重了节俭的原则。他说所购买的纸杯一块钱一个，比一块二少了两角钱，但我帮助他细算下来呢，会是什么结果？两个或三个纸杯套在一起用，就成了两元或三元的成本，比一块二增加了多少经费呢？从另外的角度分析，主要是质量不好的产品的浪费现象，也着实让人心疼。购买不合格的产品，还无形中支持了不合格产品的生产，滋长了那些偷奸取巧的人的贪欲。纸杯是用来喝水的，产品不合格会对人们的身体健康产生影响。我问道："采买时你首先想的是什么呢？"后勤主任辩解道："这都是合格的产品，不然也不会流入市场。我也没有尝试过，我也不知道为什么会发生这样的事。"是啊，后勤主任的牢骚和磨叨能够解决我们现有的问题吗？那么针对现在市场的粗制滥造的现象，如何做到慧眼拾金呢？如何做到货比三家呢？又如何增长识别的经验呢？我们可不能把问题都推到市场。目前我们改变不了市场的问题，只能改变自己解决这一问题的态度，使这样的问题不再发生。如果没有很好的判断和评价能力，就说明我们的业务还不熟练，我们的专业水平还有待提高，我们计划中大喊的节俭还没有落实，采买的制度和规则还需要细化和完善。

作为园长，我不是想与后勤主任辩论杯子出现漏水问题的原因，也不需要后勤主任的解释和自责，而是想通过对杯子漏水这一件事的认识和思考，提高后勤主任的管理能力，让他能够正确地认识自己管理的漏洞。例如，对管理细节的把握，对节俭的分析和理解，对采买以及对其他后勤工作管理带来的启示的思考和收获。通过这个问题的点，使后勤各项工作的面都得到有效的提升，才是这次指导的关键。

此案例是园长针对"开源节流"阐述的一篇管理笔记，从中可以读出在采买物品时需要注意的事项。采买物品不应该仅仅为了省钱而不考虑物品本身所具有的实用价值，正如纸杯不能盛水了，花再少钱买回来也是废品。物品的第一属性是最需要考虑的方面，当然，物品另有其他附属价值最好，假若不具备也算物尽所能了。

综上所述，采买物品时必须思考物品分类问题。可替代的材料有很多，需要全园教职工努力发现和挖掘。这样既能节约资源，保护生态，又能渗透前瞻性的教育理念，可谓一举多得。

(二)二思：物品实用性

在购买物品前，我们都希望物美价廉，希望所买物品不仅可以真正满足幼儿园的需要，还能发挥最大的实用性。实用不实用不是看看就知道，而是要在使用中反复对比。

墩布是幼儿园常用的清洁工具。随着生活水平的提高和装修材质的变化，地面不再是单一的水泥地，而是类别多样，质感各异。幼儿园里的地面有瓷砖地、地板革、木地板，瓷砖地又包括可吸水和不吸水两种，那么在购买墩布的时候就需要思考再三了。

案 例 墩布风波

幼儿园的楼道地面都是地板革铺设的。地板革是一种新型的铺地材料，具有脚感舒适、耐磨、耐污、耐腐、防潮、吸水性小的特点。清洁时可用清洁剂或洗涤剂擦干净，平日可用微微潮湿的拖布清理，这样不仅可以防止表面花色掉色，还可以防止脏水从拼缝中渗入造成地板革开裂、翘曲或脱胶。

保洁员在擦地的时候发现地板革有的地方已经不平整、变形了，便和后勤主任反馈："墩布头特别粗，不容易拧干，因此，地板革上容易存水，而长期存水会导致地板变形。"

后勤采买采购人员便到超市里试用各式各样的墩布，其中有三款墩布都是可以甩干的，哪种更适合呢？它们共同的特性就是可以甩干，不同的是甩干的方式，有的需要脚踩，有的需要手动。另外，甩干桶也不同，一种是下排水，一种是手动倒水，大小也有区别。通过尝试与比较，并根据幼儿园的班级空间和性价比，采买采购人员选择了两种占地小、便于摆放、手动甩干的墩布，效果不差，也很方便。

先购买了两把墩布进行试用，发现新买的旋转墩布用起来非常轻巧和顺手，甩干效果特别好，墩布把儿比较结实，擦地时也能使上劲儿，甩干桶放在水池旁边，墩布悬挂在水池上方，都不占地方。

教育就是以幼儿为本，尊重幼儿的生长发育特点，保护好幼儿的健康和生命，安全是幼儿园工作的首要目标。在幼儿园的点滴事件中就可以发现教育者的教育观念和教育智慧。一把小小的旋转墩布，货比三家，比什么、为什么比心里清晰，购买的墩布不仅让使用者心情愉悦，还给幼儿创设了干净、安全的环境，其实用性很棒。

　　在幼儿园里，成人使用的物品需要考虑实用价值，孩子们使用的物品更需要考虑实用性，毕竟孩子们使用的物品消耗性更大。

案　例　写字板大变身

　　孩子们特别喜欢在纸上、黑板上、瓷砖上、水泥砖上等写写画画。那么怎样满足幼儿写写画画的需求呢？

　　在前勤和后勤例行会议上，大家都说出了自己的想法。

　　大一班张老师说："咱们原来的黑板是石板的，可以弄一个木头的，刷上黑色涂料，特别环保。孩子们可以用粉笔写字，写完后轻松擦掉，也可以用摁钉把自己剪贴的画儿扎在黑板上组成一幅新图画。"

　　后勤王师傅说："有一种磁力板，可以用水彩笔随意画，拿湿毛巾一擦就掉。而且有了这种磁力板孩子们就可以随时随地画画和书写了，因为这种磁力板轻便不占地方。"

　　马老师说："有一种儿童写字板也是磁力的，是用环保软磁、彩纸印刷过光胶做的，笔是连在写字板上的，不用担心笔会丢。而且不用毛巾擦，用旁边的塑料滑动杆一划就可以轻松擦掉所有的痕迹。"

　　朱园长继续提示道："孩子们在院子里玩时，可不可以在留白的空间里写写画画呀？咱们院子里的文化墙可不可以用玻璃材质呀？"

　　田老师说："用玻璃做文化墙也挺好的，既漂亮，又不怕水，还好清洁。我们可以在文化墙旁边放一个小筐，里面投放一些水彩笔和小抹布，孩子们画画的时候随用随擦，或者好几个孩子在一起画画，大家互相交流，互相学习，互相欣赏，共同成长。"

　　"大家越说越细，考虑得越来越周全了，慢慢地都学会从幼儿的年龄特点出发，从幼儿的发展目标出发了。有近期目标，更有远期目标，想得更全面了。"园长给予了积极的肯定。

　　材料开始陆续投放了：木制小黑板放在了木工坊，孩子们在木工坊制作的时候，有的直接在黑板上画出自己的设计，让大家相互学习，大胆提建议；有的在黑板上用摁钉固定住自己提前画好的设计图，边制作边看图，充分地发挥小黑板的功能。每个班级都投放了儿童写字板，孩子们在活动区和过渡环节里可以自由地书写、绘画，自在地享受快乐的童年时光。院子里的玻璃文化墙成了孩子们的创想墙。在户外分散活动时，孩子们经常几个人一组在玻璃板上画出和同伴在一起的游戏场景或者幼儿园的美景，边画边交流，快乐写在了每个人的脸上。

日本著名建筑设计师仙田满先生对儿童教育环境的设计情有独钟，他曾在"2011年全国幼儿园建设研讨会"上发言："儿童的游乐环境应该是自由、快乐、无偿、可重复的，儿童在这样的环境中，身体性、社会性、情感性、创造性都能得到发展。"大到幼儿园硬件设备，小到一枚螺丝钉，都应该体现教育性、反复可操作性，也就是通俗意义上的实用性。

（三）三思：物品安全性

幼儿园管理者要牢记一句话："安全永远是第一位。"没有安全就没有一切。《纲要》指出："教师应该把保护幼儿的生命和促进幼儿的健康放在教育工作的首要位置。"因此，幼儿园后勤工作中装修材料的安全、幼儿活动场地的安全、幼儿家具的材料及外形安全、电源插座的保险安全等都是需要在采买时慎重思考的内容，这样才能保证幼儿的安全。

案 例 快乐阳光屋

幼儿园的整体设计是一个回字形的大楼，回字形的中间是露天式的空间，这个空间夏天热、冬天冷，不利于幼儿游戏和学习。园所管理者察看中心院的地形和面积后，初步做好了计划书。他与教委招标的工程公司设计人员进行沟通，选择了最新的一种装修材料。这种装修材料可以做到内外保温，保证中心院的温度适宜。中心院顶棚与窗户的设计不太合理，阳光照射比较强，比较刺眼，对幼儿的眼睛发育有影响，所以又在玻璃天窗四周加了电动遮光帘，这样既避免了阳光直射，又不影响正常的游戏活动。整个场地铺设了木地板，既保证了幼儿游戏的安全，又起到了地面保温的作用。

中心院建好了，里面设置了乐高区、建筑区、科学试验区、益智区、蛋糕房、体能游戏区，全园的幼儿轮流在这个综合区域里进行游戏和互动。阳光洒在幼儿的身上，让幼儿感到很温暖。环保安全的玩具设施让幼儿专注、投入地玩耍，和谐的游戏氛围让幼儿学会了交往和表达。快乐阳光屋充满了阳光，传递着快乐。

《纲要》的总则中指出："幼儿园应为幼儿提供健康、丰富的生活和活动环境，满足他们多方面发展的需要，使他们度过快乐而有意义的童年。"幼儿园创设环境的装修材料首先应安全、环保，整体创设要基于对幼儿安全、健康、探索及社会交往的需要，满足幼儿自主选择、自由结伴、自觉探索的需求，有助于提高幼儿的综合能力，促进幼儿的长远发展。只有在安全、舒适、适宜的空间里，幼儿才能自由、自主、自发地游戏，享受阳光，健康成长。

二、买中"三符合"

物品采买在幼儿园管理中有着重要的地位和作用，因此采买必须有相应的流程，如图 4-1 所示：

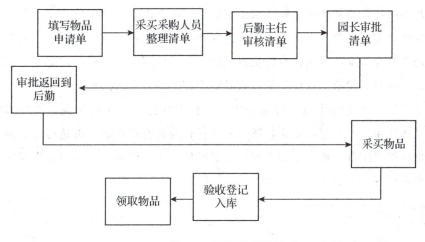

图 4-1　物品采买流程

在采买的过程中，也需要做到"三符合"，具体如下。

(一)符合国家政策

食品类的采购要符合相关的国家政策，如《中华人民共和国食品安全法》《中华人民共和国食品安全法实施条例》《餐饮服务食品安全监督管理办法》《餐饮服务食品采购索证索票管理规定》等。

(二)符合采买规定

俗话说："家有家法，行有行规。"任何一项工作都有章法可循，后勤的采购也一样。幼儿园后勤部门具体负责幼儿园的采购工作。所购物品必须由相关部门提出申请，经主管领导批准后交采购部门办理。全园所需物品，按物品相关种类交由采购部门采购，其他人员无特殊情况不得擅自购买。数量较少的物品或临时性购物时也必须由两人以上去采购，采购过程中，必须进行反复比较。采买采购人员要经常深入市场调研，咨询物品价格，掌握市场信息，以保证所购物品物美价廉。采购食品时必须到持有卫生许可证的经营单位采购，并坚持索证，不能采购不符合真凭实据的食品。对油、米、面、干鲜、肉类等较大量物品，必须定点采购，并与供货商签订合同，索要各种证件，有条件的要进行实地考察，确保食品采购的安全性。日常耗材必须在政府指定的入选定点供应企业采购，而对于大宗物品必须按规定和程序定点招标采购。招标时必须有三家以上单位参加竞标，这样的招标才能视为有效，并要做到监督有力，公开、公平、公正。

（三）符合报销手续

购回的物品必须严格验收，票据需要采购经办人、后勤主管签字，并经园长签字确认后方可报销。在此过程中，首先要查验发票的抬头是否开对，发票里的项目是否符合要求，数量、单价是否列清。如果购买了许多物品，除了发票所列的数量，还要随发票一同提供采购物品的明细单。现在广泛使用的公务卡，为大家提供了另一种支付手段。公务卡作为一种现代化支付结算工具，不仅携带方便，使用便捷，而且透明度高，所有的支付行为都有据可查、有迹可循。但在使用中也有许多注意事项，如刷卡的小票要随发票交给财务，这一点在报销中不注意会经常出现问题。

三、买后"三想"

（一）一想：摆放的位置

对于采买后的物品摆放和分类也非常有讲究，摆放的位置和摆放的方式都需要进行思考和研究。摆放得体和巧妙，可以让环境变得更舒适和温馨；摆放随意或没有章法，会让本来艺术的环境变得非常凌乱。

1. 方便取放

工具类。 在墙上钉好一排排挂钩，将铁铲、扫帚、木把儿墩布等整齐地存放在传达室的小库房里，保安负责看管。这样在打扫户外卫生时，便于保洁员随时取放和收纳，更便于教师集体扫雪、铲冰时使用和收放，既整齐卫生，又便于管理，还不易丢失。

餐具类。 如果教师在幼儿园吃早餐和午餐，那么教师的餐盒就需要放在幼儿园里。选择什么样的餐具柜，把餐具柜摆放在什么位置更便于教师取放呢？首先要选择有均匀独立小空间的餐柜，使每位教师的餐盒都有独立的空间，以保证卫生和清洁。

其次是餐柜的摆放位置，要既不影响美观，又便于教师快速用餐。通过观察，发现去往食堂的过道两边有一点儿位置可以摆放，餐具柜一个挨着一个贴着墙边，摆放在中间过道，既不影响大家顺利通行，又可以让教师快速取放餐盒和离开。

植物类。在室外区域中合理安排花草、树木、盆景等，根据它们的特性将它们种在不同的地方。例如，桃树、榆叶梅等都是春天开花的树种，要种植在南边的操场周围，这样既能够保证阳光充足，保持适宜的温度环境，让植物正常地生长，也便于幼儿对比观察。对于盆景的摆放也要非常用心，每个楼层的拐角处都可摆放绿萝、吊兰、龟背竹等。一方面这些植物可以净化空气；另一方面这些植物，便于养殖，生长速度快，便于幼儿比较观察。还可以摆放四季花卉，如一品红、菊花、水仙花等，这样既可以美化环境，又可以让幼儿感受到四季花卉的不同，让每一个经过这里的人感到景色宜人，美丽温馨。每个花盆下面都要有托盘，以便于浇水时不外溢，保洁员定时修剪、浇水以及擦拭花盆和花叶。

🔍 案　例　会走的房子

　　你见过会走的房子吗？你肯定会奇怪地问："房子怎么会走呢？"幼儿园里就有几座会走的房子。因为房子的下面有四个轱辘，所以使劲儿一推就走。

　　为什么要设置会走的房子呢？原来是把玩具放在固定的玩具房里，但玩具房面积小，所以很多玩具都是摆在一起的，取放非常不方便，幼儿想挑选自己喜欢的玩具时，不是够不着，就是搬不动。而且因为空间小，很多玩具都混放或缠绕在一起，幼儿在取玩具的时候特别不方便，半天都解不开。这些都影响了幼儿的游戏兴趣和游戏质量。

　　你看，操场的墙边上多了几个黑白相间的长方形框架，最上面的横柱上均匀地分布着10个挂钩，四面都可以挂。户外活动的时候幼儿的高跷就挂在上面，又方便又整齐，收纳时一点儿都不缠绕。幼儿玩得特别开心，他们再也不用担心解不开的问题了。

　　再看，院子里多了几座可爱的小房子，房顶是尖尖的三角形，房体是长方形，两个窗户和两扇门上都有插销，房高一米六，又方便，又安全，里面还有三个隔层。中大班幼儿玩过玩具后，都是自己进行摆放。

　　院子里来了会走的房子，幼儿非常好奇，户外区域开始的时候，他们都争着去拿玩具。他们分工拿玩具，有的取，有的摆，有的帮忙出主意，指挥玩具摆放的位置。大家又一起和老师把房子推到院子中央。游戏开始了……

会走的玩具房成了幼儿喜欢的玩具。幼儿可以根据需要随时移动，用完再推回去。而且在这个过程中，幼儿拥有自主权和决定权，可以和自己的好朋友一起享受这种独立的快乐。

后勤工作人员配备的会走的房子本身就是为幼儿提供的大玩具，幼儿可以自己取放玩具，分类玩具，选择区域，学会交往合作，学会协商和分工，学会合理安排，学会自主分配。这个过程就是幼儿自主学习、主动思考、自主成长的过程。

2. 减少损耗

日常用品类。鞋刷、厕刷、地刷等各种刷子，成套的笤帚和簸箕，能甩干的拖布等，都要放在卫生用品的库房里分类收放。需要领取时，教师要拿着破损的物品，保管员确认不能继续使用的再进行更换，避免不必要的浪费。

办公设备类。电脑、打印机、复印机、空调、一体机等都是常用的办公设备，需要专人管理和精心维护，这样才能保证设备的正常运转，延长设备的使用寿命。例如，班级的空调和一体机摆放在显要位置，后勤主任一进门口就能看到各种设备的情况；班长主要负责班级的固定财产；室内保洁员主要负责公共教室的空调、打印机办公设备的卫生清洁。巡班时要及时了解机器的卫生及使用情况，发现问题主动沟通和了解，保证设备不用时及时断电，做好卫生清洁工作，有效杜绝设备因长时间不清洁和带电造成的耗损。

办公用品类。笔、纸、墨盒、文件盒等都是办公用品，也都是消耗品。怎样做到减少损耗呢？这就需要专人负责，定量发放，因工作特性而定。在开学初，根据班级教师人数、各办公室行政教师人数，采买相应的签字笔、圆珠笔、记号笔等。教师领取时登记领取班级和科室、领取时间、领取数量，并签字，每月按需领取各种笔。办公用纸都是普通复印纸和彩色复印纸，也是由办公室专人负责，班级由年级组长负责，严格把关。留档资料要用新的复印纸，如果不是正式留档的，只是大家临时需要的普通文字资料就应用可二次利用的纸张，这样既能解决畅通信息的问题，又可减少不必要的损耗。

3. 便于游戏

玩具类。室外的玩具摆放要考虑很多因素，其中一个是安全，一个是便捷。幼儿的玩具摆放一定要符合安全标准，在安全的基础上方便幼儿参与游戏。

案　例　**好玩的天桥**

　　你走过过街天桥吗？这个问题提出来，大家的回答应该是——走过。那过街天桥有什么特点呢？首先，要有一定的高度；其次，要有一定的宽度；最后，天桥下面是宽敞的区域。

　　幼儿园的平衡区里也有一个天桥。它是由废旧油桶与木梯组成的。设计天桥的起因是孩子们和爸爸妈妈经常在周末玩 CS 游戏，孩子们把游戏延伸到了幼儿园里，他们三个一群五个一伙，玩起来乐此不疲。就是基于孩子们游戏的需要，园长才带领大家一起研究如何放置油桶，如何设计天桥的。

　　在柳树与柿树之间有一块地方非常适合玩 CS 游戏，因为这里周围都是树，特别符合玩 CS 的游戏场景。

　　园长问："那怎样设计呢？油桶如何变成牢固的桥墩呢？"

　　"泥土地不太平，挖 10 厘米左右的浅坑，把油桶放进去，再用土填平，这样油桶就不容易倒了。"这是孩子们的主意。

　　一位老师说："在两个油桶之间加一个长梯，孩子们可以在桥底下绕障碍钻、跑，躲闪到固定的位置再到上面爬过天桥，这样玩起来特别有意思！"

　　另一位老师说："还可以在梯子上方 80 厘米处铺上网子，孩子们在网子下面的梯子上玩爬行游戏。因为没有足够的空间站立，所以可以避免安全事故的发生。"

　　经过精心设计和施工，原来的旧油桶变成了彩绘的特色油桶，木梯和编织网组成了"天桥"。孩子们在老师的带领下有序地钻爬，勇敢地挑战自己，提高了身体的协调性、灵敏性和平衡能力。

　　幼儿园要充分利用园所的自然资源，创设相应的环境，让孩子们得到体验和锻炼。木梯离地面的高度达到了一米二，孩子们在木梯上爬过去是有一定难度的，更是具有挑战性的。设计的编织网有效控制了爬行的稳定性，避免了安全事故的发生。在搭建和设计过程中，把油桶下面的一部分深入泥土里，增加了游戏的安全性，使孩子们在木梯上面钻、爬时，更大胆、更快乐。

　　家具类。不论幼儿玩具柜是在室内还是在室外，我们都要帮助幼儿进行分类。室外的玩具和室内的玩具有很大区别，室外的家具外形大，而木制或铁质的玩具柜隔断高，稳定性强，适合放一些室外的玩具。利用这个特点可以把开放性的铁质玩具柜摆放在一层阳台上，这样既能避免雨淋生锈，又能便于幼儿快速拿取和收放，顺利开展自主游戏。

公共环境设施类。幼儿园里有很多垃圾桶，户外垃圾桶的摆放和选择能够方便幼儿生活和游戏吗？幼儿户外游戏的时候有可能流鼻涕、呕吐、打喷嚏、擦汗等，这时候需要用纸巾擦拭，擦拭后的纸巾需要快速地扔到垃圾桶里，这样才能使幼儿养成良好的生活卫生习惯，加强爱护环境的意识。因此，每个操场的周边都要有一个中型的可活动式垃圾桶，它们是封闭式的，但幼儿只要轻轻地用脚触碰一下，就可以轻松地把垃圾扔到里面，还能保持手的卫生。这样的摆放设计既可以方便幼儿，又可以美化环境。

（二）二想：过程性的观察

采买的物品有食品、日用品、家具、电器设备等，类别繁多，怎样保证物品的质量达到标准呢？要注意过程性观察。例如，在食用食物时观察食物的外观颜色，闻闻食物的味道，制作食物时品尝食物的味道等；购买电器设备类的物品时，检查其外观有无损坏、配件是否完整、功能是否正常等，把控好质量关。

1. 了解食物的特点，多种感官把控食品的安全

采买食物的时候要做到一看，看食物的外观、颜色是否新鲜；二捏，轻捏食物，感受它的质感是否符合食物的特性；三闻，闻食物的味道是否有异味；四做，制作过程中观察食物的变化，其颜色、质感、味道是否异常；五尝，制作完成后品尝食物的味道，判断是否异常。严格管理，把好食品安全关。

2. 了解电器设备的特点，按产品说明书正确使用

每种电器产品的特点都各不相同，采买回来后一定要详细阅读说明书，并告知所有教师，让教师了解电器使用时的注意事项和正确方法，了解电器的使用寿命以及维护方法，并确立相应的使用制度。例如，使用空调时，每次使用前要清洁空调外壁，让电工检查线路情况，根据需要拆洗过滤网；使用时要根据天气情况调节温度，室内室外相差5度之内，室内最低温度为26度，持续时间不超过一个半小时；使用后，不用任何物品遮挡，让空调自然散热，集体离开时关掉空调。另外，严禁用湿毛巾擦拭正在工作的电器。要严格执行使用制度，每学期开学初进行各项电器的检修和保养，保证电器正常使用。

3. 了解物品的材质特点，按正确方法进行保养

除了电器，办公家具也是需要注重保养的，因为它们的材质不同，需要的外部条件和温度就不同，需要认真了解和保养，以延长办公家具的使用寿命和使用价值。例如，有的家具是实木的，需要注意很多事项：周围的环境不能太潮湿，

擦拭灰尘的时候需要用潮干棉布，每月用干布进行一次打蜡，以使实木家具更漂亮、更有光泽。

(三)三想：损坏后的处理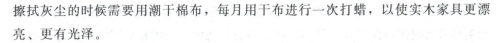

物品在使用过程中由于综合性原因，可能会产生损坏，但是由于损坏的程度不一样，损坏的物品还可以进行二次利用，充分地发挥它们的最大作用。

案 例 别样的攀爬墙

幼儿园的每个班级窗户外面都安装了安全防护栏，但是随着园所的装修和改造，有些地方的安全防护栏就不再使用了。那这些拆下来的防护栏怎么处理呢？放起来吧，没有那么大的地方；卖给回收站吧，又不值钱。挺好的防护栏，还可以做什么呢？

既然大人想不出更好的办法，就直接交给孩子们吧。于是，后勤工作人员把防护栏立在墙边，孩子们户外活动时发现了这个大型新玩具，就顺着防护栏上的网格往上爬，到了顶上再爬下来，往返重复数次，开心极了。

后勤工作人员对攀爬网进行加固并做了整体安全框架，不仅设计了90度直角的攀爬墙，还设计了其他不同角度的攀爬墙，让孩子们进行不同的攀爬体验。有45度角，有60度角，角度不同，难度不同，身体爬行的姿态不同，感受当然也就不同了。

为了激发孩子们的游戏兴趣，在攀爬架顶端的不同位置还设置了游戏情境。例如，按一按小喇叭，拍一拍小铃铛(自行车上的铃铛)，送水上山等。

案例中后勤工作人员利用安全防护栏的特性设置攀爬网，让孩子们在攀爬的过程中充分地锻炼了身体的协调性。后勤工作人员变废为宝，成功做到了减少损耗。

案 例 可爱的小墩布

知道墩布布条磨损后墩布把儿还有什么用吗？后勤工作人员把墩布把儿截成了两节，并把它们打磨光滑，把漂亮的花布头裁成均等的布条，用这些布条绑成了可爱的小墩布。孩子们看到后勤工作人员绑墩布的过程后非常开心，开始了讨论。每个班的娃娃家的小墩布就这样做好了，每个班都有自己的特色，木把儿小巧可爱，长短非常适合幼儿使用。

墩布是我们日常生活中常用的工具。在长期使用的过程中，木把儿墩布的墩布头容易磨损和掉落，这样就不能正常地清洁地面了，可是剩下的木把儿还挺好的，而且也特别挺结实，可以用来做什么呢？该案例给了我们一个很好的提示。

其实，教育和生活是分不开的，教育是为生活服务的。擦地是日常生活中必不可少的家务劳动，孩子们在擦地的过程中可以学会墩布的使用方法，了解打扫地面的顺序，还能感受到家务劳动的辛苦和快乐，逐步懂得珍惜别人的劳动成果。在此案例中，由于孩子们参与了部分制作过程——收集花布头，观看了制作小墩布的全部过程，所以他们在游戏过程中对小墩布更加爱不释手，愿意尝试使用，也知道去爱惜它。幼儿园通过加工把多种已经损坏的材料变成了孩子们学习和成长过程中需要的可爱宝贝，真正做到了变废为宝。

说起墩布把儿的利用可不仅限于此，还可以用它做什么呢？

🌿案　例　好玩的木把儿

> 后勤工作人员把每根墩布把儿截成两到三节，再将它们打磨光滑，于是它们的用处就变多了，可以做成工具，可以做成赶小猪的游戏材料。只要后勤工作人员打磨好墩布把儿后将其放到半成品房，老师们就会一抢而空，因为孩子们太有创意了！我不得不感叹要向孩子们学习。孩子们五花八门的创意着实让老师兴奋！有的孩子用彩条装饰墩布把儿，把它们放在跳跃区；有的孩子把墩布把儿吊起来放在躲闪区；有的孩子把一根墩布把儿刷成两种颜色，玩接龙游戏……孩子们在摆放的时候会注意距离长短的调节，还会摆成一小段直线进行左右障碍跳，不但丰富了游戏内容，还创新了游戏的玩法。
>
> 在小木把儿半截处打上孔，从孔中拴上铁丝。在平衡区上方的绳子上每隔50厘米左右悬挂一根小木把儿。在小木把儿的排列上，孩子们也非常有想法：有的孩子从短到长排序，也有的孩子从长到短排序，还有的孩子按照色彩排序。老师在一旁开心地观察着孩子们自己创意户外区域的秘密。孩子们在平衡区玩的时候，还不时地在彩色木把儿中穿梭，一边穿，一边看，一边摸，玩得特别起劲儿。

孩子们的一日生活都是以游戏为主的，那么我们设置的每一处环境，都要从游戏、学习、发展的需要去考虑，真正让孩子们在玩中学，在操作中学，在交往中学，达到快乐发展的目的，同时实现变废为宝的目标。

　　幼儿园后勤物品的有效投放是幼儿园其他活动开展的基础，提高各类物品管理的科学性和合理性，减少浪费和库存占用，优化物品管理流程，加强物品的定额管理等，是幼儿园后勤管理的重要任务。

　　在结合园所实际情况的基础上，要结合幼儿园本身的特点，大胆探索深化后勤改革的新路子，以精细化的购物清单为平台，逐步实现后勤"物的管理"有条不紊，让管理价值和教育意义齐头并进。

第五章 后勤工作的管理方法

——乐享其中

后勤工作是幼儿园内涵建设、科学发展、提高办园质量的基本保障。幼儿园后勤管理，是后勤管理人员进行的计划、组织、指挥、协调和控制的活动，通过优化配置和协调使用后勤各部门的各种资源，满足全体幼儿与教职工的工作学习和生活需要，并为实现教育培养目标提供和创造有利条件。幼儿园后勤工作是关系到全园各项工作开展的一项全局性工作，其服务范围广泛，内容复杂，这也为后勤管理工作带来了一定的困难。园长要具备一定的后勤管理的方法，带动后勤工作人员以主人翁的精神，深入实际，主动服务，自觉自律地完成本职工作，为一线的正常工作提供有效的、必要的物质条件。本章向大家重点介绍后勤管理的重要方法之一——精细化管理。

精细化管理的理念来源于发达国家的一种管理理念，它是社会分工的精细化以及服务质量的精细化对现代管理的必然要求，也是幼儿教育的时代要求。精细化管理就是落实管理责任，变一人操心为大家操心，将管理责任具体化、明确化。本章将从精细化管理的意义、精细化管理的目标和精细化管理的方法三个方面与大家细致讨论。

第一节 精细化管理的意义

精细化管理是一种现代管理理念和管理文化，其"精、准、细"的基本原则，对提升幼儿园后勤工作人员工作素质，加强幼儿园内部管理控制和各部门之间的协作，提升幼儿园的整体工作质量都具有非常大的实用价值。

后勤工作以服务为体现方式，细节往往反映服务的水平，所以后勤管理要在"精细"上下功夫。后勤工作中最常遇到的是些琐碎小事，而这些小事如果不认真对待，不及时处理，小到会影响某一方面、某些人，大到会影响正常的教学秩序，甚至还会造成事故或隐患。所以在安排工作时，要尽可能把问题考虑细致。

只有想得细、想得全，才能迅速、顺利地完成工作。

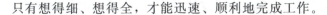

一、促进管理效率的提高

管理是一门综合性的科学，也是一门艺术，其内容广泛，强调实践性和创新性，不能以偏概全。管理对象的复杂性和管理环境的多变性决定了运用管理知识的技巧性、灵活性和创造性。高效的管理既包括对人、财、物等硬资源的利用，也包括对制度、创新、文化等软资源的应用和开发。只有重视提高管理效率，确保管理质量，避免管理浪费，才能为幼儿园可持续发展奠定坚实的基础。什么是管理效率呢？管理效率是运用投入、产出分析工具研究管理状况的一种科学方法。效率是单位时间内完成的工作量，指最有效地使用社会资源，以满足人类的愿望和需要。运用精细化管理的理念，将管理工作做到"最细"，可以提高后勤管理的效率。

案　例　水龙头 PK 赛

> 幼儿园中的水龙头使用频率很高，所以经常会出现问题，不是漏水，就是水流断断续续。负责维修的赵老师隔三岔五就要更换一批新的水龙头。换了几次以后赵老师发现，由于水龙头更新换代快，幼儿园每一次购买的水龙头样式、型号都不太一样，所使用的时间和使用效果也不尽相同，当然价格也是有高有低，于是他把这件事报告给了后勤主任。后勤主任知道以后立即展开了全园考察，走访各班级的老师，了解使用情况；又和负责采购的老师一起，仔细核查对比购买单据，了解购入的时间、价格，终于锁定了一种质量过关、物美价廉的水龙头。从这以后幼儿园的水龙头就很少坏了，真是既减少了工作量，又节约了经费。

在这个案例中我们看到了教室中水龙头更换前后的变化，发生变化的原因在于安装水龙头前了解班级水龙头的需求，调查水龙头市场等。不调查、不了解就会出现材料的浪费、人力的浪费，从而降低幼儿园的工作效率。是否把工作做"细"是衡量管理水平的依据。管理工作不但要注重工作的结果，而且要注重工作的过程和细节。管理者既要对全局了然于心，也要对细节做到心中有数，这样才能掌握主动权，求得工作效益的最大化。管理者可以使用多种表格来加强对各部门工作数量和质量的了解和评估，如维修申请单（见表5-1）记录了维修保障工作的具体情况。

表 5-1　维修申请单

报修部门		报修人		维修时间	
维修内容与 维修要求					
审批人		受理时间			
维修人员		报修人签字			
维修结果					

幼儿园后勤工作繁杂而忙碌，没有规范化、精细化的管理策略，管理工作便会出现忙、乱、错、差，管理者便会整天限于纠错、堵漏之中，疲于奔命还不见效率，甚至留下安全隐患。只有实行后勤精细化管理，幼儿园后勤管理工作才会更加规范，真正做到"管有序，权有责"，避免"亡羊补牢"式管理现象的发生，大大提高管理的效率。

二、促进工作质量的提升

精细化管理的优势在于遵循"精、准、细"的管理原则。后勤工作突出精致，即以精提升后勤管理工作的成效，把精作为促使后勤管理不断创新的动力。不仅要精通管理，还要精通各个工作环节，在精的前提下不断完善，这样才能切实提高后勤管理的工作效益。由于后勤工作和管理流程是针对各园自己的实际工作情况制订的，又具有很强的操作性，因此每个人都很清楚自己的工作流程及管理流程，即使在职工岗位变动，管理者变更的情况下，大家只要根据工作流程就可以很快地熟悉自己的工作内容，而不会因为人员的变动影响工作效率和质量。老职工在执行中，还会结合实际不断改进工作，提高工作效率与质量。

案　例　保洁员的小窍门

保洁员的工作很烦琐，大到幼儿园的整体公共环境，小到每一个角落，都要收拾得整整齐齐。在每天重复的工作中，某幼儿园的保洁员自己总结出了工作的小妙招。比如，垃圾桶加盖，这样夏天也不会有难闻的味道。再如，孩子们的奖励小贴片掉在地上不好清理怎么办呢？用刷子用力地刷肯定会损坏地面，用墩布又擦不下来，这时保洁员会准备一点儿花露水，再用温水一擦，奖励小贴片立刻就掉下来了。保洁员每天会给自己安排一个重点打扫的区域，这样每天的工作有主有次，有重点，有一带而过，到周五会整体大扫除，这样既

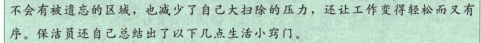

不会有被遗忘的区域，也减少了自己大扫除的压力，还让工作变得轻松而又有序。保洁员还自己总结出了以下几点生活小窍门。

①塑钢门窗的缝隙用醋可以彻底地擦干净。

②擦玻璃时纸越粗糙干燥玻璃擦得越亮，如厨房用纸、旧报纸。

③公共卫生间的水龙头不干净怎么办？用柠檬皮或土豆皮擦，会焕然一新。

④餐桌上有时会出现一圈圈的污渍，只要撒点儿盐，再滴点儿沙拉油，便能擦干净。

⑤食堂的地面、柜子因为有油烟，所以比较黏，擦拭时沾一些碱水就可以擦得很干净。

⑥粘贴式挂钩虽然相当便利，可是一旦要拆除时，却得大费周折。此时，只要将蘸醋的棉花铺在挂钩四周，使醋水渗入缝隙中，几分钟之后，便可用扁头螺丝起子轻易拆除挂钩。残留的粘着剂也可用醋，清除得很干净。

此案例描述了保洁员在工作中总结的精、细经验，给自己工作带来的便利。这些小窍门其实是保洁员工作时的研究结果。工作中因岗位的不同，每个工种都有其特殊性，及时发现和总结好的工作方法，有利于更高质量地完成工作。但这种意识不是员工与生俱来的，而是需要管理人员在工作中不断培养与强化。

针对后勤工作内容繁杂、细琐，临时性、突发性任务多的特点，后勤管理人员要有一定的应急处理意识和能力。对于经常发生的事件，后勤管理人员要有应急处理预案。每天上班安排人员进行巡视检查，力争第一时间发现存在的问题和隐患，把问题解决在萌芽之中。方方面面的工作都要从幼儿园自身发展出发，制订切实可行的幼儿园长远和近期工作计划。按照计划、执行、检查、处理四个阶段的顺序进行管理工作，把各岗位软指标的东西，变成量化硬指标的评估条件，并通过检查执行情况将硬指标量化评估再现出来，奖优罚劣，有效调动教职员工的积极性。

后勤管理人员还要在有限的时间内，最大限度地做好工作，提高工作效能。在工作中应该把握以下四点。

第一，制订计划，什么时间做什么，什么事情何时做，这些都要心中有数。

第二，分清主次，把众多的工作排个顺序，有序进行。

第三，把握内在联系。在实际工作中，不少事情往往是有联系的，要善于把有联系的工作结合起来办理，确立相应的实施措施，节省工作时间。

第四，布置任务有时限，请示汇报及反馈问题要及时处理。

坚持每天早晨召开会议，检查出勤情况，布置当天工作，检查已布置工作的完成情况，及时了解后勤工作中存在的问题和困难，寻求最佳的解决方案，科学有序地处理矛盾，解决各种问题，达到科学管理的目的。

三、促进园所文化的构建

精细化的管理增加了管理的透明度，每个员工都是管理体系中的一环，每个人既是后勤工作的实施者、受益者，也是后勤工作质量的监督者。这种人人参与的管理方式，对于构建和谐的园所文化起到了一定的积极作用。

在精细化管理中，首先，带领全体员工结合精细化工作要求，建立各项制度，确立标准，量化管理，实行流程控制，为幼儿园后勤工作的规范化、制度化、科学化提供坚实的保障。其次，认同、理解各项制度，组织相关后勤工作人员进行学习讨论，明确每一环节、每一流程的规范要点，再把每一个要求具体地落实到每个人身上。最后，加强后勤工作人员师德规范教育，树立"小事做细，细事做透"的精神。

案　例　靠垫的故事

假期里，后勤主任买回来一批靠垫，把它们放在班里，靠垫颜色漂亮且图案美观。大家都想着如果把靠垫放到班里，孩子们一定会很喜欢。朱园长拿起靠垫，左看看，右看看，对大家说："这个靠垫很漂亮，但怎样才能更适合孩子们呢？"园长这样一问引起了大家的思考：靠垫虽然很好看，但是并不完全适合孩子们，因为靠垫的功能性太小了。

"那可以怎样改造一下呢？"伴随着园长的追问，大家纷纷畅所欲言起来：可以加个拉锁，也可以放粘扣，让孩子们锻炼小肌肉的灵活性；里面可以放些不同大小、不同质地、不同数量的小玩具，这样孩子们可以得到更多的惊喜和变化！就这样，靠垫被我们改造了一番。孩子们拿着百变的靠垫一会儿拉拉锁，一会儿发现小惊喜，玩得不亦乐乎。

由此，幼儿园的后勤工作除了要考虑孩子们对外观的审美需要以外，还要考虑孩子们的可操作性、可变化性。

在这个案例里我们看到，园长对靠垫的不断追问带来的是老师们对靠垫的改造行动，改造后的靠垫更具有操作性、教育性，符合了幼儿园的教育理念。园长的追问过程就是培养教职工进行精细化思考的过程。幼儿园中的每一个角落、每一处环境、每一个玩具都具有一定的教育价值，但价值的多少呈现了思维参与的多少。只有人人参与到精细化的管理中，才能够促进幼儿园的园所文化的建构。

四、促进家园关系的和谐

社会在发展，时代在进步，各行各业之间的竞争日趋激烈，幼儿教育市场也面临着家长的选择以及同行之间的竞争这两大社会现状，家长对幼儿园服务的要求在不断提高。因此，在幼儿园工作中推行细节服务，实施精细化管理，是当前幼儿园提升服务质量和管理水平的必然要求。

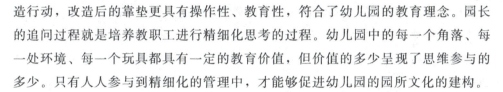 案 例 "通关文牒"

> 为了保证幼儿接离园安全，幼儿园为每个幼儿配置了电子出入门卡。每天早上来园时每个幼儿都要在电子屏前刷卡，离园时也不例外。
>
> 有一天下午，门口来了一位年轻小伙子，保安师傅问他有什么事，他说是大一班啾啾小朋友的爸爸，今天孩子妈妈有事，让他提前来把孩子接走。保安师傅听后并没有立即通知班中老师，他先请这位爸爸出示电子门卡，这位爸爸说卡在孩子妈妈身上，他没有带来；保安师傅又让这位爸爸说出孩子妈妈的手机号，以便给孩子妈妈打电话核实，他说孩子妈妈没有手机……这位爸爸跟保安师傅说了半天好话，保安师傅都没有放他进园，也没有让老师送孩子到大门口，最后这位爸爸带着怨气离开了。
>
> 保安师傅把事情经过汇报给了主任，主任找到班中老师做了沟通。晚上接园时，班中老师与啾啾的妈妈进行交流了解到一些情况。原来啾啾的爸爸和妈妈半年前离异了，啾啾归妈妈抚养，爸爸是因为要把孩子抢走，才想到园里提前把孩子接走的。说出家庭情况后，啾啾的妈妈很感谢幼儿园的管理，因为保安师傅的坚持，才没有让今天的提前接园酿成不良后果。保安师傅认为自己的坚持是幼儿园的工作制度要求使然。幼儿园做出这样"认卡不认人"的规定是有道理的，特殊情况时幼儿园还会采取特殊方案。

从案例中我们看到，接园过程中小小的细节呈现的是幼儿园的精细化管理。接园有接园的流程和要求，保安师傅要严格履行岗位职责，家长也要配合幼儿园的管理要求。幼儿园的精细化管理最终是为了更好地服务幼儿、服务家长。在实际工作中可能还会听到一些家长的建议或希望，正是家长高标准的期许，推动着幼儿园的日常工作不断完善。为了更好地满足家长和孩子的需求，幼儿园必须更加注重各个细节的管理。每一个人都要对工作负责，对岗位负责；每一个步骤都要精心，每一个环节都要精细。要强化细节意识，做好工作的统筹及分解，做到人人都管理、处处有管理、事事见管理，用精细化的过程来达到精细的结果。

 拓展阅读

1485年，英国国王理查三世与亨利伯爵在博斯沃斯展开决战，这一战将决定谁统治英国。在战斗开始之前，国王让马夫去备好自己最喜爱的战马。马夫立即找到铁匠，吩咐他快点儿给马掌钉上马蹄铁。铁匠先钉了三个马掌，在钉第四个时发现缺了一个马蹄钉。马夫将这个情况报告给国王，眼看战斗就要开始了，国王根本来不及在意这个马蹄钉，就匆匆赶向战场了。

战场上，国王骑着马领着他的士兵冲锋陷阵，突然，一个马蹄铁脱落了，战马仰身跌翻在地，国王也被重重地摔在了地上。没等他再次抓住缰绳，那匹惊恐的马就跳起来逃走了。一见国王倒下，士兵们就自顾自地逃命去了，整支军队在一瞬间土崩瓦解，一败涂地。敌军趁机反击，并在战斗中俘虏了国王。国王此时才意识到那个马蹄钉的重要性，在被俘的那一刻他痛苦地喊道："钉子，马蹄钉，我的国家就倾覆在这个马蹄钉上！"这场战役就是博斯沃斯战役。在这场战役中，理查三世失掉了整个英国。

古人云："天下大事必作于细。""慎易以避难，敬细以远大。"套用现在一句非常流行的话，就是"细节决定成败"。对幼儿园管理来说，"细节"就是园所的精细化管理，体现在园所日常活动的各个环节中。

第二节　精细化管理的目标——"三乐工作"

实施精细化管理的同时，我们要将快乐管理的观念融入幼儿园后勤管理工作中，从"乐学""乐研"到"乐享"，以人为本，以后勤工作人员为本。这既是调动和影响员工工作积极性的宝贵理论经验，又是保障人的身心健康、提高社会效益、建设和谐社会的有力保障，还是以发挥后勤工作人员的主动性、体现自身价值、享受工作的过程为依托，与构建"和谐社会"这一发展理念相适应，值得我们学习与推广。

管理工作既是一门科学，又是一门艺术。反映这门工作的学科知识，既有管理科学，又有管理艺术。食堂作为幼儿园的一个重要组成部分，既要保证食品卫生安全，也要想方设法提高质量，还要考虑幼儿营养的均衡，在幼儿健康发展中起到重要作用。食堂的工作千头万绪，因此要管理好食堂工作，就必须提高管理艺术水平，并提高对食堂工作人员的管理能力。

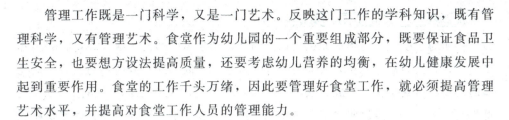

一、工作的态度——乐学

以炊事员为例，随着烹饪的科学化、规范化要求的提出，炊事员不再是单纯手工操作的技术工种，他们需要思考、创新的方面越来越多。菜品的设计、造型的构思、营养卫生指标以及是否符合幼儿的年龄特点等，无不凝聚着复杂的脑力劳动。因此，使员工保持积极的学习心态、乐于学习的热情，成为后勤工作的重要环节。

（一）采用创新方法

后勤管理者是创新行为的组织者、引导者和协助者。管理者应当根据员工的个人特点，挖掘员工兴趣的潜在因素，引导其学习新知识、新技能。一开始可以介绍或引进员工感兴趣的、与日常工作息息相关的、简单的知识或工作方法，让员工接受起来比较容易，抓住员工的注意力，保护员工的学习兴趣和信心。再循序渐进地拓宽广度，增加难度，等到员工有了一定的积累，养成了学习的自觉性和自律性，专业得到了发展，他们就会觉得学习是愉快的，从而激发学习的兴趣。

（二）享受成功快乐

十次说教不如一次表扬，十次表扬不如一次成功。每个员工都愿意学有进步和获得成功。欣赏和鼓励是无穷无尽的动力，会使人学习的热情高涨起来。在日常工作中，后勤管理者要经常性地深入实际工作中，寻找并发现员工的"闪光点"，适时适当地给予表扬和鼓励。还可以经常性地举办业务练兵，选拔优秀人才，让员工享受到成功的喜悦。后勤管理者要采取适当的方式增强员工的自信心，使他们有机会被重视、被肯定、被接纳。

（三）鼓励员工质疑

员工在积累了一定的工作经验后，常常会观察到工作中的疏漏和弊端。这时后勤管理者要引导员工发现问题，鼓励员工质疑旧方法、旧常规，给员工创新的空间。其实，思考和质疑往往是联系在一起的，质疑是动脑思考的结果，也是创造的起点。在工作过程中，积极地开动脑筋，验证质疑，寻找解决的方法，感受到自己提问与自我解决问题的乐趣，就会大大增强学习的积极性。

二、工作的方法——乐研

一切为了幼儿，为了幼儿的一切。为幼儿构建美好和谐的教育环境，实施和谐教育，是我们幼教工作者共同的目标。这个目标的实现不分前勤与后勤，幼儿园的前勤与后勤是相辅相成、缺一不可的。幼儿园只有岗位设置的不同，没有高低贵贱之分，每一名教职员工都是幼儿园这个大家庭中的重要一员，大家要相互配合，共同研究。例如，保健团队与后勤炊事美食团通力合作，协调配合，可发掘食堂工作人员最大能量，挖掘美食新创意。幼儿园还可通过美食制作研究为食堂工作人员提供一个展示自我才能的平台，让大家明白，只有在认真、专业、务实的精神指导下，乐于研究，勤于学习，勇于探索，才能发奋工作。后勤工作人员在相互帮助、共同研究的氛围下可以找到自己的价值，有获得感，使自己的职业生涯更加丰富，更加绚丽多彩。

(一) 走向孩子的研究

众所周知，3 岁至 6 岁幼儿正处于身体和心理发育的重要时期，要想满足幼儿的生长发育需要，保证幼儿身体健康，从食谱设计开始，保健医就要专门做全面深入的分析和研究。针对不同年龄特点、不同季节、不同体质的幼儿，保健医要以营养均衡、预防疾病、促进幼儿成长为原则，梳理出具有幼儿园特色的四季食谱、营养食谱、异域食谱、清真食谱及主食食谱组合。这才是一条走向孩子的研究之路。

案　例　让食育走进教育视野

近几年，保健医在晨检和平日的健康观察中发现，很多幼儿换牙提前，或者门牙还未松动，恒牙已经在里面萌出，俗称"双层牙"。随着幼儿年龄的增加，龋齿发生率呈逐年增加的趋势。在一年一度的大体检中也可发现，小班幼儿龋齿发生率明显高于以往的同期水平。种种现象的出现是因为什么呢？

对于保健医在日常生活中和体检结果中发现的此类现象，前后勤老师经过研究和请教专家发现，原来是因为当今社会，家长对幼儿的照顾太为周到，事无巨细，给予幼儿的食物过于精细，居家所吃食物品种单一，幼儿爱吃什么做什么，粗粮摄入过少。记得儿时吃苹果时，苹果上没有过多的农药，自己把苹果洗完后就啃着吃，从而锻炼了门齿的咀嚼功能。现在的家长不仅要把苹果的皮削掉，还要把水果切成小块，用牙签给幼儿扎着吃，致使幼儿门齿的咀嚼功能因口腔咬合次数太少而退化。

那么，如何解决以上问题呢？

首先，发现问题，以点带面，开拓思路。

任何现象的发生都不是偶然的，偶然中存在着一定的必然。社会在进步、发展，旧的问题解决了，新的问题又会出现。针对幼儿"双层牙"和"龋齿发生逐渐小龄化"等问题，绝不仅仅是好好刷刷牙就能解决的。其影响因素是多方面的，如遗传、环境、性别、食物的选择、口腔卫生习惯、不良的饮食及咀嚼习惯等，因此要在统筹分析研究中做决定，在幼儿园开展食育研究，找到解决问题的方法。

其次，延伸问题，寻求策略，研究食育，主要有以下四点。

第一，此"育"非彼"欲"。"欲"，即想得到某种东西或想达到某种目的，"食欲"，即食堂工作人员为了满足幼儿口味儿，使幼儿便于咀嚼，吃出营养，吃出健康，协同保健医耐心细致地琢磨每样食材的搭配与操作技巧，并且赋予每种食物一个可爱的名字，从而刺激幼儿的食欲。育，即"教育"，食育，简单来说就是"吃"的教育。狭义的食育即饮食行为教育。广义的食育指通过各种饮食观念、营养知识、饮食安全、饮食文化等知识教育和多种多样的烹饪、栽种等体验，获得有关"食"的知识和选择"食"的能力，培养出理解传统饮食文化、有良好饮食习惯、有健康饮食生活的人。了解问题的根本后，前后勤要相互配合制订食育计划，开展幼儿食育教育工作。

第二，成立以园领导为学科带头人的研究小组，前后勤按照职责明确分工，依据健康的生活理念，根据《中国居民膳食指南(2016)》要求进行合理的搭配，以四季食谱、地方食谱、体弱儿食谱、清真食谱、日餐韩餐食谱、节日食谱为抓手，不同特色食谱配备不同餐具，通过不同进餐礼仪让幼儿感受中西方饮食文化的差异。充分给予幼儿动手操作的机会，并以多种进餐形式相结合的活动开展幼儿园食育研究工作。

第三，开展有效的健康教育活动，以及充满研究性、灵活性，符合幼儿探究欲望的社会实践课程，增加幼儿的社会活动经验。让幼儿通过挑选种子，种植种子，观察蔬菜开花、结果，摘蔬菜，清洗蔬菜，烹饪蔬菜的全过程，了解营养、健康以及和粮食生产有关的知识，增强环境保护意识，提升饮食文化水平。使幼儿对食物产生珍惜之情，具备传承传统饮食文化的责任感，切实感受每一粒粮食的来之不易，从而改掉挑食和浪费粮食的不良习惯。

第四，通过研究，改变水果的进餐方式，变被动为主动，让幼儿有自主选择的权利。在制作食谱时注意水果的搭配，将剥皮的、削皮的分开。例如，橘子可以和柚子搭配在一起，让幼儿感受两种水果的大小、口味，剥皮的难易程度，需不需要吐核，每种水果有多少核，渗透教学活动中比较与数数的知识。将苹果和梨搭配在一起，有削皮的，有不去皮的，有切好小块没核的，有切好块有核的，如此搭配，可使幼儿认识果实，既丰富幼儿的社会经验，又锻炼幼儿牙齿的咀嚼能力，减少"双层牙"现象的发生。

幼儿只有接受食育教育，才会把健康科学的饮食方式变成自己终身的习惯。幼儿时期培养的良好饮食习惯对幼儿的健康成长至关重要。这不仅关系着幼儿身体的强健、想象力和创造力的提高，还关系着他们人格和性情的形成。食育教育任重而道远，健康从习惯养成开始，习惯养成从娃娃抓起。从小养成良好的生活习惯，将为幼儿一生的健康打下坚实的基础。

(二)走向家长的研究

家园合作是纽带，家园合作是桥梁。我们欣喜地发现，在日常的交往合作中，有一批不辞辛劳、不忘初心、默默支持和配合幼儿园工作的好家长，他们是我们发展的强有力后盾。家长中不乏烹饪高手，他们身怀绝技。幼儿园可经常把家长请进来，开展家长美食进课堂、家委会成员进食堂、家长亲子餐，让家长了解幼儿营养餐的制作流程，更好地参与幼儿园的活动，大手拉小手，促进幼儿的发展。

案 例 牛肉饼的小秘密

在家委会走进食堂活动中，某幼儿园邀请每位家委会成员带一个自己的私家主食或私家菜进行展示。在活动展示过程中，大家品尝到沛涵奶奶的独家秘制——牛肉饼。这饼做得那叫一个绝，美味程度绝不亚于大名鼎鼎的香河肉饼、老家肉饼。

"沛涵奶奶，您教教我们怎么做出这么好吃的牛肉饼吧，等我们学会了，我们也把牛肉饼纳入孩子们的食谱中，为孩子们的饭桌增添一道美味佳肴。""没问题，您随叫随到。"就这样，沛涵奶奶应邀来到食堂，把她的独家秘方教给了食堂工作人员。他们边制作，边探讨，边交流：馅儿要顺着一个方向搅才能上劲儿。原来制作出层多味美的肉饼，小窍门在这儿呢！先把面擀成圆饼状，把馅儿均匀地涂抹在上面，然后用刀在饼上面切一刀，顺着刀口一点一点地往里卷，然后封口，压平擀成饼状再烙，层多味美的私家牛肉饼就可以出锅了。事后，沛涵奶奶感叹："幼儿园食堂工作真是辛苦啊！我在家做一家5口人的饭都觉得费劲，一天到晚不知道吃什么，咱们食堂的老师要做这么多孩子的饭真是不容易，仅是一顿肉饼就得站在电饼铛前，烙这么长时间，多累啊！有这么好的幼儿园，有这么好的伙食，孩子们吃着开心，家长放心。孩子们多么幸福啊！"

　　牛肉饼的小秘密不仅在于好吃，还在于制作者的精心付出。把家长自愿纳入后勤食堂的队伍，可谓充分挖掘幼儿园课程资源的创新做法。家长在为幼儿园美食做贡献的过程中，可以真正地了解幼儿园的教育，了解食堂工作人员为孩子们的发展所付出的努力。这样的活动既有助于幼儿园良好口碑的形成，又能触动家长的情感。

案　例　从"乱"到"有序"

　　每当周五通过微信《下周食谱早知道》栏目，向大家介绍下周美食及幼儿的进餐情况时，每当簇拥在宣传栏查看幼儿饮食时，家长们总是想尝尝幼儿园的饭菜。因此，幼儿园决定满足家长的愿望，借助小班亲子开放日开展"亲子餐品尝会活动"。第一次开放活动由于前期准备有些问题考虑不周，出现了现场比较混乱的情形。通过讨论，总结出以下几个问题。

　　第一，各部门职责不清，班级成员间沟通不够。

　　第二，食堂工作人员经验不足，与采买采购人员沟通不够，食材有漏订情况，结果开放当天手忙脚乱。

　　第三，演出结束后，由于老师前期要求不明确，所以出现了家长等待、拥挤现象。

　　第四，班长大局意识有待提高，班级成员分工不合理。

　　第五，保育员没有合理地摆放餐具。

　　针对以上问题，如何解决呢？

一、准备工作，明确分工，职责分明

（一）保健医

1. 保健医提前确定食谱方案，提交各园审议。民族园可以有自己的特色清真食物，在确定普通食谱后稍作调整。

2. 确定开放时间，所需物品准备齐全。

3. 四种主食各园自主选择。保健医和食堂工作人员商量后确定主食方案，并检查库房有无所需材料，没有的话要同采买采购人员主动协调。

4. 负责协调各班开放饮食问题，听取班级制订的方案，提出改进意见，明确老师们有任何要求提前一天讲明，这样可以避免发生开放当天盲目地找材料的事情。

5. 亲子餐开放前，班级三位老师互相沟通好，然后保健医找保育员商议开放流程，完善方案，确保开放顺利进行。

6. 提前准备桌签。

（二）食堂管理人员

1. 根据保健医计划修订食谱，并利用炊事班长群询问各园具体所需要的制作食材。

2. 各园自主食谱单独和食堂管理人员协商定点采购。

3. 前期巡视各园库房，对所需材料做到心中有数，不浪费。

4. 检查开放餐具，重新添置不符合要求的器皿，并根据各园开放时间不同协调调用餐具。

5. 至少提前一天购买重要的材料并将其送至各园。

6. 随时根据各园要求添置临时食品及材料。

（三）教师

1. 家庭套餐：以一个家庭为单位，幼儿园为每个家庭提供每种主食各一个，每种菜品各一勺，汤一碗。

2. 取餐形式：家长分两组排队自取，睡室家长先取，活动室家长稍后，保育员指导家长按要求取餐。

3. 随机进行健康教育，幼儿、家长吃饭前要先洗手，洗手后进屋，按指定位置坐好，坐好后双手不碰桌面，不把个人用品随手放在已经消毒的桌子上。

4. 提前介绍进餐的养成教育和自助餐文明礼仪。

5. 提前明确三人站位，谁负责什么，流程心中有数，做到每组要有本班老师进行指导，不让家长受冷落。

（四）炊事员

1. 餐具：主副食餐具用方形餐盆，主食每个餐盆配一个夹子，副食每个餐盆配一把鸭嘴勺。家长用自助餐盘取餐，使用筷子；幼儿用平时的餐具即可，使用勺子。开放班级家长用中大班的筷子，不开放的班级幼儿用勺子，不开放的班一切工作同平时。

2. 根据以往的经验，开放前，食堂缺什么提前说，提前准备。开放时保持清醒的头脑，不要乱，按部就班，有条不紊。服装仪表整洁，保持愉快的心情，做好每一件事儿的衔接。

（五）保育员

1. 做好饮水、如厕、加餐、餐桌消毒、进餐各环节的衔接工作。

2. 按要求提前准备好桌子，有序摆放。

3. 提前到医务室领取本班老师和帮忙老师的围裙、幼儿礼物等。

4. 按指定位置摆好亲子餐、桌签。

5. 班中三人提前沟通，明确任务，做到配合默契！

二、健康宣教，促使家长提高对亲子餐的认识，全面了解幼儿饮食

（一）食物介绍

主食四种：秘制牛肉包、图腾饼、紫薯爱心馒头、豆沙菊花饼。

菜品四种：糖醋龙利鱼、松仁玉米、虾仁杏鲍菇、黄豆焖羊排。

（二）营养介绍

1. 色彩多样，提升综合营养素，激发幼儿食欲。利用绿色、橘色、白色、黄色、黑色、紫色等各类蔬菜，合理搭配各类维生素和膳食纤维。主食用蔬菜汁和面，制作各类主食，这样在增加营养素的同时，可刺激幼儿的食欲。

2. 民族饮食有特色。形象生动可爱，营养均衡全面。主食有秘制牛肉包（大葱、牛肉）、图腾饼（南瓜和面）、紫薯爱心馒头（紫薯和面）、豆沙菊花饼（豆沙）。具有民族特色的牛肉包，家长们可要多吃点儿。形象生动可爱的花朵是幼儿的最爱，幼儿在品味美食的同时，也可感受到艺术的美。菜品有糖醋龙利鱼、松仁玉米、虾仁杏鲍菇、黄豆焖羊排。其中黄豆焖羊排可是炖制了近三个小时，香烂可口，配以黄豆更增加了其蛋白质的利用与吸收。龙利鱼是深海鱼，口感嫩滑，没有刺，脂肪中含有不饱和脂肪酸等，可增强记忆，保护视力。

杏鲍菇具有杏仁香味和如鲍鱼般的口感，富含蛋白质和人体必需的八种氨基酸成分，能有效提高人体免疫力，促进肠胃消化。

菜品中包含蛋白质、钙铁锌、各种维生素、微量元素和各种膳食纤维等营养素，荤素搭配，粗细粮搭配，口感搭配，干稀搭配。

3. 科学烹制，健康饮食。根据幼儿生理特点的需要，做出来的食物大小软硬适中，便于幼儿拿取，更便于营养素的吸收。采取蒸、烤、煮、炒等烹调方式科学烹制各种菜品，在制作过程中最大限度地减少食物营养素的流失，保证幼儿营养量的摄入。

(三)礼仪宣教，做自己的主人

1. 介绍幼儿园进餐的养成教育。

(1)在小椅子上坐好，双脚放平，放在桌子下面。

(2)吃饭时，一手扶碗，一手使用小勺盛饭菜，一口饭一口菜，两种菜搭配吃。

(3)闭嘴咀嚼，细嚼慢咽，嘴里不能发出"叭叭""呱唧呱唧"的声音。

(4)小胸脯贴桌子，小嘴儿对着碗，保持桌面干净。

(5)安静进餐，避免口中食物喷出来或呛入气管，造成危险。

(6)吐出的骨头、鱼刺、菜渣，放在自己面前的桌子上。

(7)如果咳嗽或者打喷嚏，用手捂住嘴，并把头转向后方。

(8)嗓子里有痰或流鼻涕时，要离开餐桌去清理。

(9)用正确手势示意老师添饭、菜和汤。

2. 宣讲自助餐的文明礼仪。

(1)取菜时如果人多需要排队，则应按设定的方向顺向排队，不可逆向行进，更不可插队。轮到自己取菜时不要东挑西拣，迅速取完菜后离开摆菜桌，不要在摆菜桌附近吃东西或者聊天。

(2)拿取食物时，每人只拿一个盘子，只拿取自己的食物。

(3)往盘子里盛食物时，每次选2～3种菜，不能大量盛同一种菜。"多次少取"，避免在桌上同时摆放多个盛满食物的餐盘。

(4)不宜说话、咳嗽、打喷嚏，以免唾液溅入餐台菜品中。要注意前后左右的情况，避免突然转身与别人发生碰撞。

(5)不可将所取的食物带出班级。

走向家长的研究，体现在家长要"知情"上。在活动过程中，肯定会遇到诸多烦乱的环节和不可预设的问题。既然后勤和前勤合作邀请家长作为食堂管理的审议者，那么在审议的过程就要鼓励家长参与，这对发现更丰富的管理资源具有重要意义。家长参与后勤食堂的审议过程，有助于增强合作的目的性，是一个值得坚持实施的活动。

(三) 走向社会的研究

聘请专家，走进社会，学习文化，传承精髓，尊重各民族文化。例如，为了解各民族文化，可邀请各方领导来园对食堂设施及办园条件进行现场指导，或邀请民族宗教侨务办公室领导来园为教师讲解相关知识。幼儿园在伙食管理上应严格尊重各民族的饮食习惯，编制科学合理的食谱，制作出营养达标、幼儿喜爱、家长满意的饮食。否则会出现各种矛盾。

(四) 走向园所间的研究

科学合理的食谱需要食堂工作人员强有力的烹饪技能作支撑，光有合理的搭配是不成的，做出的饭菜无论是口感、色泽都无法刺激幼儿的食欲，伙食的管理也是失败的！我们不光要有善于研究的营养美食编制团队，也要有善于操作的食堂工作人员。

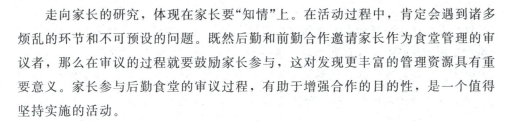

案 例 一次有意义的技能考核

为了更好地调动食堂工作人员的积极性，开展食堂工作人员之间的交流，让其展示才华，给其搭建平台，幼儿园进行了初级炊事员岗位认定考核。考核分为笔试和技能考核两部分。笔试考核前食堂工作人员像备战高考的孩子们一样，戴着老花眼镜，拿起书本挑灯夜读。孩子们开玩笑说："老师，您戴上眼镜，还真是有点儿教授的感觉呢！""嗯！别开玩笑了，教授谈不上，我得好好看书，成绩好坏不重要，但是态度要好！"看着食堂工作人员认真作答的样子，不得不为他们竖起大拇指。在技能比赛中，食堂工作人员展示了精准的刀工，土豆丝切得又快又好；面点花样制作得栩栩如生；小笼包捏的大小一致，褶皱均匀。在技能考核中，食堂工作人员在相互观摩中展示了技能，得到了成长，获得了职业幸福感。

这次考核，在烹饪方法创新改良上，以无骨龙利鱼为题，食堂工作人员用蒸、溜、炖、浇汁儿等方法，制作出了诸多符合孩子们口味儿的龙利鱼。食堂工作人员发现，新鲜的龙利鱼还可以搅成馅儿，做成口感嫩滑的鱼丸。他们带着改良后制作的鲜疏烩鱼丸参加了区级"低盐少油、健康美食"厨艺大赛，在与十家示范食堂和示范餐厅的专业大厨们的角逐中，获得了一等奖的好成绩。

牛羊肉的膻味很重，孩子们不喜欢吃，如何攻克这道难题呢？在此次考核中，保健医利用中午休息时间和食堂工作人员一起研究各种方法。食堂工作人员觉得传统的炖肉方法肯定是不适用的，牛羊肉确实膻味较重，但原材料很贵，这么精细的食材做出来孩子们不喜欢吃，太浪费了，怎么办呢？他们在反复实验中寻求解决的方法。功夫不负有心人，经过多次试验，上网搜索，访谈烹饪高手，不断地改进与探索，他们终于找到了破解膻味的秘密武器——花椒水。花椒水如何用呢？下面就介绍一下经典清真菜品黄豆焖羊排的制作小窍门吧。

提前把黄豆泡好备用，在锅中放入凉水，把切好的羊排倒入锅中，撇去浮沫后捞出；中火放油，白糖适量，炒糖色，翻炒羊排上色，倒入事先泡好的黄豆，然后倒入酱油、料酒，同时倒入提前用开水泡好的花椒水，放葱姜，倒入的开水一定要没过羊排，大火煮，待开锅转小火炖半个小时，之后放盐，盖上锅盖，关火；大约焖1.5小时左右，点火看羊排软硬程度收汁儿即可！用此种方法烹饪出来的羊排满园飘香，绝无膻味，孩子们爱吃，在开放日得到了家长们的肯定与认可。大家吃完都竖起大拇指，幼儿园的羊排就是香！现在，不光民族园的小朋友可以吃到羊排，幼儿园在普通食谱的制作上也加入了牛羊肉的元素，将羊排的制作方法传授给了其他分园的老师们，惠及所有幼儿。

幼儿园要尊重各民族的风俗习惯，注重伙食营养的研究，保证幼儿营养的摄入，促进幼儿健康成长！我们要养成健康的饮食习惯。花样健康美食应该是我们的追求。幼儿园后勤工作人员要一起打造五最饮食文化：低盐少油最健康，花样品种最丰富，民族饮食最出色，科学搭配最合理，烹饪技巧最专业！

三、工作的境界——乐享

有这样一个故事，法国有一位工头到工地去，想了解工人们对工作的感觉。他走近第一个工人，开口问道："你在做什么？"工人粗声粗气地回答："我在用这粗笨的工具劈这些要命的大石头，然后按照老板的指示将它们堆在一起。这份工作真令我厌烦得要死了。"工头避开他，走向第二个工人，他提出同样的问题，这个工人回答："我正在按照一定的形状切削这些石头，然后按照建筑师的计划组合起来。这份工作相当辛苦，但是我可以赚到5法郎来养家糊口。"工头的心情振奋了些，他又转向第三个人，问道："你在做什么?""怎么，你看不出来吗?"这个工人双手举向天空，"我在建造大教堂啊!"这就是工作的乐趣! 工作带给我们的不仅仅是钱财，也不仅仅是为谋生而不得不进行的劳动，它带给我们的远比钱财要多得多。

后勤工作人员勤奋上进，在平凡的工作岗位上默默奉献。他们没有什么豪言壮语，却有着一颗热诚服务的心;他们处在辅助的地位，却自强不息，以不懈的努力书写着后勤工作的感人事迹。他们在平凡的岗位上享受着不平凡的快乐。

(一)享受化茧成蝶的突破

食堂工作人员是家长认可的儿童营养美食专家:他们不断地超越自我，追求创新。食堂工作人员蒸、煮、烤、烹的制作工艺非常纯熟，他们还经常创新伙食花样。怎样让食堂工作人员在平凡的工作中体现自身价值呢?可以"每周"一创新，"每月"一分享，"每学期"一总结。食堂工作人员在日常活动中创新主食花样，在制作过程中细致配比，精心制作，形成了自己的制作特色，可在每月的分享活动中利用微信群，将自己的创新介绍、分享给同伴们。每学期可以把日常活动中的创新花样用文档、照片、录像的形式保存下来，将其作为今后新入职教师的学习资料。

案例　搭建成长的平台

> 为实现食堂工作人员的自我价值，幼儿园为食堂工作人员创建了各种展示的平台，如参加市区级厨艺大赛，面食类、炒菜类评比。某幼儿园食堂工作人员获得了含金量极高的特等奖、一等奖。他们用最普通的食材，融入独具匠心的创意、炉火纯青的工艺，制作出的美食作品深受专家的青睐。载誉归来，星级厨师的风采和幼儿园食育课程备受学前教育相关杂志社的关注，杂志社进行了《舌尖上的幼儿园》专题报道。食堂工作人员完成了化茧成蝶的蜕变。
>
> 拿着沉甸甸的证书，食堂工作人员的脸上充满了自信的微笑。为了孩子们的健康成长，为了家长的满意，为了肩上的那份责任，他们说:"我愿意……"

后勤管理的日臻完善得益于众多的因素和条件，其中后勤工作人员的专业素养是影响整个团队建设最明显的因素。后勤管理的成就来自后勤队伍的力量，同样后勤工作的专业性也体现在每一名工作人员的专业素养上。无论前勤还是后勤，园所的管理者都要一视同仁，给每一位教职工搭建展示的舞台，这样才能让后勤工作人员享受职业幸福感和化茧成蝶之后的喜悦。

(二)享受赞叹不已的掌声

在《自卑与超越》这本书中，阿弗雷德·阿德勒在"人生的意义"一章节中写道："为了我们自己的生命，为了全体人类的幸福，我们必须拿出毅力来界定我们的答案，以使他们的眼光远大而前后一致。"作者把个人的成长放置于整个人生意义状态下来思考，就不奇怪工作的动力是超越自我和得到外界赞赏了，所以后勤工作人员也需要要享受他人(幼儿、教师、家长、社会)赞叹不已的掌声。

案例　为幼儿园的美食代言

幼儿园后勤食堂工作是幼儿园开展良好饮食工作的基础，幼儿园应依据食堂卫生、安全、营养搭配等多方面的原则，为幼儿、教师营造温馨、健康的良好环境。

如果说伙委会只是一个"点"的形式，对少数家长进行交流宣传，那么我们的视觉宣传就是"片"的形式，让所有家长都能了解和观赏到。每天食堂工作人员都会把三餐照片发到班级微信群里让家长"欣赏"。开始的时候是各班照各班的，后来食堂工作人员觉得统一照一张共享会更方便。于是各班进行了分工：拍照、修图、上传。工作成了流水线，既方便了食堂工作人员，又达到了很好的效果！这个过程还促进了食堂工作人员在烹制、摆盘方面的创新工作。为了让菜品更加有营养，看起来更加美观，食堂工作人员潜心研究材料形状、色泽的搭配，让每一道菜出锅时都色香味俱全。另外，食堂工作人员在摆盘时也颇有用心，如用什么餐具，搭配什么辅材，做成什么形状，摆成什么造型等。食堂工作人员的创新意识，不仅保证了幼儿饮食的均衡发展，还提高了幼儿的伙食质量，加大了营养膳食的宣传。

在"毕业餐""美食节""亲子品尝会"的活动中，家长和幼儿围坐在桌旁，一起品尝幼儿园美食。参加品尝会的家长对菜品赞不绝口，对幼儿园膳食给予了高度评价。家长在津津有味地品尝、热情高涨地参与过程中，深刻感受到幼儿园倡导的"绿色美味、快乐品味、健康成长"的宗旨。家长纷纷拿出手机将这些美食拍照下来。大家都为能做出如此美味的幼儿园而自豪！看来每个人都想成为幼儿园的美食代言人。

　　真正的教育家都是理想主义者，真正的食堂工作人员都是具有美食信念的人。正如案例中顿顿花样百出的美食大餐，意义不只在于吃，而在于和谁吃，吃什么，吃的时间和地点，因为这都是构成一顿美食的场景回忆。作为具有专业精神、专业人格和专业魅力的美食制造者，食堂工作人员首先考虑的不应该是技术性的问题，而应该是价值性的问题，即把美食和幼儿结合起来，把个人成就和幼儿发展结合起来。

（三）享受为人服务的心态

　　印度有一位著名的诗人说过："花的事业是甜蜜的，果的事业是珍贵的，让我干叶的事业吧，因为叶总是谦逊地吹着他的绿茵。"后勤工作人员就是在享受着叶的事业——以服务他人为乐。

案　例　为孩子着想之乐

　　为了丰富孩子们的户外活动，后勤工作人员准备做一些较为大型的玩具。与前勤老师商量、研讨后，后勤工作人员选定了几种玩具，然后分工进行制作。可是问题又随之而来，前勤老师需要的都是一些不经常用的材料，如木板、轮胎、大的饮水桶等。为了保证制作顺利进行，后勤主任经过多方面沟通与联系，将所用材料都如数准备齐全了。说实在的，对于后勤主任来讲，这件事也真是费了九牛二虎之力呢！当看到准备好的材料时，前勤老师都激动不已，情不自禁地感叹："太感谢了，有这样的后勤保证，我们都替孩子们感到幸福呢，后勤主任真棒！"大家跷着大拇指赞美后勤主任，最后，后勤主任都不好意思了，连忙解释道："这是我们应该做的。"还与前勤老师开起了玩笑："我们后勤的男士们都是绿叶，很乐意衬托你们花朵的美丽。""孩子是花朵，老师们也是花朵，每天与花为伴那是多么幸福的事啊！"

　　其实无论是前勤，还是后勤，工作的中心都是孩子，当看到孩子们在用木板搭的迷宫中快乐游戏时，当看到孩子们推动装饰得色彩斑斓的轮胎欢快奔跑时，当看到大型的油桶被后勤工作人员变成了大座椅、攀登架、滚滚桶时，当看到孩子们尽情地用这些材料创意地玩滚轮胎、搭建轮胎游戏时，后勤管理者深刻地体会到了以幼儿发展为原则对于做好后勤服务工作的重要性。跟孩子们在一起真是其乐无穷。服务是一件多么幸福的事情啊！

幼儿园是专门为幼儿创设的教育机构，所谓创设就是指有目的的、有计划的、有创意的设计和安排。设计和安排在后勤管理中有着举足轻重的地位。判断幼儿园对幼儿发展特点、学习规律的认识是否正确到位，后勤工作人员负责的玩具购买和大型玩具创设是一把衡量的戒尺。只有为幼儿着想，把幼儿的兴趣和发展作为创设的参考指标，才能让幼儿园成为幼儿的乐园。

第三节　精细化管理的策略

精细化管理，是常规管理的升华，是规范化管理的延续。其管理的核心理念是"态度为精心、过程为精细、结果为精品"，主要彰显的管理方法是"事事有人管，时时有人管，处处有人管，人人用心管"。要做到精细化管理，就要从幼儿园实际情况出发，全面分析幼儿园的现状，如幼儿园的地理位置、规模、文化背景、办园质量、教师的整体素质、教育理念、周边居住人群的文化层次等。然后以《纲要》的精神为指针，确立办园宗旨，明确办园的目标，按着"创新机制、科研引领、全员参与、强化落实、激励推动"的工作思路，加强管理机制，建立科学量化的标准和可操作、便于执行的幼儿园各岗位工作程序，不断探索、推进精细化管理的落实与创新，从而促进幼儿园发展。

一、细化后勤各岗位工作流程

幼儿园规章制度中都会规定各岗位的职责，但一般只是规定岗位的职责范围，却没有设定具体的工作内容。然而幼儿园后勤的许多工作是具有园本特点和重复性的，因此，将后勤各岗位具体的工作内容流程化，有助于提高执行与管理的操作性和规范性，避免因随意性而出现漏洞。

（一）了解后勤各岗位工作具体内容

由于幼儿园后勤岗位涉及的部门比较多，每个部门的工作内容又不同，因此，在做流程细化工作之前，先要对后勤各岗位工作内容进行全面、细致的调研，包括岗位职责、岗位配备人员情况、具体的工作内容、内部分工情况、与其他部门的协作关系等，如表5-2所示：

表 5-2　厨房工作情况调查表

厨房人员配备情况	管理员___名、主厨___名、面点师___名、厨工___名	
岗位职责	管理员	
	主厨	
	面点师	
	厨工	
分工情况		
倒班情况		
具体工作内容	管理员	
	主厨	
	面点师	
	厨工一	
	厨工二	
	厨工三	
与其他部门之间的合作	保健室	
	教学班	
	维修部门	
主管部门	总务主任	

对后勤各岗位具体工作情况的了解是细化工作流程的依据。因此，一方面要观察、了解后勤工作人员的实际工作情况，另一方面要听取主管和具体操作人的意见，多角度、多方位了解情况，找出工作过程中合理的工作流程。

（二）制订后勤各岗位工作具体流程

根据调研情况，可将后勤各岗位的工作流程书面化（详见图 5-1、图 5-2、图 5-3、图 5-4、图 5-5、图 5-6）。在此过程中，要根据不同岗位的工作性质采用不同的书面表述方式，程序化比较强的岗位可以使用表格式，灵活性较强的岗位可以使用陈述式，但要清楚、明白，避免长篇赘述。不论哪种方式，都应简洁、明了、具体，一些能够量化的内容一定要量化，以便于操作。

大家可以借鉴图 5-1、图 5-2、图 5-3、图 5-4、图 5-5、图 5-6 这些工作流程图，每一个园所情况不同，其相应的工作流程也不尽相同。园长要明确幼儿园后勤各岗位工作流程的制订是需要在实施的过程中，经过实践来检验，不断地修订与完善的。管理者要随时了解工作人员的执行情况，听取工作人员的意见和建议，保留合理的内容，对一些不合理的内容和执行不畅的环节进行调整，使其更加完善、合理。

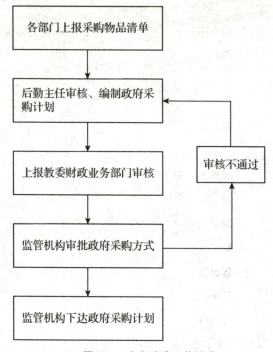

图 5-1　政府采购工作流程

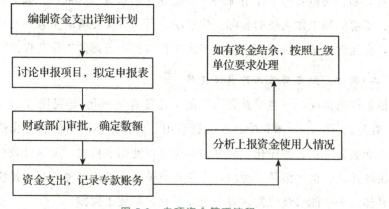

图 5-2　专项资金管理流程

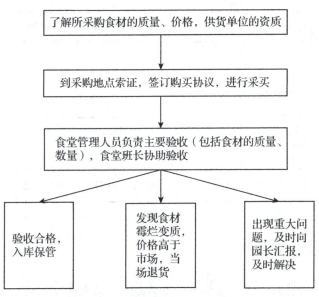

图 5-3　食品采购流程

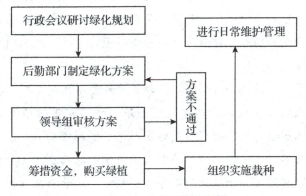

图 5-4　绿化工作流程图

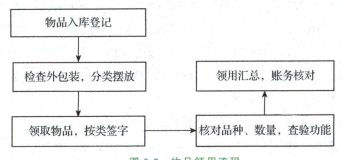

图 5-5　物品领用流程

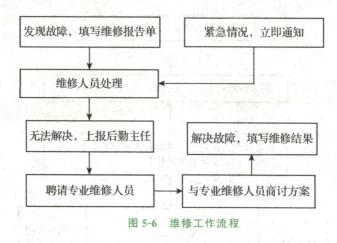

图 5-6　维修工作流程

案　例　逃生通道变形记

以前幼儿园逃生通道示意图和安全标志都是面向成年人的，并不太符合学龄前幼儿的认知和理解水平。其实逃生通道示意图和安全标志应该面向幼儿，让幼儿看得懂。于是后勤部门召开了专题会议，讨论如何修改逃生通道示意图和安全标志的样式的问题，以期既让幼儿看得懂，又保证逃生通道示意图和安全标志的客观性。

经过与教学部门商榷，后勤部门设计出了符合幼儿年龄特点的逃生通道示意图和卡通效果的安全标志。其中逃生通道示意图是根据不同班级所在的楼层、位置，标注出了特定的逃生起始路线，提示幼儿哪里有台阶，什么地方要转向。在供幼儿学习逃生知识的课件中，动态模拟幼儿在发生火灾时应该以怎样的路线逃生，应该保持什么样的姿势、动作。其场景全部使用幼儿园真实的环境照片，意在使幼儿直观地理解逃生知识，达到加深幼儿印象的目的。不仅如此，在通道中的墙面上，还设计了提示幼儿逃生技巧的图片、照片、模型和实物，如"不要慌乱，我是勇敢的孩子"的标语；幼儿排好队，鱼贯前行的照片；弯着腰，低着头，右手扶着墙走路的逃生布娃娃。在安全课上，教师用建筑区的各种材料搭建成微型的幼儿园环境，用跳棋模拟，让幼儿亲自操作、感知、实践，起到了很好的效果。

逃生通道示意图图文并茂的设计使幼儿乐于参与；图片适宜高度的张贴，让幼儿一目了然，最主要的是对幼儿真正起到了逃生标识的作用。

这个案例讲述了幼儿园如何以幼儿为本、开展环境创设工作的事情。环境创设的过程是发现问题—相关部门分析讨论—确定方案—实施—反馈。这个过程尊重了幼儿的发展需求，聆听了不同岗位员工的建议，是后勤保障部门工作流程形成的基本过程。在每学期的不同时间段，需要集中进行一系列查补、完善工作。如果能够细化和明确工作的流程，就可以迅速有效地开展工作，避免遗漏和忙中出错。

（三）细化后勤各岗位工作具体规范

每个岗位明确了具体工作内容和工作流程后就应该细化各岗位的具体行为规范，包括在什么时间做什么事情，有什么样的要求。例如，从门卫安保人员工作规范（见表 5-3）和生活用品领取要求（见表 5-4）看，表面上这些规范比较苛刻、死板，但长期贯彻和实施后就会形成一种行为习惯。各个部门都遵守规范，会让幼儿园工作更加有序，大大提高幼儿园的工作效率。

表 5-3 门卫安保人员工作规范

岗位	时间	工作内容	站位	要求
门卫	7：30	迎接幼儿入园（接待幼儿、家长）。	在刷卡机东侧	要求家长刷卡入园，无卡必须登记。
	7：40	播放晨间音乐。	门口	按时播放。
	8：30	协助搬户外玩具。	户外操场	将户外玩具整齐码放在指定位置。
	9：10	中大班做操，放音乐。	户外操场	与教学班配合，按时播放音乐。
	10：10	小班做操，放音乐。	户外操场	与教学班配合，按时播放音乐。
	11：00	协助整理户外玩具。	户外操场	协助幼儿将户外玩具摆放整齐。
	16：20	协助收玩具。	玩具活动车	协助幼儿将玩具收回到玩具房并码放整齐。
	16：50	开大门，接待家长。	刷卡机东侧	要求家长刷卡入园，无卡必须登记，防止幼儿走失。
	17：00	播放幼儿离园音乐。	大门口	引导幼儿离园，每个幼儿要有家长陪同，防止幼儿走失。

表 5-4 生活用品领取要求

周领取生活用品定量要求：							
餐巾纸	洁厕灵	84 消毒液	花露水	洗手液	擦手油	杀虫剂	卫生纸
1 提/周	1 瓶/2 周	1 瓶/2 周	1 瓶/周	3 瓶/周	1 瓶/周	1 瓶/2 周	1 提/2 周
领取时间	每周周一 15：00 领取下一周卫生用品。						

月领取生活用品定量要求：				
垃圾袋	洗涤灵	肥皂	洗衣粉	去污粉
1捆/月	1瓶/月	2块/月	1袋/2月	1袋/2月
领取时间	每月最后一周周五16：20领下个月卫生用品，定量发放。			
其他生活用品领取要求：						
手套	苍蝇拍	皮撅	扫床笤帚	扫把簸箕	垃圾桶	喷壶
牙刷	牙膏	百洁布	搓板	上水管	鞋刷	厕刷
领取时间	如需其他物品，请在17：20后领取。卫生用具以旧换新领取。					

案 例　供暖的保障

　　"漏水了！漏水了！"中二班的小朋友们都大声叫喊着，小李老师赶快跑到后勤主任办公室告知大家班中暖气漏水情况。后勤5位工作人员和班中老师一起抢修了40分钟，暖气漏水情况才得以控制。这次漏水事件后，后勤工作人员反思了工作中的问题，重新确立了暖气维修工作规范。

　　如今每年幼儿园供暖前的一周是后勤最忙碌的日子。要想保证孩子们能温暖地度过冬季，确保供暖设施正常运行，保证供热质量，让幼儿园冬季供暖正常有序，就必须提前做好各项供暖前的保障工作。维修保障人员需要全面检查全园各楼层管道、房间的暖气，不漏死角，发现问题详细登记并汇报给后勤主任，对所需要的配件上报计划，保证存有备用件。供暖开始以后，要每日巡查，及时发现问题，全力消除安全隐患。各部门和个人都有维护供暖设施的义务，不得乱动或毁坏控制阀门，造成供暖设备运行故障，发现问题要第一时间上报。要想确保发生事故时及时、快速处理，后勤主任和后勤维修保障人员就要24小时保持通信畅通。负责维修的相关人员要按照确立的工作流程，按部就班地进行维护，确保幼儿园正常供暖和供暖安全。

　　上面这个案例反映了确立后勤工作规范的重要性和必要性。如果人人都不去预见问题，没有预见方案，那么问题出现时，大家就会手忙脚乱。在幼儿园后勤工作的实践中，各个部门都要总结一些日常经验和突发事件的应急经验，梳理出工作规范，以便做好幼儿园各项工作。

🌿 二、建立后勤管理监管机制

监管机制是实施有效管理的内在要求，建立科学有效的监管机制，是有效落实和执行规章制度与要求的保障。因此，在细化幼儿园后勤工作流程的同时，必须建立健全的后勤管理监管机制，建立层级管理体制，做到责任到人，互相监督，管理有效。

(一)建立链接式监督机制 🌱

幼儿园的管理工作不是仅靠某个人或某几个人就可以完成的，而是必须由一个管理团队共同协作完成，这是由幼儿园的工作性质和管理特点决定的。在幼儿园管理团队中各职能机构之间不仅有协作关系，还存在着相互监督的关系，正是这种关系构成了幼儿园整体管理的链条，只有很好地发挥各链条的监督作用，才能有效地保证幼儿园各项工作的质量。

各部门工作交叉关系如图 5-7 所示：

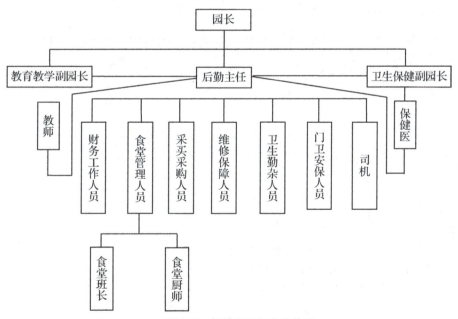

图 5-7　各部门工作交叉关系

在图 5-7 中我们看到，食堂是膳食管理的重要实施单位，但是保健部门要通过计算营养和了解幼儿进餐情况，对食谱的制订和饭菜质量进行监督。财务工作人员则对伙食费用的支出和材料质量、保管负责。作为直接主管，后勤主任要监管膳食管理的各个环节，发现问题及时汇报、反馈，及时解决。作为幼儿园的最高行政领导，园长对膳食管理要做到全面了解，采取行政措施或层级问责等方式。教学班和家长的反馈也是了解膳食情况的重要途径，因此要定期听取他们的反馈意见。

(二)建立日常式检查机制

检查是监督机制的主要实施手段，但检查不仅是主管的任务，还是管理链条上各组织部门共同的责任。检查从检查对象上可以分成自查和互查；从检查时间上可以分成定期检查和随机检查；从检查内容上可以分成固定项目和非固定项目。主管的检查应是全方位的、全面的，下属单位的检查应以定期、固定内容为主，并要定期将检查结果上报给上级主管。同时，为了发挥检查对工作的促进作用，管理者还要注意发挥自查的作用。在检查的过程中，规范的检查记录表(见表5-5、表5-6、表5-7)是必不可少的，它既可以简化检查者的工作，又可以成为被检查者的工作标准，使评价不仅仅是监督的手段，更是促进管理制度有效落实和工作效率提升的工具。

表 5-5　厨房安全用电、气检查记录表

检查日期	安全用电情况	安全使用器械情况	安全使用燃气情况	检查人

说明：
1. 每月检查记录一次，根据季节增加检查次数。
2. 发现隐患及时采取措施，不能解决的上报领导。
3. 认真履行检查职责，如实记录检查情况。

表 5-6　后勤巡查记录表

日期：　　　签名：

地点	项目	巡查情况
室外环境	周边环境卫生、车辆停放情况。	
	操场、绿化、大型玩具、公告栏情况。	
	室外线路、照明情况。	

续表

地点	项目	巡查情况
保安室	各岗位员工状况。	
	考勤、脱岗、串岗。	
	接听电话应答。	
	着装、安保措施。	
	监控运行情况。	
室内公共环境	走廊地面、墙面。	
	安全标志情况。	
	消防设施。	
	管线、照明、采暖设备。	
	楼梯台阶、扶手密封性。	
班级	家具陈设性能。	
	电器运行情况。	
	消防设施。	
	管线、照明、采暖设备。	
食堂	各岗位员工状况，考勤、脱岗、串岗。	
	个人卫生、着装。	
	各个操作间卫生、餐具灶具消毒情况。	
	燃气管道安全、设备运行情况。	
	库房存放情况。	
	应急处理。	

表 5-7　安全隐患排查流程

安全防范事物名称	日期	排查结果	措施
大门 传达室			
建筑 外墙 周边环境			
疏散通道 灭火器 消火栓 应急灯			

安全防范事物名称	日期	排查结果	措施
用电线路			
机器设备			
食堂燃气			
易燃物品			
电源插座			
接线板			
照明灯具			
大型玩具			

此外，还要注意对各类检查记录表的及时反馈，找出解决问题的有效方案，而不仅仅是将其作为档案留存，那样只能使检查工作流于形式，最终造成管理隐患。

(三)建立多元化反馈机制

绩效考核是对员工工作及业绩进行评估的重要手段之一，是幼儿园管理中重要的激励机制。后勤工作的绩效考核既有员工的自评和互评，又有上级主管的评价，也有教学岗和家长的综合评价(见表5-8、表5-9、表5-10、表5-11、表5-12)。由于绩效考核与员工的利益直接挂钩，因此，绩效考核不仅能够多方位地了解后勤工作人员的工作情况，获得各方面对于后勤工作人员工作满意度的评估，还能够督促后勤工作人员服务意识的提升，帮助他们在保障工作质量的同时，不断提升和创新，真正发挥激励机制的管理作用。

表 5-8　保洁员日常管理量化评价表

项目	检查具体内容	分值	得分
室外工作	校园道路、广场及时清理干净。		
	明沟无堵塞、溢水，阴沟畅通，沟盖完好整齐。		
	室外玩具每天定时清扫、整理，并清理干净。		
	秋冬两季，室外落叶清扫干净。		
	室外灯具、橱窗、座椅清理干净。		
	外围环境干净整洁，无垃圾、烟蒂，草坪、花圃内无垃圾，无践踏现象。		
	公共车库、车位卫生整洁，无脏乱差现象，车辆停放整齐有序，无乱停乱放现象。		
	每天定时清倒垃圾。		
	严格做好处理垃圾、治理污水、灭蚊、灭蝇、灭蟑、灭鼠等工作，按季节要求投药。		

续表

项目	检查具体内容	分值	得分
专业教室	楼梯扶手无积灰，天花板无蜘蛛网，墙面无脚印，无乱涂、乱画、乱刻等现象。		
图书馆	厕所便池无积垢，地面无积水，空气无异味，下水道无堵塞，洗手盆干净整洁，纸篓及时清理。		
会议室	走廊、楼道、阳台玻璃清晰、光亮、整洁。		
公共部位	楼道灯罩每周清理一次，做到干净、整洁。		
	楼道和公共部位摆放的家具、饰物和玩具每天清理干净。		
	楼道摆放的花卉定时浇水，叶片和花盆擦洗干净。		
	走廊、楼道、阳台、卫生间地面及时打扫，不带水拖地。		
	走廊、楼道、阳台、卫生间地面无纸屑、痰迹、烟蒂。		
劳动纪律	遵守作息时间，按时上下班，不迟到，不早退。		
	工作时间不擅自离开岗位，不串岗，不闲谈，不做与工作无关的事。		
	工作时按规定着整洁工作服，戴工作帽，讲究个人卫生，勤剪指甲，勤理发，每天按时执行晨检制度，不在工作场所吸烟。		

表 5-9　卫生消毒评价表

日期　　　　　　　　班级

序号	评价内容
1	大、小便池无异味儿、碱渍、锈渍。
2	卫生间的各个墙角擦干净，无污渍、尘土。毛巾架无污渍，摆放整齐。
3	洗衣机表面、底面及内胆擦干净，洗衣机底下的地面擦干净，不留有卫生死角。
4	卫生用品柜内无杂物，物品摆放整齐。柜面及柜内无尘土、无油渍。
5	瓷砖墙上无浮土、污渍。暖气管道干净。
6	盥洗室的镜子明亮，无水渍、污渍。衣帽柜内外擦拭干净。
7	饮水桶小柜内物品整洁，无杂物，柜面务必是原色。饮水机干净，特别是小篦子。
8	豆浆机内外擦拭干净，尤其壶嘴，无污渍、水碱；暖瓶表面擦拭干净。
9	热水器表面擦拭干净；消毒柜擦拭干净，内外无水渍、污渍、锈渍。挂表的表面擦拭干净，无尘土。
10	毛巾格、水杯格擦拭干净，无污渍、油渍。
11	水杯表面光泽，无污渍；水杯外缘、手柄内缘无污渍、锈渍。
12	毛巾干净、整洁、清亮，无油渍。

续表

序号	评价内容
13	玩具柜内外无尘土、污物。玩具对应标记摆放整齐。
14	娃娃家地垫表面清洁，无油渍。美工区所有废旧材料摆放整齐，清洁干净。
15	桌椅腿、桌面，里外干净，无污渍，桌椅摆放整齐。
20	床围、床腿擦拭干净，无尘土；褥子、枕头平整；床下擦拭干净，无尘土、纸屑及油渍。
21	备课桌整齐，规整到位。
22	拖鞋架及拖鞋擦拭干净，摆放整齐。
23	餐车内外干净，无污渍。
24	更衣室个人用品放入更衣柜，摆放整齐。
25	各室电源开关无油渍。
26	各室暖气罩擦拭干净，无尘土。外漏的暖气管道及暖气片擦拭干净，无尘土。
27	各室墙面及屋顶无灰尘，窗帘清洗干净，窗帘钩齐全。
28	家长园地、作业栏瓷砖、门牌擦拭干净。
29	各室玻璃、窗户框、纱窗干净，无尘土。门及门框无尘土、油渍。
30	各室灯管、灯伞、电风扇、空调表面无尘土。
31	楼道责任区擦拭干净。
32	各室玻璃擦拭干净，无水印、污渍；窗框无污渍。

表 5-10　炊事员工作评价表

姓名：

项目	分值	细目	权重	达标度过%				自评分数	小组评分	行政评分
				A 1.0	B 0.8	C 0.6	D 0.4			
饮食工作	40	食物供给量保证，水果供给量保证。	5							
		按幼儿带量食谱烹调色香味美的饭菜，带量准确，满意度达80%。	10							
		职工饭菜色香味美、价廉，满意度达80%。	10							
		掌握幼儿出勤人数，减少食物浪费。	3							
		按时按量分配饭菜，饭菜保温（出现饭菜不足两次降一级）。	5							
		供给足够、适宜的餐具（出现问题两次降一级）。	3							
		为体弱幼儿、过敏幼儿准备特殊餐。	4							

续表

项目	分值	细目	权重	达标度过%				自评分数	小组评分	行政评分
				A 1.0	B 0.8	C 0.6	D 0.4			
卫生工作	30	食品卫生，防止食物中毒（发现食物有问题一次降一级，变质食物评分为零）。	10							
		餐具清洁，无油渍（餐具不洁每次降一级）。	5							
		餐具、熟食用具每餐消毒，煮食时两次不戴口罩降一级。	4							
		生、熟食分开盛放。	4							
		各包干区清洁卫生，每月卫生检查获优（一次获中降一级，两次获优一降一级）。	7							
厨房工作	30	执行食物验收制度，严禁变质物品进厨房。	8							
		严格分清幼儿、职工伙食，公私分明。	6							
		管理燃气，注意安全（出现责任事故评分为零）。	3							
		乐意接受任务，积极完成突击性工作。	3							
		勤俭节约，虚心好学，大胆创新，不断改进工作。	4							
		文明用语，团结协作。	4							
		每月交工作情况记录表（一个月不交降一级）。	2							
特殊贡献加分										

表 5-11　门卫安保人员工作评价表

姓名：

项目	分值	细目	权重	达标度过%				自评分数	小组评分	行政评分
				A 1.0	B 0.8	C 0.6	D 0.4			
保卫工作	55	做好门户保卫工作，不准外人随便进园（让外人进入幼儿园两次降一级）。	12							
		晚上巡视幼儿园，检查所有门窗（如有失窃，查明是其责任的评分为零）。	11							

续表

项目	分值	细 目	权重	达标度过% A 1.0	B 0.8	C 0.6	D 0.4	自评分数	小组评分	行政评分
	55	出入锁门，不走失幼儿（离岗一次不报告降一级，两次评分为零，走失幼儿评分为零）。	14							
		做好防火、防盗工作。	10							
		文明礼貌地接待客人，并登记姓名。	8							
清洁工作	30	协助管片民警做好辖区内一日安保工作登记。	6							
		周六日搞好动物屋的卫生，每天喂养动物。	6							
		包干区整洁、无杂物。	6							
		按时交每月工作情况记录表（一个月不交降一级）。	2							
		有计划完成包干区的卫生，每月卫生检查获优（一次获中、两次获优一降一级，两次获中评分为零）。	10							
协作	15	对家长、幼儿态度和蔼，配合教育。	4							
		做好信件、报刊的收发、整理（不按时发放幼儿刊物一次降一级）。	4							
		管理园内及门口植物，定期浇水。	4							
		做好接待及突击性工作。	3							
特殊贡献加分										
合计										

表 5-12　保洁员工作评价表

姓名：

项目	分值	细 目	权重	达标度过% A 1.0	B 0.8	C 0.6	D 0.4	自评分数	小组评分	行政评分
清洁工作	75	有计划地做好包干区卫生死角清洁工作（各包干点卫生有部分地方不干净每次降一级）。	8							

续表

项目	分值	细目	权重	达标度过% A 1.0	B 0.8	C 0.6	D 0.4	自评分数	小组评分	行政评分
		门、窗、柜、消防箱等无积尘(出现问题两次降一级)。	8							
		厕所干净,无臭味(出现问题两次降一级)。	8							
		风扇、空调、灯等电器无积尘(出现问题两次降一级)。	8							
		包干区地面、楼梯等干净,无积水(出现问题两次降一级)。	7							
		音乐室整洁,物品保管好(出现问题两次降一级)。	10							
		操场整齐,干净,无落叶(出现问题两次降一级)。	10							
		楼内公共区绿植浇水、养护。	8							
		每周卫生检查获优(一次获中、两次获优降一级,两次获中评分为零)。	8							
协作	25	服从分配,缺人时顶班。	5							
		对家长、幼儿态度和蔼,配合教育。	3							
		防火防盗,做好园内保卫工作。	3							
		协助做好安全防范工作。	6							
		做好接待及突击性工作。	5							
		互相协作好,定期搞好全园的卫生。	3							

　　绩效考核是评估后勤工作的关键环节,绩效考核客观与否会影响到整个绩效管理过程的有效性。幼儿园主管领导要对照工作目标或绩效标准,采用科学的方法,评定后勤工作人员工作任务完成情况、工作职责履行程度和工作人员的发展情况,并将评定结果有效地反馈给工作人员。只有设置合理的绩效考核指标,并贯彻实施,才能确保绩效考核的实效性,才能客观准确地评价后勤工作人员的工作成果。

　　在幼儿园的后勤工作中,可以将绩效考核指标量化,使其更加直观,容易理解,从而增加执行力度。例如,可以将食堂工作量化为工作的时间(早晚班)、数量(一分钟包出多少个饺子)、质量(切土豆丝的长短和粗细)、评分(每月一次的菜品打分)等。能量化的尽量给予量化,不能量化的定性指标给予细化、行为化。明确想要达到的结果和目标是什么,从行动上进一步细化,如对"幼儿的健康食堂"这个标准的评价,可以细化到"幼儿园伙食家长满意度调查""月营养计算结果""油盐使用量登记表"等,增加可操作性。

三、创设后勤工作人员能力提升平台

后勤工作内容琐碎且重复,工作人员在自身业务没有提升空间时往往会因找不到工作的乐趣而产生疲倦心理,在不经意中逐渐消磨掉工作激情和斗志。至于个体因素,后勤工作人员个人思想、性格、学识和道德水准参差不齐,对生活和工作的态度也不尽相同。因此,后勤管理者要重视员工的个体差异,利用不同的方法和激励机制来满足员工的物质和精神需求,消除员工的倦怠心理,激发员工的工作热情,创设多种平台来提升员工的业务水平,使员工产生职业幸福感。

(一)通过沟通谈心,了解所思所想

只有与后勤工作人员面对面,心交心,宣传幼儿园理念,化解后勤工作人员心中的困惑,吸收合理化建议,解决实际困难,凝聚人心,真正地了解后勤工作人员,理解后勤工作人员,稳定后勤工作人员的思想,才能使后勤工作人员团结一致,努力工作,加强执行力。

管理者要先从自己身上找缺点,找原因,加强学习,端正自己的思想态度,在员工面前做表率,这样才能使员工信服。管理者学习主动了,工作带头了,考虑问题全面了,沟通能力提高了,员工的主人翁意识才能提高,工作才能积极,思想才能稳定,工作效率才能提高。在谈心过程中,要鼓励员工积极参与幼儿园管理,以主人翁的态度,对幼儿园工作多提合理化建议和意见,以改进工作方式。同时,负责谈心的人员要把收到的管理建议分为三类:员工自己能够解决的,就由员工解决,领导从旁协助和指导;分管领导能解决的由分管领导解决;只能园领导层面解决的或部门无法解决的,由园领导解决。园领导要积极吸取员工的合理化建议,解决实际存在的问题,在下次谈心过程中把结果反馈给员工,让员工感受到幼儿园对员工参与管理的重视,认识到谈心不是搞形式主义和表面工作,打消顾虑,从而提高参与幼儿园管理的热情。

后勤管理者还要有学习的能力与沟通的能力。谈心活动是提高沟通能力的捷径。在谈心活动中,要想达到谈心效果,就要提前了解谈心人的情况,确定谈心内容,这样才能增强谈心效果,达到谈心目的。特别是针对不同的谈心对象,进

行不同的谈心主题时，必须掌握不同的谈心技巧，有的直入主题，有的迂回渐进，运用心理学的知识提高沟通能力，积累谈心经验。当然最主要的是谈心要有真诚的态度、真情的投入，让对方没有戒备感，乐于讲真话、讲实话，这样才能真正达到谈心的效果。

(二)举行岗位练兵，练就过硬本领

培训是岗位练兵活动形式之一。按照各自岗位的不同，对员工进行不同的学习培训，有理论的，有实践的。培训对员工业务素质的提高有很大的帮助，可以让员工发现自身存在的不足，使员工意识到学习的重要性，并在以后的工作中及时学习、探讨和改进发现的问题，达到"干什么、练什么、缺什么、补什么"的目的，切实弥补工作中存在的不足。

竞赛可以展示日常工作情况，是岗位练兵活动中的一大内容。在竞赛时"滥竽充数""浑水摸鱼"是行不通的。竞赛可让每个员工或优或劣的工作情况得到有效展示，促使员工立足岗位，学习专业技术，练就专业本领，增加争当岗位优秀者的自觉性。通过岗位练兵，管理者能选拔出优秀人才。

案　例　腌咸菜

幼儿园每天为幼儿准备蔬菜时，会将黄瓜柄、萝卜头、圆白菜心切下来，直接扔掉，很是浪费。在食堂每周的例会上，后勤主任请食堂工作人员一同思考以下问题：如何杜绝浪费，有效利用这些"边角料"？这些"边角料"究竟能派什么用场？通过集思广益，大家得出了蔬菜的"边角料"可以做成咸菜的结论。这样大人就可以吃了，做到了节约的同时，还丰富了老师们的餐桌。

于是后勤主任布置了计划：每个人负责找两到三种腌制咸菜的做法。有人上网看美食节目，有人发动微信里的好友一起找，有人看菜谱书。经过各种试验，食堂工作人员掌握了腌制咸菜的方法。

一天早上，老师们照常到幼儿园的教师餐厅吃早饭，发现取餐的地方放着一小盆腌萝卜。大家抱着好奇心盛了一点儿，尝了之后都说好吃，于是纷纷询问食堂工作人员是怎么做的，想回家尝试着做。

食堂工作人员通过尝试腌制咸菜，掌握了一种新的技巧，提高了自己的厨艺。他们不仅把本来要扔掉的东西变为宝贝，还将可口又开胃的美食传播到了更多的地方。

从案例中我们看到，幼儿园的美味就是在园领导的发现和后勤主任的计划中产生的。小小的萝卜头都可以成为展示食堂工作人员智慧的材料，可见，这种智慧是在生活中展示出来的。

随着学前教育的不断发展，幼儿园需要更多德才兼备的后勤人才。岗位练兵活动的开展能使员工适应岗位，胜任职责，成为本职工作的行家和能手。同时管理者可以借此了解员工的工作能力，及时发现人才，打通晋升通道，使优秀人才脱颖而出。

多种形式的岗位练兵活动可以调动和激发员工的积极性和创造性，能够促进后勤工作全面、协调和可持续发展，使幼儿园理念成为教职员工共同认知的精神和价值观，从而推动幼儿园文化的发展。

（三）协助职业发展，实现组织目标

员工职业生涯的管理是幼儿园发展计划和员工个人职业生涯发展计划相结合的产物，最终目的是通过帮助员工的职业发展，实现幼儿园的工作目标，达到幼儿园发展的目的。

职业生涯管理是至关重要的，如果能有效进行职业生涯规划，就可以应对职位空缺，提升员工忠诚度，有针对性地进行培训和开发人才。因此，幼儿园要帮助员工管理好职业生涯，以激发其职业动力。幼儿园可以了解员工的兴趣、价值、优势和不足，帮助其确定职业发展目标，制订计划，从而实现职业发展目标。职业生涯发展计划会对后勤工作产生积极的影响，促使后勤工作人员勇于承担更多的责任，经常性地更新和提升职业技能，防止技能老化同时可以增强后勤工作人员的责任心，使他们对自己的兴趣、优势和发展需求有更为清晰和实际的认识，帮助他们完成自我定位，克服完成工作目标中遇到的困难和挫折。

后勤管理者要鼓励后勤工作人员对自己的职业生涯负责，在后勤工作人员进行个人工作反馈时及时提供帮助，尽可能多地给予他们机会，提供给他们感兴趣的有关学习培训、职业发展的条件。同时要提供幼儿园后勤工作的发展目标、计划、蓝图等，鼓励后勤工作人员将职业目标同组织发展目标紧密联系起来，有机地结合起来，通过向个人目标努力，使工作目的超越财富和地位之上，追求更高层次自我价值的实现，谋求幼儿园工作的持续发展。

第六章　后勤工作的评价与反馈
——园与员的蜕变

如果说后勤管理是提升园所品质的助推力，那么后勤工作的评价与反馈系统则是助推力的催化剂。后勤工作的评价与反馈系统是后勤工作人员管理与幼儿园经营管理的结合点，对全园教职员工的整体管理具有直接推动作用。针对后勤工作的评价与反馈，将从后勤工作内容的特殊性、后勤工作评价与反馈的特殊性方面来阐述。

第一，后勤工作内容的特殊性。

幼儿园的后勤工作相比其他组织单位的后勤工作具有极其特殊的性质：教育性，园所后勤工作人员的服务对象为教师和幼儿，幼儿是特殊的群体，在为他们提供服务时要体现教育性和关爱性，目的是促进幼儿园整体发展；复杂性，主要体现为内容多和持续性长，后勤工作涉及师生的一日生活各个方面，且一天中无空档期；突发性，在后勤工作中各类突发事件层出不穷，如水电供给、食品安全类突发事件；制约性，后勤部门在园所领导之下开展工作的同时还要接受相关政府部门的监督和制约，如社区派出所对安保工作的监督，卫生部门对食堂卫生的评价等。

第二，后勤工作评价与反馈的特殊性。

正是幼儿园后勤工作的特殊性，决定了评价与反馈系统的特殊性。幼儿园后勤工作评价与反馈的特殊性主要表现在追求目标、运行机制、服务对象等几个方面。

追求目标：幼儿园后勤工作评价与反馈以保障园所各项工作顺利开展和服务师生为目的，重点是提高运行效率和服务水平。例如，对食堂工作人员进行评价的重点是提高幼儿对伙食的满意程度；对门卫安保人员进行评价的重点是实现园所安全与稳定，把不稳定因素减到最少；对维修保障人员进行评价的重点是保证园所设备设施的正常运转，高效地配合幼儿园各班级开展日常工作。

运行机制：园所的性质不同，幼儿园后勤工作所受到的影响因素各异。公办性质的园所可能受计划经济影响较深，在评价过程中受约束的方面较多；私立性质的园所受市场经济的影响，在评价和反馈的过程中受到的约束少，但是员工的素质直接决定评价和反馈的结果是否有效。

服务对象：幼儿园后勤工作人员的服务对象为特定园所的特定教师和幼儿，也包括特定的家长和社区人员。为师生做好服务是履行教育使命的需要，为家长和社区服务是体现社会责任的需要。

通过对幼儿园后勤工作人员的评价与反馈实现后勤人力资源的最优化是所有幼儿园追求卓越的必备条件，科学化的评价与反馈系统是园所后勤人力资源管理活动开展的基础，是管理者进行决策的参考和依据。评价与反馈的结果会对园所后勤工作人员产生激励作用，使工作人员自觉地将自己的评价结果与岗位目标相比较，与同岗位工作人员相比较，从而有效地激发竞争意识，实现评价与反馈机制的激励效果。高质量的评价反馈有利于园所后勤工作人员保持优势和纠正偏差，促进和提升自我价值，最终达到管理的最高境界——自我管理。

第一节　评价与反馈的原则

原则主要是指行事所依据的准则。在后勤工作的评价与反馈中，根据工作的具体性质，其所依据的原则可以具体细化为针对性、客观性、监督性、动态性、全面性五个原则。这五个原则不是孤立存在的，而是相辅相成、相互影响的，构成评价与反馈的完整体系。

一、针对性原则

后勤工作的评价与反馈在园所执行的过程中出现过许多问题，不但不能很好地促进工作的开展，反而成为管理中的"鸡肋"。究其原因，主要是工作内容评价标准模糊。如此，反馈的过程形式化也就不奇怪了。常见的现象是不同类型岗位考核指标使用同一评价标准。例如，后勤统一使用"德能勤绩"四项大标准，且所占比值相同，试想食堂工作人员的"德"和维修保障人员的"德"是否相同呢？评价标准欠缺、走样导致园所后勤工作人员绩效评价和反馈的结果无法真实反映工作人员的工作状态和差异。

因为考核过程针对性弱，所以管理者会发现后勤工作人员考核信息不全面，缺少有针对性的数据支持，真实性难以衡量，评价机制形同虚设，难以产生公平公正的反馈结果。并且反馈内容单一导致后勤工作人员无法从评价结果反馈中了解到自己的优缺点。对反馈结果中存在问题较多的后勤工作人员的惩戒力度和表现较好后勤工作人员的奖励力度也不够。另外，评价结果在培训、晋升、薪资、奖惩等方面使用得较少，无法有效发挥其作用。因此，针对性原则在评价和反馈中为第一重要原则。

针对性原则主要是指针对后勤工作人员不同工作岗位、不同工作内容开展有针对性的评价，进行有的放矢地评价和反馈。正如"术有专攻，业有所精"，每个岗位有其独特性，结合岗位特点有针对性地进行评价和反馈，不仅能彰显评价机制的公平公正性，还有利于促进同岗位员工之间的相互学习，实现后勤工作人员资源整合。

针对性原则在评价与反馈工作中，可以通过量表考核法来实现。量表考核法主要是指先将各类考核指标编入考核表，再由考核者根据被考核者的表现逐一打分。此方法在园所后勤管理工作中最为简单，也最为直接有效。

量表考核法操作程序可参考以下几个步骤。

第一，确认评价维度。评价维度包括工作业绩、工作能力、工作态度、工作质量、工作创新等，具体维度需要根据工作岗位的具体任务而定。例如，食堂工作人员的工作能力表现为有条理、有步骤地协调配合完成幼儿食物的制作任务以及用餐物品的清洁工作；采买采购人员的工作能力则是快速有效地购买物美价廉的物品。

第二，确认评价项目。为实现考核的科学化、规范化，需对评价项目进行细化。例如，门卫安保人员的评价项目为服装整齐，接待家长礼貌，安全意识强，及时传达家长需求等；保洁员的评价项目为按时完成并保持楼道地面干净、及时修补楼道中的破损处、保持滑梯以及户外大型玩具清洁等。

第三，确定评价等级的划分及标准，依据评价标准而设定评价等级。

第四，评估与打分。评价者依据工作周期内后勤工作人员的工作表现进行打分，以事实为依据，以数据为准，采取定量与定性相结合的方法。

第五，汇总评价成绩，对后勤工作人员所得分数进行汇总，得出后勤工作人员评价结果。

第六，将后勤工作人员的评价成绩反馈给每个人。

制订后勤工作人员工作评价表时可参考表 6-1：

表 6-1　幼儿园后勤工作人员工作评价表

员工姓名		员工职务		考核周期		考核日期	
评价要素		评价等级					备注
维度	项目	差 1	合格 2	中 3	良 4	优秀 5	
工作态度	出勤情况						
	责任心						
	自律性						
	主动性						
工作业绩	工作完成效果						
	工作完成质量						
	承担工作量						
	工作安排合理度						
工作能力	专业知识						
	操作技能						
	解决问题能力						
	灵活应变能力						
工作创新	工作方法创新						
	工作方式创新						
分数合计							
员工意见							
评价人意见							

表 6-1 仅是可参考的后勤工作人员工作评价表，具体的工作岗位将具体细化为不同的评价量表。关于具体岗位任务，只有评价时针对性强，才能实现评价与反馈的价值。

◯ 二、客观性原则

园所后勤工作人员的评价和反馈是关系到每一名工作人员工作积极性的重要

工作。在开展评价工作时，需做到"客观公正、全面真实"八个字，反馈时需在有效沟通的基础上实现激励与改进，以此建立和完善科学有效的评价与反馈机制，增强园所后勤工作人员的服务能力，提高后勤工作人员的工作效率，促进后勤工作人员的自身发展，实现后勤工作人员的自我价值，全面推动幼儿园后勤管理及服务能力的发展。"客观公正"具有极其重要的意义。

客观性原则是后勤评价重要的准则，因为人的心理现象是受外界条件所制约的，所以要根据后勤工作人员的实际工作情况进行工作评价，遵循客观的评价，以实际为主，不掺杂个人的情感，让评价成为一把戒尺，丈量出工作优劣的客观性，而非笼统性地经验堆积、印象呈现。对园所后勤工作人员的客观评价能直接反映后勤工作人员的工作效率和效果、能力态度，反馈的结果常常直接影响后勤工作人员的薪酬调整、岗位调整、培训学习等相关管理措施的实施。究其原因，评价后勤工作人员和前勤教师一样，主要基于以下两个目的：一是确认后勤工作人员对后勤工作的贡献，为确定薪酬和调整岗位等提供依据；二是查找后勤工作人员在工作中取得的成绩和存在的不足，为其工作改进和提升提供客观依据。

世界上没有一成不变的东西，"任何事物都是在不断变化的"。评价的客观标准具有多变性，在园所环境、园所任务、园所突发事件等发生变化时，园所整体目标会发生变化，那么后勤工作人员的评价指标也就会发生一定变化，这是客观存在的事实。同时评价的客观性受多种因素影响，在各种因素的共同作用下，关于后勤工作人员的评价可能会呈现不同结果，只有管理者对这些客观的影响因素给予体谅和理解，客观性才有其必要的价值。例如，大雨、刮风天气次数比往年增多时，后勤负责卫生清洁和维修的工作人员的工作量肯定会增加，那么学期中和学期末评价时就需要考虑这些客观的天气因素。

三、监督性原则

监督，顾名思义就是相互检查、督导。在评价和反馈过程中，监督性原则不可或缺，主要体现为以下三个方面。

第一，财和物的监督，也就是购买过程和使用过程的监督。大型物品的采购，必须由两个以上人员同时参与方可进行。对幼儿伙食的管理也要采取钱、账、物、采购分开的办法，相互牵制。

第二，评价标准和评价过程的监督，也就是评价指标使用过程中的有效性监督。既然确立了评价标准，那么就应该"有法可依和有法必依"。例如，确立了采买采购人员的评价标准后，在评价过程中不能仅仅因为个人觉得采买采购人员比较辛苦就评价较好，而不参考实际的标准。

第三，评价者和被评价者的监督，也就是相互监督的职责。例如，后勤管理者评价食堂某员工时，指出他"洗涮碗盘勺不仔细，尤其是盘子边的缝隙清洁不到位"，所以管理者在指导和清洁同样碗盘勺时就需要仔细清洁细枝末节的部位，以保证"身正令行"。

在后勤评价工作中，需要做到层层监督管理，需要每个人明确自己的责任，这样才能把客观评价变为可能。

四、动态性原则

在评价和反馈的过程中，要因地制宜，根据实际情况来评价，这就是动态性评价。先看一幅后勤管理图，如图 6-1 所示：

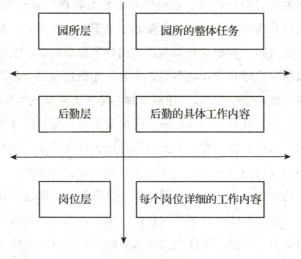

图 6-1　后勤管理图

图 6-1 表示园所工作安排的逐级细化，管理者需要思考评价是需要学期末一次性评价呢，还是学期初、学期中、学期末三次评价呢？评价是按照学期初的岗位职责固定评价呢，还是根据每月具体变化的任务再次评价呢？考虑到这些问题便可以理解动态性评价和反馈的定义和意义了。动态性评价和反馈是一种根据时间、地点、任务、内容而有计划改变的评价方式，是评价和反馈机制人性化的一种体现。

五、全面性原则

全面性评价，字面意思很容易理解，但是评价内容不全面是后勤评价工作中普遍存在的问题，主要表现在以下几个方面。第一，强调后勤管理决策、后勤员工激励等方面，忽视服务对象的全面性工作的评价。第二，强调员工的工作业绩和结果，忽视工作过程的表现和工作满意度。第三，强调业务能力，忽视创新能力和沟通协调能力。园所后勤管理中单一化的评价较为普遍，未形成一套全面概括的评价体系，对被评价者无法实现不同层面、不同角度、不同方位的综合评价。

幼儿园后勤工作涵盖各个岗位，除了要全面评价各岗位以外，还应注意全面评价个人，即一分为二、全面具体地评价个人的，而非单一以优势或缺点进行评价。只有在全面评价中进行分析，才能掌握整体开展工作的正确方向，才能找出问题存在的原因，了解后勤工作中存在的具体问题，才能对后勤工作有一个全面的、整体的了解。

全面性评价较常用 360 度反馈评价法，又称多角度反馈法。360 度反馈评价法是 20 世纪 80 年代由美国的两位学者在企业实践中不断发展和完善而形成的一种评价方法。

360 度反馈评价法是由被评价者的上级、同事、下级以及被评价者本人担任评价者，从多个角度对评价者进行全方位的评价，通过反馈评价结果改变被评价者的行为、提高被评价者的工作效率、促进被评价者的职业发展的方法。应用在幼儿园后勤评价中，可以呈现为以下形式（见图 6-2）：

360 度反馈评价法的优点在于可提供被评者在各个方面的工作表现情况，防止特定评价者因专断或偏见而造成考核结果有误差，因此，360 度反馈评价法与传统单一来源的反馈方式比较起来，具有较高的信

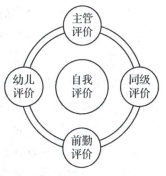

图 6-2　360 度反馈评价法在幼儿园后勤评价中的应用图

度和效度，被评价者也较愿意接受评价的结果。有别于传统的由直接主管打分的绩效考核方式，360 度反馈评价法可以多方面地提供反馈，并具有全面性、匿名性和客观性，能更加真实地反映被评价者工作表现的全貌。例如，评价幼儿园的门卫安保人员时，通过早上来园孩子们的评价可以判断其工作是否热情、礼貌、积极；通过前勤教师的评价可以了解其工作协调配合能力；通过同为门卫安保人员同事的评价可以了解岗位对比的情况；通过主管领导的评价可以判断其对本职工作的完成情况。

总之，评价与反馈的五条原则是相互依赖、相互影响的，不能单一孤立来看，尤其在实际的工作中要综合考评，这样才能给工作人员真实、客观、全面的评价与反馈。

第二节 评价与反馈的策略

在幼儿园的后勤管理中要以尊重为先，运用激励、赏识、参与、期待等方法，激励后勤工作人员不断创新，发挥其主体作用。及时、适宜的工作评价与反馈能够有效激发后勤工作人员的工作热情，提高后勤工作人员的工作质量。

赫洛克曾做过一个著名的心理学实验，他把被试者分成 4 个等组，使其在 4 种不同诱因的情况下完成任务。第一组为激励组，每次工作后予以鼓励和表扬；第二组为受训组，每次工作后对存在的任何问题都要严加批评和训斥；第三组为被忽视组，每次工作后不给予任何评价，只让其静静地听其他两组所受到的表扬和批评；第四组为控制组，让他们与前三组隔离，且每次工作后也不给予任何评价。结果表明，成绩最差的是第四组（控制组），激励组和受训组的成绩明显优于被忽视组，而激励组的成绩不断上升，学习积极性高于受训组，受训组的成绩有一定波动。

这个实验充分说明了评价与反馈在工作中的重要作用。评价与反馈对工作的作用，体现在激励工作动机和引发工作认知两个方面。在激励工作动机方面，如果工作者对自己的工作过程和工作结果有比较充分的了解，知道自己哪些方面做得好，哪些方面还存在问题，那么他就会产生满意或者不满意的情绪体验，他的工作动机也会受到进一步影响。在引发认知方面，工作者可以从对工作结果的了解中，获得有关正确或者错误的信息，使这些信息成为指导自己今后工作的定向依据。

对于后勤工作人员同样如此，只有让他们清楚地了解自己的工作情况，他们才能更加有目的地保持、完善、创新自己的工作。由于后勤工作人员的文化结构组成比较复杂，对他们进行评价与反馈时要注意方式方法。

不少管理者认为，管理者对后勤工作人员的肯定和鼓励直接影响着他们的工作情绪。由于幼儿园后勤工作人员的工作具有特殊性，因此对于幼儿园后勤工作人员的评价与反馈要像对待孩子一样以鼓励和夸奖为主。管理者要有许多夸奖他们的词汇，并绝不吝啬。对后勤工作人员的优点要"放大"，缺点要"缩小"。同时，很多幼儿园园长表示，对于后勤工作人员的评价与反馈不能只局限于结果，要能激励后勤工作人员的内部动机，寓评价反馈于表扬之中，寓评价反馈于帮助之中，寓评价反馈于幽默之中，寓评价反馈于谅解、宽容之中。这样，后勤工作人员不但乐于接受，还能获得工作动力，以饱满的热情不断提高自己的工作能力与工作质量。整个园所的氛围也会因此而更加和谐，更加积极向上。在反映出问题的同时让大家一起解决问题，可以增加团队的凝聚力与和谐发展的动力。

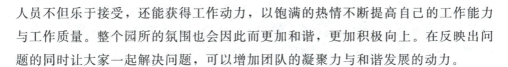

一、幼儿评价

在幼儿园里，无论前勤与后勤，所有人的工作中心都是"幼儿"，因此对于任何一项工作的评价与反馈都是实施者与体验者相互进行的。幼儿、教师、家长、后勤人工作员本身乃至外来参观者都可能成为评价的主体。也就是说，幼儿园后勤工作的评价主体是多元的。

评价主体多元化，即评价者从单向转为多向。多元化的评价主体有效增强了评价主体与被评价者之间的全面互动，更直接、充分地将幼儿、教师、家长、园所及社会之间的认知有机结合起来，使后勤工作人员更关注幼儿的发展，更好地提高后勤服务质量。

在这里需要强调的是，实施多元评价的目的主要是通过不同的人群拓宽后勤工作人员的学习渠道，提高后勤工作人员为幼儿发展服务的意识和能力，而不是增加对后勤工作人员的检测标准，提高检测难度。

园长要指导后勤管理者运用多元化的评价与反馈理念进行后勤管理工作，提高后勤管理者对幼儿园内部人员及与幼儿园相关人群等多方面、多层面评价主体的运用能力。

幼儿园的主体是幼儿，幼儿园所提供的一切设施、设备归根结底都是为了满足幼儿的发展需要。那么，幼儿园后勤工作人员是否具备为幼儿提供适宜的、合理的设施设备的能力呢？最真实的答案还要从幼儿身上找。幼儿是否关注，玩起来是否感兴趣，从他们的语言、行为中我们可以直接了解到。而幼儿的这些最简单的语言、行为，其实就是他们对后勤工作最直接、最真实的评价。因为幼儿是天真的、真实的。

园长要指导后勤工作人员学会捕捉幼儿的评价，并以幼儿的评价作为改善工作的切入点。

案　例　七彩小花园升级了

> 新改造好的七彩小花园完工了，每天户外活动时各班的孩子们都争相要到七彩小花园中一探究竟。今天，我们中班的孩子们走进了七彩小花园。刚一踏进小花园，孩子们就三三两两地分散到花园的各处去玩了。看到孩子们都有了

自己的目的地，我的兴趣也来了，到底这个花园里有什么好玩的东西呢？孩子们对小花园中的什么最感兴趣呢？我打算好好看一看。

正当我决定从哪儿开始巡视的时候，周围几个孩子的交流声吸引了我。

对话一：

彤彤："妞妞，你看这个花盆小桥太好玩了。"

妞妞："嗯，我也喜欢。要是把我家那个细花盆放这儿就更好了，保证你走起来很刺激。"

对话二：

姗姗："这个兔子窝太棒了，兔子住下面，小鸟住上面。"

乐乐："这叫动物别墅，是混合型的。"

峰峰："就是小鸟离得太远了，都没法给它们喂食。"

姗姗："喂小鸟可好玩了，我就喜欢去鹦鹉园喂鹦鹉。"

对话三：

峰峰："走，跟他们挖恐龙蛋去。看，牛牛都挖出两个了。"

乐乐："哎，等会儿，我这脚底下好像就有一个。看，翼龙的。"

峰峰也在自己的脚底下不停地探索着，可是扒拉来扒拉去都没找到，说："我去那边再找找，我也要找一个。"

对话四：

特特："嘿嘿嘿，快来看，这些梅花桩能动，可以改变方向，还能增加高度。"

鹏鹏："你刚发现呀?！看，我在用梅花桩造碉堡，等会儿你一定会震惊的。哈哈哈。"

特特："哼，我弄一个梅花桩迷宫，也会让你震惊的。哈哈哈。"

不知不觉孩子们要回班了，他们拉着我的手说："萌萌老师，我们明天再来吧，这儿太好玩了。"

带孩子们在小花园门口排队的时候，我发现后勤张老师坐在花园外葡萄藤架下的长椅上记着什么。经过他身边时，我对他说："这个小花园孩子们很喜欢，现在不想走，明天还要来呢。"后勤张老师说："谢谢孩子们，欢迎你们天天来玩，你们的意见我记下了，以后会更好玩儿。"孩子们听了不断地拍手叫好。

接下来的每一天，孩子们都要求去七彩小花园玩。突然有一天，牛牛兴奋地说，"看，这儿多了条绳子，一拉绳子就能把小鸟拉过来。"峰峰说："小花园升级了，太棒了。"不一会儿，彤彤又说："哎，妞妞，花盆小桥变了，有细花盆了，还有高花盆。你快来试试，很刺激的。"

孩子们对于小花园的变化很是兴奋。这时，后勤张老师走过来，对孩子们说："孩子们，好玩吗?"孩子们异口同声地回答："好玩。"我说："张老师，那天您是在记录孩子们的想法吧?"张老师说："没错，总是看你们调区域时说要观察孩子，那天我看你在观察孩子们，就坐下来观察了一下，并把孩子们的话记了下来。回去后和后勤主任商量，最后决定按照孩子们的想法变一变，没想到这一变还真对了，看孩子们多喜欢。现在我知道了，听孩子们的想法真的很重要，以后真得向你们学习，多观察孩子们，多听孩子们的话。"

从孩子们的行为表现中能够看出改变后的七彩小花园更受孩子们喜爱了。这个改变不是来源于规划者，而是来源于最直接的体验者——孩子，是后勤张老师及时捕捉到了孩子们的需要，才让孩子们的想法得以实现。

园长都会有这样的体验，硬性的工作安排不一定能获得良好的工作效果，当工作者有工作的愿望时，往往达到的效果会比预期高出很多。这次七彩小花园的改变是源于后勤张老师对孩子们的聆听。如果说起初的聆听给了后勤张老师改变的想法，那么之后孩子们的反映则让后勤张老师感受到了聆听孩子们的价值，关注孩子们的价值。

其实，孩子们的反馈就是这样自然，他们带给后勤工作人员的改变也是如此自然。

二、教师评价

后勤工作人员是前勤教师顺利开展工作的有力保障。在幼儿园里，前勤教师对于后勤工作人员的评价内容是多元的，有关于幼儿园设施、设备改造的，有关于班级服务的，有关于自身问题解决的，可以说内容涉及工作的方方面面。而教师对于后勤工作评价的着眼点往往也是这些事情的解决。

案　例　老师的水杯有家了

在巡班时我常发现老师们的水杯放在哪里的都有：钢琴上、直饮机上、窗台上。物品摆放的随意性特别大，更无从谈起标准化。与主管领导反馈了相关情况后，主管领导针对此问题进行了再次要求：请老师们把杯子放到储物柜中。可是效果并不是很好。虽然钢琴上不放了，可窗台上和直饮机上依旧还放着老师们大小不一的水杯。而且每日三餐后直饮机上还会放上药箱。

为什么老师们会把水杯、药箱放在直饮机上，通过和老师们聊天了解到原因只有一个——方便！中二班的榕榕老师曾说过有时把水杯放储物柜里，因为要关注孩子们喝水，为了避免空岗索性自己就不喝水了。那有没有请后勤工作人员帮忙解决一下呢？老师们说："已经和后勤工作人员说过多次了，但是由于没有找到合适的储物柜，所以一直还没有解决。"的确，老师们可以把水杯放到储物柜中，但是中间组织孩子们喝水时，可能就会出现空岗的问题，而这样长时间不喝水，老师们的健康就会受到影响。

可见，单纯地依靠后勤工作人员已不能很好地解决问题了，那前勤主管与作为后勤保障的后勤工作人员是否了解此事，对此事又有何想法呢？为此，我与前勤主任、后勤主任针对此事进行了讨论：怎样才能在保证规范的同时方便老师们？讨论中我跟两位主管领导说："要想真正解决问题，就要多听听老师们的想法。请你们想一想，管理是为了管理而管理吗？"

后勤主任听了我的建议后，马上进班与老师们一起商量解决问题的方法。起初后勤主任只是想着如何更换更合适的储物柜来解决问题，但经过与老师们交流发现，老师们希望在墙壁上安装隔板，这个提议引发了后勤主任解决问题的新思路。最后结合幼儿的安全需要与老师们的取放便捷需要，确定把直饮机上方的墙壁空间有效利用上——安装适合放水杯和药箱的双层隔板。第一层放药箱，第二层放 3 位教师的水杯。

虽然确定了解决方案，但后勤工作人员并没有直接用园里剩余的黑色置物架，而是根据班级的整体色彩和清洁问题对置物架进行了仔细选择。漂亮的欧式隔板被否决了，因为其花纹空间太多，不利于老师们清理，木头颜色又不美观。经过反反复复挑选，最后一款白色双层隔板被选用。自从给各班安装了隔板后，经常听到老师们说："后勤工作人员真能干，这么大的难题都解决了！现在方便多了，不仅自己能喝上水，还能跟孩子们一起比赛喝水呢。"

可以说，有时老师们的工作情况就是对后勤工作的评价。后勤工作人员真正了解老师们的需要是一种能力，在了解老师们的需要后及时地解决问题更是一种能力。园长要善于指导后勤管理者，使其通过与老师们直接交流寻找切实有效的解决策略。

后勤工作开展时不能只注重统一、美观，而忽视对老师们人性化的关心，忽视对教育内涵的深刻理解，忽视与老师们之间的换位思考。如果更多地听一听老师们的声音，那么困扰大家的水杯问题早早地就迎刃而解了。

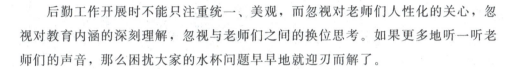 **案　例** 带量食谱进班了

> 一天食堂班长张老师在进餐转班时，听园里一位老师说自己班里的然然晚上在幼儿园吃了6个鸡翅，2碗米饭，想起了然然是全园有名的胖孩子，但是还是不可思议孩子吃这么多。那我们老师怎么不及时制止呢？
>
> 后来经过了解得知，这个孩子是经常多吃多喝，即使在幼儿园吃饱了，晚上离园后也要让妈妈在隔壁超市买一个大鸡腿给他。孩子的妈妈告诉班上的老师，这个孩子超爱吃幼儿园的饭，回家还让妈妈做幼儿园的饭。
>
> 班里老师说，现在之所以依着孩子的要求，是因为之前针对孩子的饮食及食量问题与孩子的妈妈沟通过多次，但孩子的妈妈表示不理解，总说没事儿，还说孩子胃已经撑开了，不让孩子吃饱了，孩子难受。而且现在孩子长身体，多吃点儿没事儿，想吃就说明他需要，只要给他就行了。
>
> 张老师想食堂老师每天都是按照保健医给的带量食谱制作食物的，但常听到班里老师说："今天孩子吃了3碗面条。""今天宝贝吃了28个饺子。""今天孩子吃了2碗米饭。"看来，对孩子应有的进餐量食堂老师都比较清楚，那班级老师是否清楚呢，家长是否清楚呢？
>
> 孩子吃了过多的食物不仅对身体没有好处，还会影响智力发展。慢慢地肥胖孩子会增多，肥胖率也就增加了。于是，张老师跟后勤主任说了自己的想法，后勤主任和保健医组织伙委会成员召开了伙委会，大家一起探讨不同年龄段的孩子不同食物的进餐量是多少，如何合理地进行营养搭配。大家研究出来后，保健医将每个年龄段孩子吃的不同食物达到的营养量制作成表格发放给各班。
>
> 自从班级幼儿的食物带量表下发以后，老师们都说："这个带量真好！我们一看就知道该怎么给孩子们分饭了，而且做家长工作时也更有理有据了。家长们信服了，孩子的饮食习惯也就越来越好了。"

带量食谱进班是后勤教师在发现班中幼儿进食量过大，通过了解原因后实施的一项解决策略。班中教师对于带量食谱的认可是对后勤工作人员工作最大的肯定，

这种肯定不仅彰显出后勤工作的科学性，也彰显出后勤服务前勤的细致性。

评价不仅可以呈现在一张表上，还可以呈现在被支持者工作的高质量开展上。

三、园所评价

园所评价是指作为评价的主体，幼儿园以园所发展的角度或职工自身价值体现与自身发展的角度对后勤工作人员进行反馈评价的一种评价方式。这种评价方式对于后勤工作人员不仅具有指导作用，还具有提高其思想认识水平的作用。评价得当不仅能够凝聚后勤工作人员的思想，团结后勤工作人员的力量，还能提高后勤工作人员的工作热情，推动后勤工作质量的提高。

作为园所评价的代表，园长要对每位后勤工作人员的工作情况了如指掌，这样才能因人施策，取长补短，更好地发挥每位后勤工作人员的优势，使后勤工作人员感受到园所的真心与用心，使园所整体的发展有条不紊。

案　例　热情萌生出的惊喜

幼儿园大门口距离路边有一条长 20 米左右的长廊，长廊的两边用于张贴幼儿园园所文化介绍或幼儿活动的照片，其中最受欢迎的就是每周的营养食谱。每天早晨都会有很多的家长带着孩子看食谱："猜猜你们今天吃什么？""今天你们吃黄豆焖羊排。"这些愉快的对话每天都会充满这条长廊。

然而，每到离园时又会出现另一种声音："哎呀！每天在这儿等着接孩子真是一件苦差事，站着没事儿干的时候，两分钟都觉得那么长。""是呀，春秋季还好，到了夏天正好迎着太阳热得简直受不了。""咱们年轻怎么着都还能凑合，接孩子的老人就更不容易了，又站着又晒着，简直遭罪。"

正在整理长廊花束的后勤主任听到家长的聊天内容心中有些触动，由于自己不是接孩子大军中的一员，平时还真没注意到这一问题。怎样才能既方便家长，又合理地利用这条长廊呢？

当后勤主任把自己听到的和想到的问题带到后勤会议中时，大家在表示理解家长感受的同时，提出了各种各样的建议。有的人提议加遮阳篷，有的人提议增加移动遮阳伞，有的人提议为老人增加休息椅子，有的人提议投放杂志报纸等。可以说，每一个后勤工作人员都在为解决问题积极地动着脑筋。最后，经过反复推敲，一个新的想法油然而生，大家决定利用上层空间解决这个问题的同时把平面的宣传转变为立体的宣传。

　　当想法确定后，大家又开始思考如何实现这个想法呢？爱玩的后勤武老师说："能不能将国贸的世贸天阶搬到幼儿园呢？"只有想不到的，没有做不到的。当喜欢设计的崔老师和有施工经验的武老师把制订出的新方案上报给园领导时，行政领导不仅惊叹于众位后勤工作人员的创意想法，更对细致入微的施工方案赞叹不已。经过行政领导的讨论，幼儿园决定私人订制一个专属于幼儿园、专属于孩子们的"世贸天阶"。

　　当两块 4 米乘 5 米大小的 LED 屏横架在长廊上方时，家长们欢呼不已，因为遮阳的问题解决啦！而当屏幕上滚动播放各班孩子们一日活动的照片、亲子活动的视频、家长参加校园之美活动时的摄影作品时，家长和孩子们更是兴奋不已。自从这条长廊变成幼儿园的"世贸天阶"后，每天的离园环节成了欢乐的时刻，等待时家长们边欣赏边感慨幼儿园的用心。接到孩子时，家长和孩子则都变成了稚气的娃娃，或边走边跳，或边看边唱，每个人脸上都洋溢着快乐与幸福。

　　看到家长和孩子们的反应，幼儿园领导对于后勤主任及后勤工作人员给予了高度评价："后勤主任有捕捉信息的意识和解决问题的意识，后勤工作人员有强大的工作热情和团队意识。你们不仅解决了问题，还实现了自身价值。这个问题的解决不仅是工作的创新，还是园所品牌文化的宣传与物化。"当后勤工作人员听到领导对自己的工作给予如此高的评价时，他们只是微微一笑，含蓄地说："领导们过奖了，只要对幼儿园有利，只要能让家长满意，我们一定更努力地工作。"

　　"世贸天阶"的出现是全体后勤工作人员智慧的结晶，这个过程体现了后勤工作人员强烈的责任感和服务意识。而园所领导对于后勤工作人员直接的肯定与高度的评价就像航船上的助推剂，让后勤工作人员的价值感与胜任感油然而生，而这种强烈的价值感与胜利感将会转化成工作的动力，促使后勤工作人员不断向着更高的目标前进。

　　园所评价最大的价值就在于能够在个人发展与园所发展之间搭建转换的平台，让后勤工作人员看到自身价值在园所发展中的作用。

四、自我评价

　　自我评价是一种重要的评价形式，是人们对自己的能力、状态和发展趋势的评价性认识，也就是人们自己成为自己的认识对象。有学者指出，人们通常根据两个主要标准进行自我评价：一是对自己的能力或效能的感受；二是对自己的德行或价值的感受。同时，根据相关学者的观点可知，学习者的自主学习能力和自我评价能力之间有着密切的联系。因为自我评价能促使学习者对自己的学习进步负责；能使学习者清楚地看到他们现在的水平和他们希望达到的水平之间的差距；能使学习者看到自己的长处和不足，从而清楚地了解自己的综合能力；能使学习者获得更大的学习动力。

自我评价不仅具有独特的自我功能，能促进自我发展、自我完善、自我实现，还具有重要的社会功能，能极大地影响人与人之间的交往方式。

在后勤工作人员进行自我评价时，可以提前设定好评价项目指标，再由后勤人员工作根据指标进行书面或面谈式的自我评价。书面形式的自我评价需要提前通知，并告知后勤工作人员评价的原因和评价表格的使用方法，要求后勤工作人员尽可能客观、公正地评价自己。在面谈形式的自我评价过程中，管理者要阐明目的，并鼓励后勤工作人员积极发言，强调优势与需要改进的领域。在此过程中管理者要认真倾听，不打断对方说话，避免对峙与争论，关注绩效而不关注个性。

开展自我评价的目的是，为后勤工作人员搭建展示自身优势的平台，为后勤工作人员提供反思工作的机会，使后勤工作人员在展示、反思中找到自己有待提高和改进的地方，同时通过互相学习，找到努力的目标和方法。

案　例　特别的月总结

今天食堂工作人员进行了一次特别的月总结"赏色—尝味—说道"。起初食堂工作人员听说要进行这样一个月总结时都茫然不已，不知道如何准备。当后勤主任说明了总结方法后，食堂工作人员则兴高采烈，跃跃欲试，想要露一手儿。

总结之日，当食堂工作人员把自己本月最有特色的主食呈现出来时，每一个人的眼睛都亮了起来，纷纷称赞对方的作品。当大家都对彼此的作品熟悉后，真正的总结开始啦！

第一环节：赏色，通过欣赏每一道食品的色泽，评价自己所做食品色泽的成色，并以5分为满分给自己的食品色泽打分。

第二环节：尝味，通过品尝每一道食品的味道，评价自己所做食品的味道等级，并以5分为满分给自己的食品味道打分。

第三环节：说道，通过前两个环节的评价，综合评价自己作品的特色与可以改进之处。

有了前两个环节作为基础，每一位食堂工作人员对自己的评价都非常客观。张师傅说："我的金鱼戏水，造型逼真，豆沙馅料甜度适宜，但形体过大，不太可爱。"李师傅说："我的太阳花大小适宜，造型可爱，但豆沙的甜度有些高，太阳花的颜色有些暗。"宋师傅说："我的小白鸽大小合适，但由于面发的时间不合适，造型没出来，南瓜馅料的口感挺好的。"赵师傅说："我的小刺猬包，造型还是没有把握好，但是颜色多，颜色正，很漂亮，枣泥的馅料口感也不错。"

本次的月总结，大家先是在彼此的称好中开始，然后在对自己的评价中结束。通过这次自我评价式的总结，每一位食堂工作人员都发现了自己与他人的特色之处，也更清楚了自己的不足之处。

在这次特别的月总结中，如果说刚开始彼此之间的相互称赞存有感情色彩，相互评价的内容模糊或不真实，那么第三环节的自我评价则是在相互完全了解的基础上进行的，有具体评价指向的针对性自评。这样的评价既能加强每一位食堂工作人员对自己面食制作水平的认识，也能让他们有明确的努力方向和学习目标，而这无疑能够进一步促进他们专业技能的提高。

自我评价并不是闭门造车，它完全可以是开放的，可以作为自我展示的平台，也可以作为彼此交流学习的平台，更可以作为自我静心反思的平台。对于每个人而言，自我评价都是一个取精弃糟的过程。

五、社会资源评价

社会资源评价是指以幼儿园相关人员为主体的评价。在实际生活中与幼儿园联系最为密切的社会资源就是来园观摩的学习者、指导者与家长。由于来园观摩的学习者与指导者具有专业知识与专业技能，对幼儿园的评价既具有客观性，又具有专业性，所以他们的评价与反馈意见非常宝贵。家长和幼儿园周边的人员对幼儿园最为熟悉，他们的评价更真实，更能帮助我们动态地了解后勤工作的情况。

对于幼儿园的后勤工作人员来说，呈现在来园观摩者与指导者眼前的不是工作的过程，而是工作的结果。这些结果反映的既是工作内容，也是工作方式与工作态度，更是后勤工作人员对于园所文化与园所核心价值的理解。来园观摩者与指导者对于这些结果的认识与评价，不仅能够客观地反映后勤工作人员的工作水平，还能使后勤工作人员或者园所从中获得宝贵的意见或建议。

🍃案　例　门口的小水坑

　　每逢下雨的时候，幼儿园甬道里中间的部分总有一大片积水。但是无论来园、离园，这里都是必经之路，成人自己过时连蹦带跳的还可以，可要是老人或父母带着孩子过时就会有些困难了。力气大的家长可以抱着孩子过，力气小的家长只能拉着孩子的手穿雨鞋或直接蹚水过去后再换鞋。

　　这天又是一个雨天，还是手拉手来园观摩学习的日子，正想着大家又会无奈地讨论门口那个小水坑时，我却听到一位来园观摩的老师说："这里的保安师傅可真好，离幼儿园门口那么远的小水坑，为了方便家长还搭了一个桥。""可不是，要是放在我们园，别说离幼儿园门口那么远了，就算在幼儿园门口，领导要不说也不一定管呢。"

　　听到两位观摩者的对话，我既感到惊喜又有些疑惑，一直没听说过保安张师傅搭小桥的事呀，今天是怎么回事儿？带着疑问，我来到幼儿园门口，果然在那片积水上方有一个用两块木板搭成的小桥，来园的家长和孩子正在有序地踏桥而过呢。

　　我走到小桥处，看到报亭的师傅正站在旁边，他一看到我就说："你们幼儿园的张师傅可真好，倒垃圾时捡到两块大木板就跟捡到两个大宝贝似的，我问他干什么用，他还不告诉我。原来，是帮助别人啊。"当我对张师傅表示感谢时，张师傅却说："这算不了什么，没东西咱们没办法，有东西这都不算事儿。大家方便了，我就开心！听到我们的谈话，家长纷纷说："咱们的师傅是真好，这次是给搭上了桥，原来没东西时也总找砖头、石块给大家铺路。""对，找不到东西时，我还看到师傅用笤帚反复去扫水呢。真是把幼儿园当成自己的家了，把幼儿园的周边都照顾得好好的。"

　　从那以后每逢雨天，张师傅都会把那个简易的独木桥搭好，来来往往的家长和孩子都方便了。

　　来园的客人、家长、与幼儿园关系紧密的周边人员，对于后勤工作人员的评价客观性更强，更能让管理者了解后勤工作人员真实的工作情况。幼儿园管理者要善于倾听来自不同人员的声音，从别人的眼中、口中了解后勤工作人员是什么样子的。同时，管理者也要善用这种特殊的评价，以第三方的力量推动园所的后勤工作人员不断提高其自身的服务能力与服务意识。

第三节　评价与反馈的客观机制

一、奖惩机制人性化

管理者对员工在生活上给予关心照顾，不但能使员工获得物质上的利益和帮助，而且能使员工获得尊重和归属感。管理者要真心实意地了解员工的生活，不光以工作作为谈论的话题，更要关心生活中的事情。这样，员工在有困难的时候才会立刻想到幼儿园是坚实的后盾，才会工作得更加有动力。奖惩机制只有人性化，才可以产生巨大的激励作用。

案　例　背后的辛苦

在幼儿园家长开放日那天，为了让家长更加了解幼儿园，我们让家长和孩子共进午餐品尝幼儿园的伙食。

在开放活动的前一天晚上，食堂工作人员加班加点，制作了许许多多颜色鲜艳、口感好吃、花样创新的主食。面食类有紫荆花、小刺猬包、牛肉包子、蝴蝶卷、红糖麻酱卷、比翼双飞、小佛手、牛角包、黄金草帽包等；糕点类有笑脸饼干、笑脸桃心、巧克力夹心小熊饼干、桃心饼干、黑芝麻酥皮饼、麻酱酥皮饼、豆沙小麻团、黄金蛋挞、旋风曲奇等。食堂工作人员做了40多种面点。他们从早忙到晚，既保证了幼儿一日三餐正常开餐，也保证了第二天家长品尝活动的顺利开展。

第二天，当一盘盘好吃、好看的食物摆放在桌子上时，家长们纷纷拍照，激动不已。大家都在说："太精美了！""太漂亮啦！""我为我们家孩子在幼儿园里吃到这么好吃的食物，感到自豪。"在家长们拍照、品尝的这些好看食物的背后，是默默辛苦付出的食堂工作人员。他们累得筋疲力尽，所以活动结束后，我们及时对他们进行了表扬、肯定："没有大家共同的付出，我们幼儿园的食物就不会受到家长的好评。看到大家这么辛苦，我已经安排好了床铺，中午大家赶紧休息。同时调整了下班时间，大家可早早下班，回家好好休息，养精蓄锐，争取第二天更好地投入工作中。"此时，食堂工作人员虽然身体是累的，但是心里是美的，因为我们做到了人性化管理。

二、奖惩机制公开化

(一)促进专业成长——设立"学习奖"

后勤管理者要把各类后勤工作人员的专业成长、队伍素质的提高作为重中之重的工作来抓。因此,要尽可能地给每位想学习、进修的后勤工作人员创造条件,提供机会。幼儿园可以拿出一定的经费设立"学习奖",用于奖励进修后在工作中有创新、有突出贡献的人员。全园上下形成"你追我赶"的浓厚学习气氛,可为各类后勤工作人员的专业化成长提供坚实的基础。

案 例 你追我赶互学习

> 后勤的队伍建设是后勤管理者开展工作的重中之重,提高老师们的学习欲望,让后勤的队伍更加专业化成了我们一直关心和实施的目标。
>
> 王老师是后勤食堂中一位优秀的老师,她做的饭菜深受老师和孩子们喜爱。王老师经常潜心研究幼儿的食谱,研究如何烹饪才能做出对孩子们健康有益的饭菜。她经常上网找一些蔬菜烹调的小窍门。例如,怎样不让蔬菜中的营养流失,什么季节孩子们适合吃什么食物,学龄前的孩子适宜怎么吃等。她在后勤的朋友圈中经常发一些健康饮食的小窍门。王老师的一举一动大家都看在眼里,我们通过强化正能量、树立榜样鼓励大家相互学习,并设立了"学习奖"。同时我们购置了一些专业的书籍,让大家相互学习,给想走专业路线的老师创造了一个良好的发展平台。
>
> 在这样的环境下,食堂工作人员创新的花样越来越多,烹调的技术上也越来越高。他们既把孩子们的饭菜做得更好吃了,同时也掌握了烹调的方法,还有利于孩子们的健康。

(二)凝聚群体合力——设立"奉献奖"

众所周知,幼儿园的工作劳动强度大,教师心理压力大。他们既要热情地照顾孩子,也要耐心地引导家长。幼儿园经常会进行接待观摩、学习交流、检查评价等活动,后勤工作人员发扬奉献精神,常常自愿延时工作,管理者单凭几句口头表扬不足以赞美他们。根据实际经济状况,可设立"奉献奖",实行报酬与贡献挂钩的奖金分配制度,每学期对各个人员进行奉献奖的公开考核。奉献奖不仅与工作量挂钩,而且与每月的业务考核、评比挂钩,从而合理拉开收入差距,形成多劳多得、优劳优酬的激励竞争氛围，充分调动大家的积极性，营造和谐、文明、健康的人际环境。

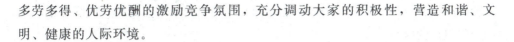

案　例　干净的瑜伽垫

　　在去年运动会活动中，我们以亲子操为展示方式。当天活动中，中二班的家长们需要瑜伽垫，但是由于下雨垫子都被雨水淋得又湿又脏，干净的垫子又不够，这时需要刷洗孩子练习跳跃时用的垫子。于是保育老师开始着急地刷洗垫子。此时，保洁老师正好路过，看到中二班保育老师着急洗刷垫子，便询问为什么这么着急洗刷。中二班老师说："因为表演亲子操的时候需要使用垫子，但是垫子又湿又脏，家长和孩子在上面跳操，衣服都会脏的。"看到中二班保育老师这么着急，保洁老师赶忙请来其他后勤老师，大家纷纷拿着刷子来帮助中二班的保育老师。在大家的齐心协力下，垫子很快就都被刷得干净整洁了，因此，没有耽误家长和孩子们的使用。针对老师们的这种团结一心、不计较分内分外任务的奉献精神，我们给予了肯定和表扬鼓励。

　　保洁老师的奉献精神不仅体现在帮助他人上，还体现在本职工作上。保洁老师虽然默默无闻，但是我们生活的环境大家有目共睹，楼道的玻璃透亮，地面没有一点儿污渍，这些跟保洁老师辛苦的付出是分不开的。保洁老师的兜里总是装着一些废旧报纸，他们看到地面有污渍会立刻擦干净，还会把自己擦地时捡到的孩子们的小东西装在一个小盒子里，然后走到各班询问老师们是谁丢的。保洁老师那里已经成了寻物招领处了。从这些细节中可以看出保洁老师对工作认真负责，永远把孩子们装在心里。因此，我们会根据老师们工作的情况进行合理的奖励。

（三）打造核心竞争力——设立"人人有奖"

　　正式职工和临时工都应有被奖励的机会。在后勤工作人员中，临时工和正式工付出了同样的劳动，做出了同样的贡献，甚至有的临时工更加认真负责，劳动成果更多。因此，在奖励临时工的时候也要非常大方。例如，组织全体教职工到温泉度假村泡温泉，让大家放松身心；过节的时候也给临时工发放同样的福利慰问品，让临时工感受到同等的关怀；入夏后，及时给食堂工作人员发放高温补助，切实地肯定他们的付出；给在幼儿园工作满一年的后勤工作人员发效益工资；每学期发放给临时工的劳保、福利待遇与正式工同等标准……这些大胆、创新的奖励政策，可让临时工得到实惠，同时，使他们干劲儿更足，更愿意把幼儿园当作自己的家！

奖励因需要而定，除了对教职工进行经济方面的奖励外，还要有教师的爱心、奉献之心。为此，也不能忘了精神鼓励，如奖励逛商场、购买书籍等，使教职工把为同事服务当作自己的人生乐趣。

案 例 无私的奉献

> 幼儿园经常会有接待观摩的任务，在幼儿园中每个老师都是幼儿园的主人。在每天的常规工作结束后，保育老师会主动收拾班中的卫生，负责物品的摆放。他们经常加班加点地整理班级，配合其他老师完成环境的创设，没有一句怨言。加班成为每个老师常态性的工作，人人都愿意为了园所牺牲自己的时间，张老师就是这样一位无私奉献的临时工保育老师。
>
> 张老师的孩子今年中考，离考试越来越近了，但是每天还是看到张老师在下班后忙班里的其他事情，班里的其他老师都劝张老师回家陪孩子上补习班，可张老师总是说："没事，孩子自己去就行，那么大了，不用陪着。"虽然只是简单的几句话，却可以看出张老师对自己孩子的自立能力的培养以及对工作岗位的坚守。她常说："幼儿园的参观观摩重要，咱们得精益求精。"每天幼儿离园后，幼儿能摸到的地方她都会先用消毒水擦拭，再用清水擦拭。面对烦琐的工作，张老师保持着严谨的工作态度。她每天都会把班里的物品消毒到位后再离开，就这样日日如此。
>
> 在幼儿园中这样的老师非常多，他们牺牲自己的时间，甚至把更多的精力放在工作中，所以我们应该让他们得到更多的实惠。老师们每天都在自己的岗位上尽职尽责地完成任务，假期的时候我们应该让老师们彻底地放松放松，可以给老师们买一些他们想看的书籍，丰富他们的假期生活等。

三、奖惩机制可操作化

有效的激励，必须通过适当的激励方式与手段来实现。按照激励中诱因的内容和性质，可将激励的方式与手段大致划分为三类：工作激励、物质利益激励和奖酬激励。

（一）工作激励

工作激励指的是通过分配恰当的工作来激发员工内在的工作热情。根据马斯洛的需要层次理论，人的最高层次的需要是自我实现的需要，是通过工作来实现自身价值。因此，通过工作来调动人的积极性是一种无须投入却效果明显的深度激励方法。运用工作激励的方法主要表现为两方面。第一，用合适的人做合适的事，即挑选兴趣、专长与工作特点和要求相吻合的员工。当员工从事的是感兴趣、喜欢的工作时，他们做起来就会如鱼得水，感到非常开心。第二，赋予工作意义，即让员工感觉自己从事的工作是重要的、伟大的，从而看到自己的价值和工作的意义。

案　例　我有一双巧手

每个人都有自己的长处，也有自己最感兴趣的事情。在工作中我们会尽可能让老师们发挥自己的优势，这样才会激发他们的工作热情，促使他们进行创新。

崔老师是一名保育老师，她工作认真负责，而且有一双巧手。走进他们班的娃娃家你会有不一样的感觉，桌布、椅垫、娃娃的衣服都不一样，为什么不一样呢？这些都是崔老师用毛线钩织的，她会钩花，钩带形状的图案更是不在话下，大家看到都羡慕不已。于是，我们就利用学习时间，给崔老师创建了一个展示的平台，也给所有的老师们创造了一个学习的机会，即让崔老师来教大家一些钩织的方法。崔老师每次都会认真准备自己的教学，把家里的钩针儿、毛线拿到幼儿园，把自己之前钩的披风、帽子等拿来和大家共同研究分享。崔老师每次都带给大家一个新的方法，久而久之，老师们的技术也有了很大提高，小到娃娃家孩子们玩儿的玩具，大到表演区的一些服装，这些都是老师们一针一线完成的。

还有保洁员李老师，她每次擦玻璃的时候都把玻璃擦得特别亮，走到楼道里感觉特别舒服。不时总有老师问："李老师，您这玻璃怎么擦这么干净呀？""李老师，这窗户缝儿里怎么一点儿土都没有呀？"大家对李老师的工作十分的认可，李老师也是幼儿园里出了名的干净利落之人，我们就让李老师把他搞卫生的小窍门告诉大家：擦玻璃的时候要擦两遍，湿布一遍，报纸一遍；窗户缝不好擦，把海绵剪成小条，塞进去一擦就特别干净了……老师们只有在岗位上发挥出了自己的最大价值，他们的工作才能变得富有力量。

（二）物质利益激励

物质利益激励是指以物质利益为诱因，通过调节被管理者的物质利益来刺激其物质需要，以此激发其动机的激励方式与手段。

🌿 **案 例** 精彩瞬间

在这个信息飞速发展的社会，手机已经给我们的生活带来了很多方便。如今手机的各种软件层出不穷，给大家的生活甚至工作都增添了很多的色彩。在我们这个大家庭中有一个庞大的微信群，其中崔老师是最为活跃的。崔老师是一个酷爱摄影的老师，园中有活动时，崔老师总会拿着相机捕获下各种意想不到的精彩瞬间，于是微信朋友圈就经常出现崔老师发的照片，如美丽的风景照、人物照等。这些照片拍得都非常好。崔老师成了幼儿园中的摄影大师，手机都能拍出这么好的效果，技术真是高呀！在一次摄影比赛中崔老师果然不负众望，她的作品给了所有老师耳目一新的感觉。于是，我们就奖励给崔老师一个自拍杆，崔老师看到这个礼物后迫不及待地开始了试拍。

给予老师们物质激励非常重要，因为这能激发他们更大的兴趣及动力，使他们体会到不一样的关怀，这是他们自我提高的一个新的起点。

（三）奖酬激励

奖酬包括工资、奖金、各种形式的津贴及实物奖励等。采用奖酬激励应注意三点要求。第一，设置的奖酬机制与体系要为实现工作目标服务，关键是奖酬与贡献直接挂钩的科学化与定量化。管理者必须善于将奖酬的重点放在管理者关注的重点上。第二，要确定适当的刺激量。奖酬激励的作用主要取决于相对刺激量。要依据工作完成情况、人的贡献、总体奖酬水平，公平合理地确定奖酬的增长水平和成员之间的差别。第三，奖酬要同思想工作有机结合起来。

🌿 **案 例** 榜样在我心中

幼儿园每学期都要发绩效工资，我们会根据每位老师不同的工作表现来进行奖励。在学期末个人总结时，不仅会进行自评与他评，还会根据本学期老师们完成的任务、所获得的成绩进行奖励。

王老师是一位年轻的保育老师，对待班级的工作没有一丝的懈怠，也是幼儿园中为数不多的正式保育老师。在幼儿园的评比中，王老师总是以班级环境干净整洁夺得头筹，时间久了，大家开始议论，认为园里对正式的保育老师有偏心之处。为什么老师们会有这种想法呢？我们发现是因为我们的评比过程及结果公开性不够，因此，评比卫生工作时，我们要求所有的保育老师都参加，对每个班的工作进行评比，大家的工作情况一目了然，这样就消除了大家的误解，也给了老师们一个相互学习的机会，让他们可以看到别人的优点，找出自己的问题。并且通过全体会议对优秀老师的工作作风进行表彰，激发全体教职工的工作动力，通过一个奖励的平台，树立老师们心中的榜样，让老师们把这种榜样的力量带到自己的工作中。

奖励机制只有和思想工作结合在一起，才能发挥作用，才能有助于形成积极向上的集体。

（四）社会心理激励

社会心理激励是指管理者运用各种社会心理学方法，刺激被管理者的社会心理需要，以激发起其动机的方式与手段。这类激励方式是以人的社会心理因素作为激励的诱因的。主要包括以下具体形式。

第一，目标激励，即以目标为诱因，通过设置先进、合理的目标，激发动机，调动积极性。可用于激励的目标主要有三类：工作目标、个人成长目标和个人生活目标。

第二，参与激励，即以让下级参与管理为诱因，调动下级的积极性和创造性。园所文化中要有一种一个都不能少的原则，不管是共同学习、做事，还是共同承担任务，都要把一个都不能少这种精神传递到每个员工的身上，让幼儿园中所有的员工都在这个环境中成长。

案　例　心心相印

幼儿园是一个大家庭，每个人都有着不同的责任，在这个大家庭中有许多个小家，就是每个班级。开学初，我们会根据每个人的特点及工作能力等进行分班。例如，高老师是一位幼儿园的老教师，她有着丰富的教学经验，在指导青年教师方面也颇有见解。高老师带出来的青年教师有自己的想法，成长得很快，但是作为老教师，高老师也有一些不足之处。老教师对于新鲜事物接受起来没有年轻人快，在新媒体技术方面有欠缺，因此在分班时，我们就会思考：高老师和哪个年轻的老师在一个班合适呢？搭配哪个保育老师合适呢？这些都是我们前期要考虑的因素。根据这些想法，我们找老师们进行了谈话，让每位老师都参与进来，谈谈自己在上学年的工作中有什么问题，分析问题出现的原因是什么，怎么与班里的其他老师进行配合等。通过思想的交流，我们了解了老师们的工作需求，知道了怎样让老师们在工作岗位中体现出自己最大的工作动机，同时也帮助了老师们在新的学期开始时在自己的岗位中更加努力地工作。

一个都不能少的原则不仅体现在分班工作中，还体现在召开的家长开放活动中。我们把幼儿园一些教学的新思想、课程的新理念传递给家长的同时，也会向家长介绍幼儿园的后勤工作——幼儿的伙食。比如，豆浆中加入干果的成分，既能促进幼儿的吸收，又能防止发生幼儿因嚼不好而呛到的事情；在做面点时加入粗粮的成分，既能让孩子们吃出不一样的味道，又能解决孩子们一口都不吃粗粮的问题。针对家长开放活动，我们融入了多方面的因素，让每个人都参与进来，提高了老师们的信心。

第三，竞争激励。人们普遍存在争强好胜的心理。这是由人谋求现实自我价值、重视自我实现需要所决定的。在激烈竞争的现代社会，在内部管理中引入竞争机制是极为有效的一种激励手段。

第四，感情激励，即以感情作为激励的诱因，调动员工的积极性。

第五，尊重激励。管理者应利用各种机会信任、鼓励、支持员工，努力满足员工被尊重的需要。

案　例　你的心思我懂得

幼儿园的每一位老师都来自不同的家庭，每位老师的背后也都有着不为人知的故事，但他们走进了同一所幼儿园。有的老师不愿意让周围的同事知道自己的故事，因为那可能是一段伤心的往事；有的老师不想让周围的同事知道自己一个人带孩子，因为不想让大家费心；有的老师不告诉周围的同事自己家里有什么变故，因为不想给大家带来麻烦。我们都能够理解老师们这样的需要，作为管理者，我们要尊重老师们的生活需要，始终保持着一颗尊重他人的心来开展工作。

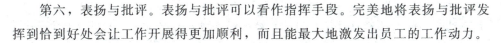

第六，表扬与批评。表扬与批评可以看作指挥手段。完美地将表扬与批评发挥到恰到好处会让工作开展得更加顺利，而且能最大地激发出员工的工作动力。

(五) 惩罚激励

惩罚是负强化激励，目的是通过惩处的手段否定被惩罚的行为，使被惩罚的行为在组织内没有市场，因而不再出现，以保证员工行为的良性循环。

惩罚是一件比较棘手的工作，有时处理不当会使员工产生不满，滋生怨恨，甚至产生对抗，对管理者的工作产生不利影响。尽管如此，必要的批评和惩罚也是一定要有的，要通过恰如其分地批评和惩处，使员工产生一种愧疚心理，激发其改正错误行为的信心和决心，化消极因素为积极因素。这同时也是向全体员工表明一种态度，宣传一种文化。

实施惩罚激励时应遵循以下原则：

第一，标准明确、事先警告的原则。要明确确立各项规章制度，并通过反复宣传让员工清楚一旦触犯了这些规则的后果，这样员工一旦违规，就会认为惩罚是公正的，也是应该的。

第二，即时性原则。过失之后应迅速做出惩罚的举措，以告诉违规者和其他人，此种错误行为是绝不会被姑息迁就的，必须保证错误的行为不会再次出现。

第三，实事求是的原则。惩罚应坚持以事实为依据，应建立在用组织的规章制度对员工的工作和行为做出正确评估的基础上，绝不能以个人好恶来评价一个员工的行为。

第四，对事不对人的原则。惩罚是与过错相联系的，而不是与违规者的人格相联系。要指出错误的危害和不良后果，避免人身攻击和人格攻击。

第五，一致性原则。规章制度面前人人平等，管理者应做到一视同仁，客观公正。

案 例 节约资源人人有责

中二班的保育老师郑老师平时对工作认真负责，她的工作得到了老师们和家长们的一致好评。家长们说她对待孩子就像是妈妈般细心，老师们说她工作勤勤恳恳，任劳任怨。在检查工作时我们也确实看到了郑老师的工作态度，但是郑老师在节约用水方面做得还不够。

有一次走进班里时，班里厕所冲水一直在流。我赶紧找郑老师了解情况，原来，两周前她就已经报修了，但是当时维修保障人员只拿来一个冲水踏板，另一个就一直搁置着。至今维修保障人员也没能给修好，而郑老师也没再次报修，认为这是一件小事。事后，我对郑老师进行了教育，并且在保育会上和所有老师进行了探讨。我们一直秉承节约的原则办园，节约用水，节约用电，这也是我们经常和孩子们提起的，为什么老师们却不够重视呢？幼儿园中有明确的制度来约束老师，但是在生活习惯及责任心上不能以任何条文式的框架来约束老师。我们常说爱园如爱家，家里会出现长期流水的情况吗？因此对于此事，我们要通过惩罚的手段来强化老师们的节约意识，增强老师们的责任心。郑老师认识到了自己的错误，甘愿接受惩罚。她说："保育老师就像是家里的大家长，要能及时掌握班中卫生消毒物品的使用情况，保证不浪费。不浪费是我们的一种工作态度，更是幼儿园的文化，我以后会保持这种良好的习惯及作风，并其传递给其他老师。"

在老师们工作表现突出时，我们要及时给予老师表扬，无论是口头上的，还是物质奖励上的，随时强化老师们身边的正能量，同时也要重视惩罚的存在。重点在于对事情的处理态度，老师们对园所工作要保持积极的态度。惩罚是为了让老师们具备正面的教育观念，保持良好的工作态度，是改正错误的一个新的开始，老师们要了解惩罚的真正目的。

结　语

　　后勤管理工作是幼儿园管理的重要组成部分，相对于一线的教育教学工作来说有些琐碎，并且后勤工作人员管理起来也不容易，但是当把后勤工作人员当成幼儿园真正的教育者时，当把后勤工作人员当作团队中不可多得的宝贝和财富时，我们用心去挖掘，就会发现后勤工作人员身上所散发的教育智慧和教育魅力。本书呈现了大量的管理案例，这些案例可以作为管理者的工作指南，也可以作为激励与引发后勤工作人员思考的价值标准。一切管理的最终目标是让"每个人成为最好的自己"，因此，后勤管理一定要建立在园所发展和个人成长相统一的基础之上，这点需要大家用心去品读！

附　录

幼儿园各岗位职责

一、幼儿食堂管理员职责

第一，负责食堂食品卫生、环境卫生的管理，杜绝食源性疾病，确保幼儿和教师身体健康。

第二，负责落实食品卫生"五四制"，深入食堂，检查操作程序，严把制作关。

第三，负责库房的保管和安全检查，将物品分类摆放整齐。

第四，把好采购验收关，认真检斤验质，负责台账登记，把好出入库关，账目清楚，月底盘库。

第五，确保食堂安全，掌握各种机械安全使用原则，发现异常及时请电工维修，做好防火、防盗、防烫伤的措施安排，定时锁门。

第六，负责调配炊事员工作时间及工作安排。

第七，负责食堂工作人员管理，对新到岗人员进行岗位规范操作和安全制度的教育。每周组织业务学习，召开伙委会，小结工作。

第八，坚持对食堂工作进行自查，并对食堂工作人员提出奖惩意见。

二、采购采买人员职责

第一，认真执行职业道德规范，切实做到"一切为了幼儿"，做好采购采买工作，保证幼儿健康。

第二，及时了解市场行情，不怕麻烦，尽量做到批发价进货。

第三，对于库存物品要做到心中有数，防止积压和短缺。

第四，执行采购制度，每天按食谱计划购买幼儿及职工食堂需要的食品，不买腐烂变质食品，确保卫生安全，保证食品供应，确保采购部门三证齐全。

第五，按规定时间报账，做到日清月结，手续齐全。

第六，协同管理员负责主、副食库的卫生，物品的保管，月底盘库及安全保卫工作。

第七，负责保管好现金，不错用支票。

第八，负责炊事用具的采购，深入食堂并协助炊事员完成任务。

◇ 三、幼儿食堂炊事班长职责

第一，协助管理员做好食堂工作，带头履行岗位职责，组织本组人员完成带量食谱的操作。

第二，掌握幼儿出勤情况，按伙食计划准确投放食物量并合理用料，做到不浪费，确保三餐两点准时分餐。认真研究烹饪技能、技巧，每月都有1～2道主副食创新。

第三，深入班级了解幼儿进餐情况，征求保教教师的意见和建议，妥善处理和纠正质量问题。

第四，协助管理员保管好库房存入物品，做好防水、防盗的措施。负责煤气安全，下班前检查各项工作完成情况。

第五，认真执行食品卫生"五四制"，杜绝食物中毒和其他事故的发生。

第六，督导食堂清洁工作，卫生落实到位，消灭苍蝇。

◇ 四、幼儿食堂炊事员职责

第一，在班长指导下，完成带量食谱的操作，准时开饭。

第二，根据出勤，准确投放主副食品，按规格要求切菜，制作馅类，制作营养丰富、可口多样、易于消化的饭菜，确保主食发面碱量合适，米饭软硬适度，副食做到色香味美。

第三，认真执行食品卫生"五四制"，做好食品的防蝇、降温保暖工作，杜绝烫伤。

第四，操作时精神集中，注意安全，不闲聊，不逗笑。

第五，保管好食堂炊具，轻拿轻放，做好煤、水、电的工作。

第六，安全使用煤气和炊事机械。做好食堂卫生清洁工作，做好每日餐具、用具的清洗和消毒工作。

◇ 五、教师食堂炊事员职责

第一，协助管理员完成食堂工作。

第二，根据教师出勤，按食谱计划做饭，调剂伙食花样，保证饭菜质量。

第三，提高服务质量，听取教师建议，不断改进工作。

第四，掌握教师进餐习惯和用量，合理分配饭菜，杜绝浪费。

第五，严格执行食品卫生"五四制"，杜绝食物中毒。

第六，保管好炊具、用具，做好节煤、节水、节电的工作。

第七，熟练掌握灶具、炊具的操作要求，确保安全无事故。

六、会计职责

第一，认真学习贯彻国家有关财务政策，严格遵守财经纪律，执行财务制度，当好园长的财务管理助手。

第二，做好园内的财务预算、决算。根据国家有关规定，积极组织收入，计划开支。

第三，保管印章。

第四，及时按规定记账、报账，账目要清楚。

第五，及时与出纳核对账目，做到账款相符。

第六，按时编制统计报表，报送及时准确。

第七，负责做结构工资、公费医疗报销。

第八，负责幼儿保险、教职工保险、住房公积金等工作。

第九，每月结算幼儿伙食账，盈亏不超过2%。

第十，负责计算个人所得税。

第十一，与出纳密切合作，统一思想，统一行动，搞好财务工作。

七、出纳员职责

第一，执行国家有关财务的规章制度及本园各项财务制度。

第二，负责全园幼儿出勤统计，当月收清幼儿各种费用，并结清退款。

第三，负责全园各种现金收入、支付及票据报销。认真审核各项报销或支出的原始凭证，内容要齐全，负责人签字齐全。对不完整、不准确的原始凭证，应予以退回，要求更正或补充。

第四，严格执行库存现金限额的有关规定。

第五，负责制作工资单。

第六，负责办理幼儿退园手续。

第七，负责支票发放和与银行对账。

第八，熟练掌握各项收费标准及各项费用支出范围和标准，严格把关。

🍃 八、司机职责

第一，严格遵守交通规则，确保行车安全。

第二，严格遵守园内用车制度，按规定出车，凡出车需经领导批准，不准私自出车。

第三，保证园内采购，活动的正常运行。

第四，认真保养车辆，及时检修，不开病车上路行驶。

第五，负责做好机动车、非机动车的检查工作，每周坚持一次对车辆的保养及保洁工作。

🍃 九、财产保管员职责

第一，严格执行财产保管制度。

第二，购入产品凭发票及时入账，学期末清查账务，一次登记清楚准确。

第三，负责物品存放干净，不被风吹、日晒、雨淋、虫吃鼠咬，不发霉。

第四，负责计划供应日常生活用品，做到日清月结，月底备好下月用品。

第五，每月末准时把物品发放到各班组。

第六，教学用品及其他零用品每周发放一次，保证为保教工作服务。非消耗品以旧换新，凡丢失损坏根据情节折价赔偿。

🍃 十、房屋维修管理员职责

第一，负责全园楼体设备，各种设施的检查、登记、保养维护。

第二，每月坚持检查大型玩具，进行维修保养记录。

第三，供暖期，坚持每天对水暖设备进行全面检查，发现问题及时维修。

第四，雨季坚持每天巡查各房间，发现漏雨迹象及时采取措施补救，雨后立即对楼平台进行管道漏眼的疏通。冬季雪后立即清扫平台积雪。

第五，确保幼儿安全，及时检修班内设施，固定暖气罩，损坏的及时补齐。

🍃 十一、电工职责

第一，负责楼体照明，各种线路通畅、维修保养。经常检查设备运行状况，并进行维护。

第二，维修园内大小电器(冰箱、彩电、录音机、电话、电扇、洗衣机等基础机械)，并做好记录，学期末做好反馈。检查用电负荷，指导教职工安全用电。防止火灾的发生，保证园内用电安全。

第三，负责园内音像的定时保养。

第四，负责购置电器设备，爱护工具和电料器材，注意维修。节约使用，防止丢失和浪费，发现问题及时汇报。

第五，注意消除安全隐患，防止触电和火灾的发生，保证园内用电安全。

第六，负责计算机教室、办公室、班级计算机的维修和保养工作。

第七，负责电梯的维修和保养及电梯间的卫生。

十二、锅炉维修工职责

第一，按时烧好开水，保证凉白开的供应。

第二，严格执行锅炉运行制度，负责锅炉房的安全和卫生，发现问题及时解决。

第三，负责锅炉房的机械和设备保养，做好节水、节电工作。

第四，负责园内大型玩具设备的检查、保养和维修工作。

第五，认真完成管理人员交给的其他工作。

十三、门卫安保人员职责

第一，做好幼儿园的安全保卫工作，保证传达室不空岗，注意门口出入人员，做好来客登记。

第二，加强门禁，对来访人员主动热情并进行询问，做好登记，不得随便放行。

第三，工作时间不打私人电话，不传送私人电话。

第四，外来文件、报纸、杂志、信件等，登记后送到各部门。

第五，遵守园内作息制度，按时开关幼儿园大门，晚上临睡前巡视全园室外环境，确保安全。

第六，负责传达室周围的卫生清洁工作，打扫大门外长廊，擦拭宣传橱窗。遇雨雪天气，及时把路面清扫干净。负责大型玩具的清洁。

第七，工作期间坚守岗位，不与其他人闲聊或干私事，做好交接班记录，值班人未到时不能离岗。

第八，要熟记火警、急救站等电话，会使用灭火器。

十四、楼外卫生绿化员职责

第一，负责全园楼内外绿化浇水，确保园内四季常绿，三季有花，秋季有果，活动场地没有黄土。

第二，负责管理花卉越冬，春季培植新的花卉品种。

第三，负责楼外活动场地清扫，绿地面清渣。

第四，负责户外大型玩具的擦拭，每周两次。检查玩具，固定摆放。

十五、卫生保洁员职责

第一，遵守幼儿园管理制度，着装整齐，文明服务。提醒大家不要随地吐痰，乱扔垃圾，保持楼内清洁、干净、无苍蝇。

第二，服从管理，按时完成本人所管辖区域内的卫生保洁工作，每日清扫一至三层楼道、楼梯，每天清除垃圾。

第三，卫生洁具使用时要清洁干净，不使用时要摆放整齐，保持清洁。

第四，定时开窗通风，保持卫生间空气清新，无异味，不湿滑，卫生洁具清洁光亮。

第五，负责公用教室、会议室的打扫和消毒擦拭。

第六，积极完成领导交办的其他工作。

参考文献

[1]彭诗琅．后勤管理实务全书[M]．北京：中国物资出版社，1998.

[2]王非庶．只有危机感强烈的人才能生存[M]．北京：华夏出版社，2008.

[3]杨培先．最新后勤管理全书[M]．北京：九州图书出版社，1998.

[4]袁纯清．共生理论——兼论小型经济［M］．北京：经济科学出版社，1998.

[5][美]科恩．德鲁克思想的管理实践[M]．王茁，顾洁，译．北京：机械工业出版社，2014.